Schriften

des

Vereins für Sozialpolitik.

---

152. Band.

Die geistigen Arbeiter.

Zweiter Teil.

Verlag von Duncker & Humblot.
München und Leipzig 1922.

Die geistigen Arbeiter.

Zweiter Teil.

Journalisten und bildende Künstler.

Herausgegeben
im Auftrage des Vereins für Sozialpolitik
von

Ernst Francke † und Walther Lotz.

Verlag von Duncker & Humblot.
München und Leipzig 1922.

Altenburg
Piererſche Hofbuchdruckerei
Stephan Geibel & Co.

Vorwort.

Schwierigkeiten besonderer Art zwangen den Unterausschuß des Vereins für Sozialpolitik, die Untersuchungen über die Lage der geistigen Arbeiter auf die freien Schriftsteller, Journalisten und bildenden Künstler zu beschränken. Leider war es nicht möglich, die Lage der Musiker, sowohl der schaffenden wie der reproduzierenden, der Bühnenkünstler, Rechtsanwälte, Ärzte und anderer Schichten der Geistesarbeiter in die vorliegenden Untersuchungen miteinzubeziehen. Ein tragisches Geschick hat über jenen gewaltet, die sich als Herausgeber dieser Untersuchungen die größten Verdienste erworben haben. Prof. Dr. E. Francke, der die Untersuchungen über die Lage der Journalisten und des Zeitungsgewerbes mit nicht zu übertreffender Sach- und Personenkenntnis zu leiten begonnen hatte, wurde mitten aus seiner verdienstlichen Arbeit durch den Tod abberufen. Und Prof. Dr. L. Sinzheimer ist uns durch den Tod entrissen worden, nachdem er eben die Herausgeberarbeit für den ersten Teil des vorliegenden Bandes zu Ende geführt hatte. Beiden hervorragenden Fachmännern schuldet der Verein auch für die im Interesse der Untersuchung der Lage der Geistesarbeiter geleistete ausgezeichnete Arbeit dauernden Dank.

München, den 9. August 1922.

W. Lotz.

Inhaltsverzeichnis.

Erstes Kapitel.

Grundlinien der äußeren und inneren Gliederung des Schriftstellertums und Verlages.

Von

Dr. **Adolf Braun**, M. d. R.,

Hauptschriftleiter der „Fränkischen Tagespost" (Nürnberg).

Wie sich die wenigsten Menschen, die täglich ihre Frühstückssemmel essen, klarmachen, wie viele Voraussetzungen und Arbeitsprozesse notwendig sind, um das Frühstücksbrot auf seinem Tisch regelmäßig und stets gleichmäßig zu erhalten, ebenso viele sind unwissend hinsichtlich der Voraussetzungen, Bedingungen wie der Mannigfaltigkeiten literarischer Arbeit. Das gilt von der Papierherstellung, von der Schriftgießerei, von Satz, Stereotypie und Druck wie Vertrieb, aber auch von der spezifischen literarischen Arbeit. Wie mannigfach die direkte und noch mehr die indirekte Arbeit ist, die als fertiges, von allem Persönlichen losgelöstes Produkt dem Buch- oder Zeitungsleser entgegentritt, wissen sehr wenige, weit weniger als man vermuten dürfte. Für den Mann am Zeitungsbau ist es über alle Maßen betrübend, oft hören zu müssen, wie sich die Zeitungsleser die Herstellung eines Zeitungsblattes denken. Jedermann dürfte schon gehört haben, daß die Zeitung mit Schere und Kleister hergestellt wird. Wobei man freilich fragen müßte, wie die „Urzeitung", aus der die anderen zusammengeschnitten werden, eigentlich hergestellt wird. Wohl spielen Schere und Kleister eine Rolle im Zeitungswesen, aber eine weit geringere, als man annimmt; auch die Scherenarbeit ist nur möglich, wenn von anderen bei zäher Arbeit selbständig produziert wird. Selbst der, der mit Schere und Kleister von Anfang bis zu Ende der Arbeitszeit in seiner sogenannten Redaktionsstube hantiert, ist kein Mann, den man rasch ersetzen kann; um zu wissen, was man schneidet und was man nicht ausschneidet, wohin man das Ausgeschnittene in die Zeitung stellt, ob es richtig und zeitgemäß ist, bestimmte Absätze oder Artikel aus einer anderen Zeitung wiederzugeben, ist auch geistige Arbeit erforderlich, die man nicht umschreiben, die man schwer erlernen kann. Mag man den Mann mit dem Kleistertopf noch so niedrig einschätzen, so vergesse man nicht, daß er nur, solange er mit diesen primitiven Werkzeugen hantieren kann, dauernd in seiner Redakteurstellung bleiben kann. Er paßt sich an, er gliedert sich ein, oder er wird ersetzt. Dafür sorgt auch ein noch so bescheidenes Publikum, selbst wenn es einen überbescheidenen Maßstab an Inhalt, Wichtigkeit und Standpunkt seiner Zeitung legt.

Wenn wir das Minimum von Fähigkeiten, Kenntnissen und Berufserfahrung eines Zeitungsschreibers an die Spitze unserer Darstellungen gesetzt haben, so geschah es, um durch diese Gegenüberstellung der modernen großen Zeitung — wobei ich freilich nur deutsche Maßstäbe anwende, die englischen und amerikanischen würden die Abstände noch mehr verdeutlichen — sofort die Mannigfaltigkeit von Betriebsgrößen, auch von Betriebssystemen und damit auch den komplizierten Organismus in der Zeitungsproduktion ahnen zu lassen. Wie man von Betriebssystemen in der keramischen oder in der Textilindustrie sprechen kann, so auch beim Zeitungswesen, wenn sich unser wissenschaftliches Interesse in einigermaßen ähnlicher Weise der geistigen Produktion wie der materiellen zugewandt hätte.

Wer einmal auf Fußwanderungen Dorf und Kleinstadt passiert hat und nicht nur das Wirtshausschild gesucht hat, der wird auch in sehr kleinen Orten Zeitungen entdeckt haben, selbst Tagesblätter. Ich habe schon in solchen Zwergbetrieben Verleger, Redakteur und Setzer und Drucker, Buchhalter und Annoncenacquisiteur wie den Expedienten in einer Person vereint gefunden, wobei ich durchaus nicht alle ihre Funktionen erschöpft habe. Auch ein so vielseitiger „Redakteur" muß mit Mitarbeitern Beziehungen halten; auch er muß über einen, wenn auch sehr primitiven, aber doch schnelleren Nachrichtendienst, als man oft vermutet, verfügen.

Betrachten wir nun die „große Zeitung", wie sie in Berlin in einem reichlichen Dutzend, wie sie in Hamburg und Köln, in Frankfurt, Magdeburg und München in einem oder mehreren Exemplaren vorkommt. Diese großen Zeitungen, deren politische, wirtschaftliche und kulturelle Bedeutung ebenso für die Erkenntnis der Zustände in unserem Volke von überragender Wichtigkeit sind, wie sie auch der Maßstab unseres Kulturzustandes, aber auch unserer Urteilskraft und unseres moralischen Gefüges sind, so dürfen wir doch über Bedeutung und Ansehen, Einfluß und treibende Kraft der großen Zeitungen niemals vergessen, daß daneben die positive und auch negative Erziehungs- und Verziehungsarbeit der kleinsten, kleinen und mittleren Presse in ihrer Gesamtheit von gewaltigem, wenn auch nicht meßbarem Gewichte ist.

Aus mangelnder Kenntnis des sehr komplizierten Nachrichtendienstes überschätzt man ganz gewaltig den Einfluß der großen Zeitungen auf die kleinste, kleine und mittlere Presse. Es ist vielleicht keine fasche Vermutung, daß dieser Einfluß vor einem Vierteljahrhundert bedeutend stärker war als jetzt. Große selbständige — das Wort nur im Hinblick auf den Produktionsfaktor gebraucht — Nachrichtenvermittlungsstellen und Artikelfabriken orientieren die kleinere Presse, sie bestimmen vielfach ihren Inhalt; durch die Möglichkeit, Hunderte kleine Zeitungen gleichzeitig in ihrem Urteile zu bestimmen, gewinnen sie gewaltige Macht zur Bestimmung des Volksurteils und der Volksstimmung; sie wirken hierdurch auf die politischen Entscheidungen und auf die Erregung wirtschaftlicher Befürchtungen; sie bestimmen die geistige Ernährung, Bildung und Erholung weiter Volksschichten vermutlich weit mehr als die große Presse.

Es gibt so zahlreiche Abstufungen im Zeitungswesen, daß es verwegen wäre, in einer auf diese Probleme bloß hinweisenden Abhandlung die ganze Mannigfaltigkeit ihrer Wirkungsmöglichkeit verdeutlichen zu wollen. Deutschland hat eine große Anzahl von Zeitungen, die in ihrer äußeren Aufmachung mit den knapp zwei Dutzend im wahren Sinne des Wortes „großen Zeitungen" in äußerlichen Wettbewerb zu treten suchen. Sie erwecken beim nichtsachverständigen Publikum den Anschein, als ob sie in allen Hauptstädten Korrespondenten hätten, als ob sie durch Spezialberichte über alle Ereignisse unterrichtet werden, als ob die bedeutendsten Schriftsteller ihre Feder diesen Zeitungen leihen würden. Dieser Schein wird erweckt durch Zeitungskorrespondenzbureaus eigenartiger Einrichtung, zum Teil durch ein System der Kooperation mit einer Reihe anderer, durch entfernte Lage jeden Wettbewerb ausschaltenden Zeitungen, die sich gemeinsam eigene Bureaus schaffen zur gleichzeitigen Unterrichtung einer ganzen Anzahl von Zeitungen, deren Lesern der Glaube erweckt wird, daß diese Nachrichten ihres Blattes nur ihnen als Abonnenten einer bestimmten Zeitung zukommen, während sie tatsächlich den Abonnenten einer größeren Anzahl von Zeitungen gleichzeitig vorgelegt werden.

Wir sind bisher nur von der Zeitung ausgegangen, und zwar um deswillen, weil sie in weit höherem Maße als jede andere Produktionsmethode geistiger Art eine Ware erzeugt, die wie das Produkt der großen Fabrik allgemeiner Gebrauchsartikel geworden ist. Es ist zwar nur eine Vermutung, aber eine, die sehr viel Wahrscheinlichkeit beansprucht, daß erstens die Zahl der Erwachsenen, die heute in Deutschland keine Zeitung lesen, verschwindend gering ist, daß andererseits ein überaus starker Prozentsatz der Erwachsenen im deutschen Volke, vielleicht mehr als 90 %, als regelmäßige geistige Kost nichts anderes als Zeitungen lesen, wenn wir von Bibel, Gesang- und Gebetbuch absehen. Auch der größte Teil der in den weiten Begriff des Schriftstellertums einzureihenden Personen wird berufsmäßig zumeist oder ausschließlich für Zeitungen schreiben. Das ist weit häufiger der Fall als vor einem Vierteljahrhundert oder gar vor einem halben Jahrhundert. Damals wurde der Roman geschrieben, um als Buch oder in den niederen Gründen als zur Kolportage bestimmte Heftsammlung zu erscheinen. Der in den Zeitungen damals schon eingedrungene Roman war vielfach für die Zeitung geschrieben. Heute rechnet ein großer Teil der Romanschriftsteller schon bei der Anlage des Buches, daß er seine Arbeit nur reichlich entlohnt bekommen kann, wenn ihm die Veröffentlichung in der Zeitung gelingt, oder wenn es gar verfilmt werden kann. Das Buch ist natürlich das vornehmere, die Veröffentlichung in der Zeitung das einträglichere, die Verfilmung das ökonomische „Ideal". Die Veröffentlichung eines Romans in der Zeitung hat weit mehr Wahrscheinlichkeit und auch weit mehr innere Triebkraft, zu immer neuen Auflagen durch bezahlten Nachdruck in anderen Zeitungen zu gelangen, während für die Neuauflage eines nur in Buchform herausgegebenen Romans weit geringere Hoffnung berechtigt ist. Mit den Honoraren der großen Zeitung vermag auch der große Buchverlag nicht leicht in Wettbewerb zu treten. Doch wird nun bei der Kalkulierung des Romans im Kontor des Buchverlegers auch der Abdruck in den Zeitungen schon in Rechnung gestellt. Selbst die Wissenschaft, die sich von der Erfassung durch die immer weiter um sich greifenden Zeitungen gewehrt hat, wird in immer höherem Maße von den Zeitungen angezogen. Zum Teil geschieht es durch Interviews bekannter Gelehrter, zum Teil durch die unmittelbare Arbeit von Gelehrten an Zeitungen, was übrigens bis in das 18. Jahrhundert hinein durch die lange Geschichte der (Augsburger) Allgemeinen Zeitung, aber auch durch die Arbeiten, um nur wenige Beispiele anzuführen, Ratzels für die Kölnische Zitung, Schmollers für die Neue freie Presse, Brentanos, Max Webers, Schäffles für die Frankfurter Zeitung zu belegen ist. Die Ausbildung des Feuilletons, der Wettbewerb der Zeitungen im Glänzen mit bekannten Namen, der immer wachsende Durst nach Popularisierung der Wissenschaft, vielleicht auch der Widerspruch vieler Gelehrter gegen die leichtfertige und oft verantwortungslose Behandlung wissenschaftlicher, nicht zuletzt medizinischer Fragen in den Zeitungen treibt sie — es ist vielfach zu bedauern, daß es so wenig geschieht —, selbst das Ergebnis ihrer Forschung für die breiten Massen umzumünzen.

Wir finden in den Zeitungen heute selbst sprachwissenschaftliche, urgeschichtliche, medizinische, philosophische Probleme erörtert; man stelle nur fest, wie viele das Problem freilich nicht verständlich machende Artikel über die Relativitätstheorie in den letzten drei Jahren in den Zeitungen erschienen waren. Daß so ein, wenn auch mit oft ganz ungeeigneten Kräften angetriebenes Vehikel für die Verbreitung allgemeinen Wissens stets im Laufe gehalten wird, daß den breiten Massen der Bevölkerung die mannigfachste Kost für den Geist gewährt wird und jede andere Befriedigung der Bildung und des Lesebedürfnisses ihnen nur zu oft überflüssig erscheint, verdanken wir dem Expansionstriebe der Zeitungen.

Im engen Ursachenkonnex mit diesen Tatsachen steht die machtvolle Ausbildung des Zeitungsverlages. Von wenigen Ausnahmen abgesehen, aber auch diese Ausnahmen beeinflussend, ist das Zeitungsgeschäft ein kapitalistisches und vielfach ein großkapitalistisches Unternehmen geworden. Immer größere Betriebskapitalien sind notwendig, weil in wenigen Gebieten der Warenproduktion das umlaufende Kapital eine so gewaltige Bedeutung hat wie in Zeitungsverlagen. Das Prinzip der vertikalen Konzentration, die Vereinigung von Druckereien, hier und da auch Papierfabrik mit Verlag, hat sich im Zeitungswesen längst durchgesetzt. Jeden Tag oft zweimal, ja dreimal, vereinzelt auch viermal am Tage wird die Ware hergestellt und vollständig verbraucht. Es bleiben keine Vorräte zurück; sie würden auch schon nach Stunden wertlos werden. Nicht für einen Gang der Produktion, nicht für ein Dutzend Umschläge der Ware muß der Rohstoff vorhanden sein. Reserven größer als in den meisten anderen Industrieunternehmungen müssen reichlich zur Verfügung stehen, weil in keinem anderen Betriebe eine Unterbrechung der Produktion und der Bedürfnisbefriedigung eines, wenn auch nicht bekannten, so doch der Menge nach fest umschriebenen, sehr ungeduldigen, auf peinlichste Bedienung wartenden Konsumentenkreises so stark die Existenz des Unternehmens gefährdet. Die Ware wird zwar in ungeheuren Massen hergestellt, aber sie ist nicht, wie etwa bei der Brotfabrik, durch die Leistungen einer anderen Produktionsstätte befriedigend zu ersetzen. Eine weitverzweigte Organisation mit überaus feiner Arbeitsteilung ist für den großen

Verlag innerhalb seines Betriebes, zum Teil in noch höherem Maße außerhalb seines Betriebes, notwendig. Vor allem kommt ihm der rasche Umschlag seines Produktes in wenigen Stunden im Gegensatz zum Buchverlag, der zum Umschlag nur in den besten Fällen Monate, in den meisten Jahre bedarf, zugute. Die Größe des Kapitals, die für ein dauerhaftes Zeitungsunternehmen notwendig ist, mindert die Gefahr einer Steigerung des Wettbewerbes in hohem Maße. Die Raschheit der Produktion und die noch viel wichtigere Schnelligkeit des Warenabsatzes ermöglicht feinfühligen Zeitungsunternehmungen eine überaus rasche Anpassung an alle Bedürfnisse des Verkehrs — das Wort im weitesten Sinne genommen — und auch eines launenhaften Abnehmerkreises. Die Zeitung selbst wird zur gewaltigen Macht, die Geschmack, Auffassung und Triebkraft der Zeitungskonsumenten stark zu beeinflussen vermag.

Neben der vertikalen Konzentration findet sich auch in den Zeitungsverlagen den Trieb zur horizontalen Konzentration, daneben zu Preiskonventionen und zu mancherlei kartellähnlichen Vereinigungen. Die Zeitung ist nicht nur häufig selbständiges, in sich geschlossenes, jede fremde Beeinflussung fernhaltendes Unternehmen, sondern auch in immer höherem Maße Glied größerer Wirtschaftskörper. Sie kann völlig eingegliedert sein in einen großen kapitalistischen Organismus und auch da wieder in mannigfachster Form. So in einem großen Zeitungs- und Zeitschriftenverlag, in dem sie bei all ihrer eigenen Größe doch nur ein Glied eines vielgespaltenen und immer weiter ausgreifenden Körpers ist, wie z. B. die Vossische Zeitung oder der Berliner Lokalanzeiger in ihren großen Verlagen. Es kann sich um eine Angliederung an einen großen Annoncenverlag handeln, der, ebenso wie er den Inseratenteil einer Anzahl von Zeitungen gepachtet hat, auch eigene Zeitungen besitzt, wie der Konzern von Rudolf Mosse. Es können Zeitungen in eine große kapitalistische Verflechtung eingegliedert werden, wie bei der Übernahme der Norddeutschen allgemeinen Buchdruckerei mit dem dazugehörigen Buchverlag von Reinhold Hobbing mit seiner großen Buchdruckerei, die die umfangreichste deutsche Zeitung, den „Reichsanzeiger", druckt durch das für den Fernstehenden, angeblich auch für den Beherrscher ganz unübersehbare gewaltige Unternehmen der Firma Stinnes, die auch die größte Privatdruckerei Berlins, die von W. Büxenstein, besitzt. Es finden auch Verflechtungen von großen selbständigen Druckereiunternehmungen mit Zeitungen statt wie beim Verlage von Büxenstein zur Zeit seiner Selbständigkeit, dann Verbindung von Buchverlagen und Zeitungsverlagen, so beim Mosse-konzern, selbst auch Angliederung von Buchverlagen, ja selbst von Filmunternehmungen und auswärtigen Zeitungsunternehmungen an Zeitungsverlage, so beim Ullsteinkonzern. Schon diese Aufzählung, die durchaus nicht die ganze Mannigfaltigkeit dieser Art von Unternehmungen erschöpfen will, zeigt uns den rein kapitalistischen Charakter der meisten großen Zeitungsunternehmungen. Aber neben diesen mittelbar oder unmittelbar auf möglichst hohen kapitalistischen Gewinn gerichteten Riesenunternehmungen gibt es eine große Gruppe, wenn auch durchaus keine ebenbürtige Gruppe von weiteren, aber kleineren, wenn auch oft noch ansehnlichen Zeitungsunternehmungen, deren wesentlicher Zweck, Triebkraft und Entstehungsgrund auch das Streben nach kapitalistischem Gewinn ist.

Die Bedeutung der mittleren und kleineren Presse ist anders zu werten, als der oberflächliche Betrachter einer derartigen Zeitung für notwendig halten dürfte. Diese Zeitungen sind oft nur Einzelglieder eines starken, über das ganze Reich verteilten Körpers. Große Nachrichtenbureaus versorgen Hunderte von Zeitungen oft mit allen Nachrichten, die all diese Zeitungen benötigen neben den rein provinziellen und lokalen. Diese Zeitungen werden oft zum Teil schon mit dem Satze von diesem Nachrichtenbureau versorgt. Ein derartiges Nachrichtenbureau, dessen Arbeit, Verbindungen, Beziehungen und Dienstbarkeiten nur dem Eingeweihtesten bekannt sind, von deren Existenz kaum irgendeine der Zeitungen, die sie bedienen, etwas weiß, kann eine Macht darstellen sowohl in der Hand einer Regierung, wie auch einer Partei, wie einer Wirtschaftsgruppe, wie auch einer einzelnen Persönlichkeit, die größer und einflußreicher und schicksalsschwerer für ein Volk sein kann als die Haltung einer der größten und angesehensten Zeitungen.

Neben der in deren höchsten Entwicklungsformen gekennzeichneten Geschäftspresse gibt es noch, wenn man das freilich nicht genügend klar abgrenzende Wort schaffen darf, eine Zweckpresse, die im wesentlichen Parteipresse sein wird. Ihre Aufgabe ist, den Standpunkt einer Partei oder Parteigruppe zum Teil lokaler, zum Teil überlokaler Art zu vertreten. Es kann sich aber dabei auch um sonstige, nicht auf Erwerb gerichtete Gruppen handeln, die nach einer publizistischen Ausdrucksform suchen müssen, wenn sie Bestand haben sollen. Dazu gehören die jedenfalls einen gewaltigen Einfluß ausübenden religiösen Volksblätter, soweit sie nicht als rein wirtschaftliche Unternehmungen gegründet und weitergeführt werden. Auch die Zweckpresse, vor allem die Parteipresse, kann, wenn sie eine bestimmte Größe erreicht, keine Insel in kapitalistischer Flut bilden; sie muß auch auf die Sicherung ihres Bestandes bedacht sein; sie bleibt den Bedingungen des „freien", oft freilich sehr unfreien Marktes unterworfen, wenn sie ebenso wie die Geschäftspresse an Ersatz von Maschinen und Schriften, an den Kauf von Papier, Druckerfarbe usw., an die Entlohnung ihrer durch Tarife gebundenen Angestellten und Arbeiter gehen muß.

Der Zeitungsverlag greift in das Akzidenzgeschäft, in die Bücherherstellung, oft auch in den Buchverlag über, um seine umfangreichen technischen Einrichtungen mit ihren mannigfachen sehr großen, das Erscheinen der Zeitung sichernden technischen Reserven ausnützen zu können. Der Zeitungsverlag schafft einen Zusammenhang der Unternehmung mit sehr vielen geistigen Kräften, die im Buchverlag ausgenützt werden können, regt oft den Zeitungsverleger an, daneben Buchverleger zu werden, weil ihm seine Zeitungen die Möglichkeit regelmäßiger und überaus stark wirkender Anpreisung seiner Verlagswerke bieten. Den belletristischen Verlagen vor allen, nicht nur denen minderen geistigen Wertes, droht der Zeitungsverlag überragender und vielleicht siegender Mitbewerber zu werden. Um so mehr würde das der Fall sein, wenn die schon vorkommende Verwendung des Zeitungssatzes für das nach Abdruck eines Romans in der Zeitung erscheinende Buch noch häufiger in Erscheinung treten wird. Der Zeitungsverlag beginnt schon bei der Auswahl des in der Zeitung und nachher als Buch zu veröffentlichenden Romanmanuskriptes seine Verfilmbarkeit im eigenen Filmunternehmen in Aussicht zu nehmen. Die gewaltigen Rotationsmaschinen dürfen nicht mehr wie bisher bloß ausnahmsweise, außer zur Zeitungsherstellung, auch für die Buchherstellung in Betracht kommen. Die Technik hat es schon soweit gebracht, daß mit einem einzigen Gange von Rotationsmaschinen ein ganzer Roman gedruckt, geheftet und auch gebunden werden kann. Diese Einrichtungen, die ein gewaltiges stehendes Kapital erfordern, kommen weit eher beim Zeitungsverlag als beim selbständigen Buchverlag oder bei der „Lohndruckerei" in Frage. Dem großen Zeitungsverlage sind heute oft nicht bloß Stereotypie, sondern auch zahlreiche polygraphische Nebenbetriebe,

Offsetdruck, Photographie, Zinkographie usw. angeschlossen, vereinzelt selbst die Papierfabrikation.

An der Spitze alles dessen, was innerhalb der Gewerbsgruppe polygraphischer Gewerbe als Verlag verstanden wird, steht Umfang und Bedeutung nach der „Zeitungsverlag". Der Zeitungsverlag birgt in sich eine Mannigfaltigkeit von Größen, Formen, Zweckbestimmungen, Selbständigkeiten, Eingliederungen und Verwandtschaftsverhältnissen. Doch lassen sich diese Unterscheidungsmerkmale nicht säuberlich sondern; dem Fernstehenden dürften sie als unentwirrbare Verknotung erscheinen.

Der Zeitungsverlag wird vor allem dahin zu unterscheiden sein, ob er seiner Zweckbestimmung nach ein aus wirtschaftlichen Absichten entstandenes Unternehmen ist, d. h. ob es sich um einen Zeitungsverlag der „Geschäftspresse" handelt. Ein Zeitungsunternehmen der Geschäftspresse muß man sich nicht bar aller ideellen Triebkräfte vorstellen. Politische Konsequenz, kräftige und rücksichtslose Vertretung eines einmal eingenommenen Standpunktes fällt öfters, als man annehmen durfte, mit wohlverstandenen Geschäftsinteressen zusammen; das geschäftliche Interesse kann zum Ertragen von materiellen und anderen Opfern verleiten, um einen vorausbestimmten politischen, konfessionellen usw. Standpunkt dauernd zu vertreten. Die Geschäftspresse vertritt natürlich häufig eine rein kapitalistische Interessenpolitik, unbeirrt durch alle anderen Rücksichten. Viele Zeitungsunternehmungen sind erworben worden von individuell kapitalistisch bestimmten Unternehmern; andere wurden als Aktiengesellschaften gegründet oder in Aktiengesellschaft überführt, wenn auch Aktien von Zeitungsunternehmungen meist den offenen Markt meiden. Mehr als ehedem sind in den Jahren nach der Revolution Geschäftsanteile von Zeitungen von Gruppen oder Personen erworben worden, die eine durchaus andere Richtung vertraten, als die betreffenden Zeitungen bis dahin innehielten. So sind im Laufe der Zeit, um nur einige große Blätter anzuführen, die Frankfurter Nachrichten, die Weserzeitung, die Münchener Neuesten Nachrichten, die München-Augsburger Abendzeitung, die (Nord)deutsche allgemeine Zeitung in den Besitz und damit in die politische Machtsphäre anderer Interessengruppen übergeführt worden. Diese Beispiele ließen sich vor allem durch die Heranziehung kleinerer Zeitungen gewaltig vervielfachen. Mit anderen Worten, die Zeitungsunternehmung kann, wie jede andere kapitalistische Unternehmung, leicht den Besitzer wechseln, wobei nicht nur die fertiggestellte Ware, sondern ideelle Werte Verkaufsobjekt des Marktverkehrs waren: die Möglichkeit, die öffentliche Meinung nach bestimmten Richtungen zu beeinflussen. Bei der Vermögensübertragung der Zeitungen werden Preise gezahlt, die außer jedem Verhältnisse zu deren Sachwerte standen; ideelle Werte wie Titel, Geschichte, Ansehen der Zeitung, der Verzicht der Vorbesitzer, die Zeitung ideell auszunützen mußten sehr hoch in den Kaufpreis kalkuliert werden; sie mögen oft weit größer ins Gewicht gefallen sein als Abonnentenkreis und Inserentengewohnheit des Publikums; bedeutsam fiel ins Gewicht Verbreitungsradius und Abonnentenzahl der Zeitung. Beim Besitzwechsel einer Zeitung kommen weit mehr als bei dem einer anderen kapitalistischen Unternehmung Liebhaberwerte in einer mehr äußerlich kaufmännischen Rechnung in Betracht, ähnlich wie bei der Arrondierung von Grundstücken, bei Kunstauktionen und bei Sammlerleidenschaft. Der Kampf um die „öffentliche Meinung" bzw. um ihre Beeinflußbarkeit ist beim Besitzwechsel einflußreicher Zeitungen oft die treibende Kraft.

Neben der Geschäftsunternehmung gibt es die „Zweckunternehmung" im Zeitungsgeschäft, d. i. vor allem die Schaffung und Sicherung eines Organs zur Benachrichtigung und Unterrichtung, eventuell auch zur Zusammenfassung der Anhänger einer politischen Richtung, die auch bei den Besitzverschiebungen im Zeitungswesen entscheidend wirkt. Neben all dem Anreiz, den das Geschäftsunternehmen zu bieten bestrebt ist, seine Zeitung zu abonnieren, oft an Stelle dieser oft mächtigen Anziehungsmittel, soll bei der Zweckpresse das Pflichtgefühl der Leser wirken, die das Organ lesen, weil es für die Vertretung ihrer politischen Richtung besonders geschaffen wurde. Die Geschäftsführer wie auch die übrigen Kräfte von großen kapitalistischen Unternehmungen werden ausschließlich nicht nach politischer Einstellung, sondern nach schon bewährter Tüchtigkeit ausgezahlt; sie sind auch in der Regel besser bezahlt; sie sind frei von Hemmungen; sie passen sich weit leichter den Anforderungen der Konsumenten an; so ist das große kapitalistische Unternehmen viel elastischer in der Anwendung seiner Kräfte, Geschäftsmaximen und Mittel; es kann weit leichter seine Investitionen vermehren, während die reine Parteizeitung weit schwerer alle ungünstigen Konjunkturen überwindet; sie ist in der Wettbewerbsmöglichkeit ungünstiger gestellt als der rein geschäftliche Verlag. Der rein kapitalistische Zeitungsbetrieb arbeitet nicht mit den Begrenzungen,

Kontrollen und mit der engen Auswahlmöglichkeit seiner geistigen Mitarbeiter wie der Parteiverlag.

Von ganz vereinzelten Ausnahmen abgesehen, ist, rein wirtschaftlich genommen, der Geschäftsverlag im Vorteil vor dem Parteiverlag, da er sein Unternehmen rein kapitalistisch und auch viel vorurteilsloser hinsichtlich des Wechsels der Anschauungen und der Anpassung an Stimmungen des Leserkreises betreibt, vor Sensationslust weit weniger zurückschreckt, öfters sogar die Richtungslosigkeit als sein Prinzip anpreist, während die moralisch weit gebundenere Parteizeitung durch das Wirken der Parteiorganisation für das Parteiblatt Werbekosten zu sparen hofft.

Unter anderen Gesichtspunkten ist der Zeitungsverlag nach Größenklassen des Betriebes zu differenzieren, wobei wir, wenn auch nicht als ausnahmslose Regel, einen gewissen Parallelismus zwischen Größenklassen der Erscheinungsorte und der Zeitungsverlage feststellen können. Freilich gibt es Großstädte wie Hamborn, in denen keine einzige Zeitung erscheint, und einen kleinen Ort wie Oberndorf, in dem eine der verbreitetsten württembergischen Zeitungen ausgegeben wird. In der Regel werden aber in Kleinstädten und noch kleineren Siedlungen nur Zwergzeitungen erscheinen, die in größeren Städten entweder überhaupt nicht erscheinen können oder vollständig übersehen werden. Gewisse Beziehungen zwischen Städten und Zeitungstiteln, die einer sehr gründlichen Untersuchung bedürfen würden, bestehen natürlich, aber nur ganz grobe Merkmale können vorläufig festgestellt werden, so daß Zeitungen wie Börsenkurier, Börsenzeitung, Börsenhalle nur in Berlin und Hamburg, täglich erscheinende Zeitungen für Brauerei und Hopfenhandel nur etwa in Berlin und Nürnberg erscheinen können. Eine so viel gelesene Zeitung wie die Münchener Neuesten Nachrichten ließe sich nicht einfach erfolgreich nach Berlin verpflanzen; die Berliner Neuesten Nachrichten waren eine von den Münchener Neuesten Nachrichten völlig verschiedene Zeitung. Leipziger und Dresdener Zeitungen unterscheiden sich sehr scharf, ebenso Münchener und Nürnberger Zeitungen. Auch innerhalb der einzelnen Parteien ergeben sich, obgleich da viel mehr Triebkräfte zur Uniformität vorhanden sind, sehr starke Unterschiede. Die sozialistischen Zeitungen in Köln und in Breslau, in Hamburg und in Berlin, in Nürnberg und in München zeigen verschiedene innere und äußere Bilder, deren Ursache festzustellen ebenso interessant wie schwierig wäre. Das gleiche gilt bei der Zentrumspartei, man denke bloß an die Kölnische Volkszeitung, die Germania und die Augsburger Postzeitung. Dabei ergeben sich aus dem Bedürfnis des Wettbewerbes gewisse Angleichungen neben dem Wettstreit, wie der Vergleich von innerer und äußerer Gestalt der Kölnischen Zeitung und Kölnischen Volkszeitung erweist. Die tiefere Ursache ist wohl das gleiche Bedürfnis eines lokal nicht differenzierten Publikums verschiedener politischer Anschauungen, das in ähnlicher Weise durch sich sonst hart bekämpfende Zeitungen befriedigt werden muß. Die Typen verschiedener Zeitungen lassen sich natürlich durch einen Vergleich von Zeitungen verschiedener Länder besser klarstellen als bei Beschränkung des Vergleichs auf das deutsche Sprachgebiet. Englische, französische, italienische und deutsche Zeitungen würden, selbst wenn von der Sprache vollständig abgesehen werden könnte, sofort als wesensverschieden erkannt werden. Das gilt auch für die in deutscher Sprache erscheinenden großen Zeitungen in Berlin, Wien, Budapest, Bern und Zürich. Bei diesen besteht aber doch eine gewisse Ausgleichung und ständige Beobachtung und Nachahmung. Weit mehr würde man lernen aus einem Vergleich der Zeitungen in Orten unter 30 000 Einwohnern in Deutschland, Österreich und der Schweiz.

Vor allem müßten die äußeren Merkmale festgestellt werden; deshalb wäre eine Untersuchung der Betriebsformen und Betriebssysteme des Zeitungswesens in Deutschland oder auch in einem räumlich begrenzten Teile Deutschlands von großer Wichtigkeit. Es werden sich dabei zahllose Übergänge, übrigens auch zwischen Geschäfts- und Parteipresse feststellen lassen. Bei einem von Äußerlichkeiten bestimmten rohen Versuch wird man das Riesenzeitungsunternehmen an die Spitze stellen, es aber sofort in selbständige und in eingegliederte, d. h. einem Konzern zugehörende Gruppen teilen. Hier wird man dann wieder differenzieren, ob dieser Konzern lediglich aus Zeitungsunternehmen mit oder ohne technisch vertikal angegliederten Betrieben besteht oder neben Zeitungen mit Betrieben zeitungswesensfremder Art in Verbindung gesetzt wurde.

Man wird bei allen diesen Unternehmungen wie bei den später zu nennenden nach der handelsrechtlichen Form zu gliedern haben, ob die Aktiengesellschaft, die G. m. b. H., Offene Handelsgesellschaft usw. als Geschäftsform gewählt wurde. Weiter wird man den sehr wenig aussichtsvollen Versuch der Gruppierung nach der Kapitalsanlage zu machen bestrebt sein. Neben Riesenbetrieben, deren Zahl sehr gering ist, wird man eine verhältnismäßig große Anzahl von Großbetrieben finden; weit größer dürfte die Zahl der Mittelbetriebe nach der Gesamtzahl der beschäftigten Personen, jedenfalls erheblicher als die in Kleinbetrieben wirkenden Personen, sein; sehr eng wird der Kreis der beschäftigten Personen in den Zwergbetrieben sein, an deren Untersuchung man sich nicht zu spät machen sollte.

Eine andere Unterscheidung der Zeitungsverlage wird nach den sekundären Zweckbestimmungen zu geschehen haben, wobei wir bei der Geschäftspresse als primäre die ausschließlich kapitalistischen Zwecke des Unternehmens ansehen. Aus Tradition, aus Abhängigkeit vom Leserkreis, aus Beziehungen zu bestimmten Gruppen der Bevölkerung, wobei überall kapitalistische und ideelle Interessen in oft schwer zu scheidendem Zusammenhange stehen, nehmen Zeitungsverlage, ohne sich irgendwie zu binden, einen zumeist mit Überlegung nicht immer ganz deutlich zu präzisierenden politischen Standpunkt ein, ihre Unabhängigkeit von Parteileitungen betonend. Eine Gliederung nach dem Inhalte der Zeitung ist auch bis zu einem gewissen Grade möglich, so nach dem Überwiegen des politischen oder des unterhaltenden oder des lokalen Teiles. Überall werden Erfahrungen, die zuletzt einen kapitalistischen Zweck fördern sollen, auch unmittelbare kapitalistische Triebkräfte, die Änderungen oder Experimente erzwingen, bei aller politischen oder sonstigen Verhüllung zuletzt den Ausschlag geben.

Jede wissenschaftliche Behandlung, jede Klassifizierung der Zeitung wird mit der großen Schwierigkeit zu rechnen haben, daß es sich bei ihr weit weniger als in einem anderen Produktionszweige um etwas Dauerndes, bis zu einem gewissen Grade Unveränderliches, sondern um Erscheinungen handelt, die in außerordentlich hohem Maße durch Unruhe, Unsicherheit, Unbeständigkeit, durch ein Suchen nach Neuem und Anderem gekennzeichnet sind; die Zeitung ist von außer ihr stehenden zahlreichen Triebkräften und Hemmungen sichtbar und noch weit öfters unsichtbar mit bestimmt.

Trotz aller großen Macht des Zeitungsverlages genießen die Arbeiter im rein geschäftlichen Zeitungsverlage weit größere Freiheit wie jedem anderen Verleger gegenüber. Die große Anzahl der Zeitungen, eine gewisse Einfachheit im technischen Prozesse, ermöglichen eine sehr große Freizügigkeit des technischen Arbeiters in Zeitungsverlagen, wobei ihm noch das große Interesse des Verlegers an einem an schnelle und sichere Arbeit gewöhnten, mit allen Einrichtungen des Betriebes in der Zeitungsdruckerei vertrauten Personal zugute kommt. Auch der Redakteur und Mitarbeiter der Zeitung, vor allem der Geschäftspresse, besitzt viele Möglichkeiten, die ihn beschäftigenden Unternehmungen zu wechseln, was beim weit mehr differenzierten Buchverlag nicht so leicht ist.

Die sehr starke Konzernbildung im Buchverlage, seine starke Differenzierung, der die gleiche Differenzierung der geistigen Arbeit entspricht, schafft ein starkes Übergewicht des Buchverlegers über den Autor. Der Buchverleger ist nicht in der Lage, mit der beim Zeitungsverleger einzig dastehenden Schnelligkeit sein Kapital umzuschlagen. In weit höherem Maße als der Zeitungsverleger muß der Buchverleger Kredit geben und mit einem großen „Lohnfond" rechnen. Im Buchverlag finden wir auch vom Riesenkonzern mit mancherlei verhüllten Fusionen bis zum ärmlichsten Zwergbetrieb alle möglichen Größen, neben sehr starker Differenzierung aber auch eine starke Assoziierung des Verlages nach Art der Verlagswerke. Wir haben zwar die großen Gruppen von wissenschaftlichem, belletristischem, Schulbücher-, populärwissenschaftlichem, Schundliteratur-Verlag, wobei sich innerhalb der einzelnen Gruppen weitere offen zutage liegende und daher nicht näher anzuführende Differenzierungen ergeben; aber wir finden auch neben dem stark differenzierten Verlag, der außerhalb seines Verlagsbereiches nur ganz ausnahmsweise Werke anderer Gebiete herausgibt, Verlagsbuchhandlungen, die Belletristik und Wissenschaft, Zeitschriften, Flugschriften und Bücher herausgeben. Streng konzentrierten wissenschaftlichen Verlag haben wir in der ganz großen Unternehmung höchstens nur ganz ausnahmsweise; so verlegen alle Unternehmungen, die unsere nationalökonomischen Zeitschriften herausgeben, noch andere wissenschaftliche Literatur, historische, juristische, naturwissenschaftliche, medizinische u. a. Am stärksten ist die Spezialisierung beim medizinischen Verlage zu beobachten. Ein tieferer Einblick in die Verhältnisse des Verlages blieb uns bisher versagt, wenn auch die von Karl Bücher angeregte Untersuchung über die Bücherpreise erwies, daß es sich hier nicht bloß um speziale, sondern auch allgemein wirtschaftliche Probleme von hoher Bedeutung handelt.

Eine besondere Betrachtung würde Kunst- und Musikalienverlag erfordern. Im Musikalienverlag scheint die Konzentration am weitesten vorgeschritten. Erfolgreicher Kunstverlag hat die Investitition sehr großer Kapitalien zur Voraussetzung.

Gegen alten eingebürgerten Verlag ist erfolgreicher neuer Wettbewerb außerordentlich erschwert; die so schwer meßbare Bedeutung von Ansehen, Tradition, Ehrgefühl der „Firma“ wirkt sehr gewichtig. Die Autoren stehen einem immer kräftigeren und sich immer enger zusammenziehenden Kreise von Verlegern gegenüber. Die Not der deutschen Wissenschaft und auch die Not der deutschen Literatur im weiteren Sinne läßt das Angebot von Produkten geistiger Arbeit eher wachsen als sinken, während der Unterbringung geistiger Arbeit auch hohen Ranges immer stärkere Hindernisse entgegenstehen. Schnelle Umschlagsmöglichkeit des Manuskripts bestimmt mehr als wie vorher den Entschluß des Verlegers. Starke Konzentrationstendenzen im Buchhandel beschleunigen das Eingehen vieler Zeitschriften, ihre Vereinigung mit früher schon erschienenen; der Umfang der Zeitschriften wird vermindert; die an die Autoren bezahlten Honorare bleiben in weit höherem Maße außer Verhältnis zur Verminderung der Kaufkraft unseres Geldes wie bei den Handarbeitern. Die „Organisation“ vermochte nicht die Lage des „Arbeitnehmers“ dem Verlage und vor allem dem Buchverlage gegenüber zu sichern, während die Macht des Verlages, bei voller Würdigung seiner Schwierigkeiten, dem geistigen Arbeiter gegenüber weit mächtiger wirkt als in den Zeiten vor unserer Geldrevolution.

Die Stellung des Schriftstellers und die Differenzierung in diesem Berufe haben wir, auf Grund unserer heutigen Erkenntnis und soweit das bei der bisher viel zu wenig eindringlichen Behandlung dieses Stoffes möglich ist, klarzustellen. Schon die Umgrenzung dieser Berufsgruppe ist überaus schwierig. Denn gar viele haben äußerlich mit dem Schriftsteller nichts gemein und sind doch nach Methode, Zweck und Ergebnis ihrer Arbeit Schriftsteller. Greifen wir nur vier naheliegende Typen heraus: den Journalisten, den Essayisten, den Gelehrten und den Dichter. Selbst wenn wir uns nur auf diese große Unterscheidung beschränken, finden wir schon eine außerordentlich große Mannigfaltigkeit der Betätigung. Allen ist gemeinsam, daß sie für den Druck arbeiten. Allen Gruppen ist gemeinsam, daß sich Übergänge von der einen zu der anderen Abteilung finden. Welch gewaltiger Abstand ist aber von einem Gerichtsberichterstatter eines Provinzblattes bis zu dem Manne, der als Ergebnis seiner Lebensarbeit die Grammatik eines südchinesischen Dialektes veröffentlicht. Wer wird aber die Gelehrten vollständig ausscheiden wollen? Bedeutende Gelehrte bemühen sich um die Popularisierung, zum Teil aus innerem Antriebe, zum anderen der Erwerbsmöglichkeit wegen. Würde man bloß die Tätigkeit des Popularisierers als schriftstellerische bezeichnen, so würde man irren. Immer stärker wächst die wissenschaftliche Arbeit aus der Isolierung der Studierstube heraus und nimmt Anteil an der geistigen Unterrichtung des Volkes. Was ein Faraday und andere Engländer und Amerikaner begonnen hatten, die Universitätsausdehnungsbewegung, ist heute eine internationale Erscheinung und wirkt auch auf Art und Stil bei der Publizierung wissenschaftlicher Arbeit. Das Streben, einen möglichst großen Kreis von Menschen zu unterrichten, dürfte wohl zu den Wesenheiten einer Epoche der Wissenschaft, die schon eingesetzt hat, gehören. Doch dürfte für die Forscher die Schriftstellerei bloß als Nebenberuf aufzufassen sein.

Wenn wir den Dichter wirtschaftlich betrachten, so erinnern wir uns an Schillers Bild von dem erst nach der Verteilung der Erde zu uns hinuntersteigenden Poeten. Doch suchen wir besser den Dichter der Gegenwart nicht in Arkadien, sondern in den Redaktionsstuben. Der Dichter schafft sich oft selbst Zeitschriften. Schiller ist da nicht sein einziger Vorläufer, nicht bloß als Herausgeber der Horen; er sollte auch die spätere Allgemeine Zeitung für Cotta organisieren und leiten. Wieder wird man sagen, so sehr das Dichten dem Dichter die Hauptsache ist, der nüchterne Berufsstatistiker wird vielfach das Dichten nur als Nebenberuf anerkennen. Selbst einer unserer größten Romanschriftsteller und bewundernswertesten Schilderer von deutschem Land und Leuten, Theodor Fontane, ist Zeitungskorrespondent, Kriegsberichterstatter, Theaterkritiker, Feuilletonist, Essayist, auch Gelegenheitsdichter und nicht bloß für Zeitungen gewesen. Seine nicht sehr erfreulichen Kassabücher, wenn er solche gehabt haben sollte, würden dem Ökonomen Aufschluß geben, wo Hauptberuf und Nebenberuf ist; während die Literaturgeschichte ihn als bedeutenden Repräsentanten einer wichtigen Übergangszeit deutscher Dichtkunst unsterblich macht, soll sich die Geschichte des Journalismus bescheiden müssen, ihn auch als Journalisten zu würdigen. Nun gibt es unzweifelhaft Dichter — wir erinnern aus der Gegenwart nur an die Brüderpaare Hauptmann und Mann —, die als Dichter im Hauptberufe bezeichnet werden müssen, bei denen alle andere Tätigkeit auch quantitativ und der kaufmännischen Bilanz nach vollständig in den Hintergrund tritt, die aber doch Essayisten und Journalisten waren.

Diese Beispiele deuten an, wie schwierig es ist, eine besonders starke Gruppe literarisch tätiger Personen in das richtige Verhältnis zum Haupt- oder Nebenberuf zu bringen.

Der Essayist, der in Deutschland weniger gedeiht als in Frankreich und in England, ist dem Journalisten weit mehr verwandt als dem Gelehrten und dem Dichter. Seine Arbeit ähnelt der des Journalisten; er arbeitet für ein weiteres Publikum; er behandelt in der Regel gleiche Fragen wie der Nichts-als-Zeitungsschreiber; aber er unterscheidet sich doch gründlich von ihm; er arbeitet nicht für den Tag oder für die Stunde, sondern in der Regel, geruhsamer, gründlicher, ausführlicher, für Wochenblätter oder Monatsschriften, mehr im Zusammenhang mit der Wissenschaft; er legt in höherem Maße kritischen Maßstab an alle niedergeschriebenen Behauptungen. Die meisten Essayisten, die diesen Namen verdienen, weil sie ihre Tätigkeit im Hauptberuf treiben, werden selten genügende Absatzgelegenheit für ihre „Ware" finden; sie werden deshalb Anschluß an eine Zeitung, das ist das größere Absatzgebiet, suchen müssen.

Beim Gelehrten, beim Dichter und Essayisten finden wir, daß, je mehr ökonomische Erwägungen bei der Verwertung ihrer Arbeit zu berücksichtigen sind, desto stärker die Zeitung als Absatzgebiet ihrer literarischen Produktion in Frage kommt. Nur ein geringer Prozentsatz vermögensloser und einer Anstellung entbehrender Gelehrter und Dichter — in Deutschland sind es keine hundert — werden durch wissenschaftliche oder dichterische Arbeit, soweit sie rein literarisch ist, einen — von Ausnahmefällen abgesehen — nur bescheidenen Lebensunterhalt gesichert finden. Ist ja der größte Teil wissenschaftlicher Arbeit, rein ökonomisch betrachtet, so bei den Lehrern unserer gelehrten Schulen, so bei den in staatlichen und privaten Forschungsinstituten Tätigen doch nur Nebenerwerb. Der Trieb zur wissenschaftlichen Arbeit vermögensloser Menschen, die einer staatlichen oder ähnlichen Bestallung entbehren müssen, muß zur Voraussetzung eine Erwerbsgelegenheit haben, die zumeist bei der Zeitung gefunden werden wird.

Auf der einen Seite sehen wir, daß viele zur Zeitung drängen, die nur im weitesten Wortsinne als Schriftsteller anzusehen sind; auf der anderen Seite finden wir aber auch, daß die Zeitungsverlage und Chefredaktionen unter dem Drucke des immer stärkeren Wettbewerbes der Zeitungen unter sich und bei den immer wachsenden Ansprüchen des Leserpublikums wie bei dem Streben, die Reklame auch für ihr

Unternehmen wirken zu lassen, einen Ausbau der Zeitung erstreben. Sie wollen für die große Masse des Volkes — und damit sind nicht nur die breiten unteren Massen gemeint — die Zeitungen ausbauen zu einem Mittel, alle geistigen Bedürfnisse des Leserkreises zu befriedigen, alle Gebiete des Wissens, wenn auch in sehr verdünnter, nicht immer klarer Wassersuppe, den Lesern zugänglich zu machen. Aber nicht bloß durch die Fülle des Stoffes, sondern auch durch die Berühmtheit der Mitarbeiter will der Verlag die Zahl seiner Abonnenten dem Unternehmen sichern und ihm stets neue Bezieher anlocken.

Die Differenzierung der schriftstellerischen Arbeit für die Zeitung ist eine besondere Aufgabe. Man wird unterscheiden müssen zwischen der Arbeit für die Zeitung, in der Zeitung und aus der Zeitung.

Eine Klassifizierung der für die Zeitungen tätigen Schriftsteller wird schon durch den Umstand erschwert, daß die Zeitung nicht etwas Gleichartiges ist. Je größer die Zahl der Redakteure in einer Zeitung ist, desto weiter wird in ihr die Teilung in der geistigen Arbeit ausgebildet sein. Aber auch diese Arbeitsteilung ist vielfach anders als man meint. Die Verschiedenartigkeit der an jedem Tag in der Zeitung neu gestellten Aufgaben läßt es als einen übrigens nicht erfreulichen Ausnahmefall zu, daß ein bestimmter Redakteur etwa immer Leitartikel schreibt. Dispositionen sind für jede Zeitungsnummer notwendig; eine Zeitung kann noch so üppig organisiert sein, sie wird für bestimmte Probleme keinen geeigneten Mann in ihrem Gremium haben. So ergibt sich, daß die Zeitung, so merkwürdig es ist, je besser sie in sich organisiert ist, desto mehr Mitarbeiter außerhalb ihrer Räume zur Verfügung haben muß. Diese sind zum Teil ständige Mitarbeiter, zum Teil nur auf Aufruf oder, wenn man es kaufmännisch ausdrücken dürfte, auf Abruf zur Verfügung stehende Mitarbeiter. Der gelegentliche Mitarbeiter, der ohne sonstige Beziehung zu einer Zeitung ihr Beiträge sendet und sie auch abgedruckt sieht, ist eine seltene Erscheinung. Man könnte also unterscheiden zwischen internen und externen Arbeitern an der Zeitung, wobei die externen zum Teil ständig wirkende, mit festen Gehältern versehene Korrespondenten, dann Fachschriftsteller, endlich im Nebenberuf wirkende, aber oft fest verpflichtete Mitarbeiter der Zeitung sind, die oft wegen ihrer besonderen Beziehungen, Informationen, wegen ihrer Stellung und wegen ihrer Kenntnisse sehr geschätzt sind und als in den Redaktionsstab der Zeitung eingegliederte Arbeiter gelten können. Die großen Zeitungen haben neben ihrer Redaktion am Verlagsorte oft nicht nur Korrespondenten, sondern ganze Redaktionen in der Hauptstadt des Reiches, oft auch in der Hauptstadt des Landes, selbst auf auswärtigen Plätzen. Neben politischen Korrespondenten und lediglich der politischen Information dienenden Kräften wirken besondere Redakteure für die Berichterstattung und Beurteilung der Börsenereignisse, ständige Mitarbeiter für Theater, Kunst, kommunale Vorgänge usw. Diese Mitarbeiter können auch hier und da als Redakteure betrachtet werden.

Selbst die größten Zeitungen können nicht vollständig davon absehen, die Einrichtungen, die gleichzeitig vielen Zeitungen dienen, wie vor allem die Korrespondenzen der Parteien, aber auch Berichterstattungen über Gerichtsverhandlungen, lokale Ereignisse u. dergl. zu benutzen. Diese Einrichtungen zur Befriedigung kollektiver Bedürfnisse der Presse entbehren noch einer gründlichen wissenschaftlichen Untersuchung, der sehr bedeutsame Schwierigkeiten entgegenstehen.

Um die Stellung der Redakteure kennen zu lernen, ist vor allem notwendig, die Verfassung der Zeitung zu kennen. Im allgemeinen muß angenommen werden, daß die Verleger einen weniger sichtbaren Einfluß auf die Arbeit der Redakteure nehmen, als das in einem anderen Großbetriebe ähnlicher Bedeutung den Angestellten gegenüber der Fall ist. Doch dürfte bei dem Streben, die Presse in den Dienst von großen Interessengruppen zu stellen, die Abhängigkeit der Redakteure gewachsen sein. Nach außen bemüht man sich aber stets, die Selbständigkeit der Zeitungsredaktionen, die Unabhängigkeit der Redakteure zu behaupten. Innerhalb der Redaktion wird die Stellung des Redakteurs vielfach bestimmt durch die Verfassung der Redaktion, ob sie eine sogenannte kollegiale Redaktion ohne Chefredakteur oder eine Redaktion mit alleinbestimmendem Chefredakteur ist. Auch hier gibt es zahlreiche Übergänge, doch kann man nur die extremen Typen klarstellen. In der kollegialen Redaktion treten die Redakteure in der Regel vor dem Erscheinen jeder Ausgabe zusammen, um sich klar zu werden, welcher Stoff am wichtigsten und am breitesten zu behandeln ist, wer die entscheidenden Beiträge des Tages zu liefern hat, welche Beschränkungen sich des Raumes wegen bestimmte Ressorts auferlegen müssen. Differenzen zwischen den Grenzgebieten, Beschwerden der Redakteure untereinander oder gegen den Verlag sucht man auszugleichen, allgemeine Fragen der Zeitungen zu entscheiden. Diese Beratungen sind sehr kurz, aber entscheidend. Innerhalb dieser Beratungen kommt die Wertung der einzelnen Redakteure in Erscheinung, es ergeben sich gewisse Übergewichte. In der Chefredaktion findet eine straffere und konzentriertere Entscheidung statt. Der Chefredakteur wird im Interesse des Ganzen bemüht sein müssen, mit den einzelnen Redakteuren vieles zu besprechen und nicht allein den Ausschlag zu geben. Aber er trägt die ganze Verantwortlichkeit, und seine Stellung drückt nicht selten die anderen Redakteure in ein subalternes Verhältnis.

In großen Redaktionen findet eine sogenannte Ressortgliederung statt, so daß es neben dem obersten Chefredakteur noch mehr oder minder selbständige Abteilungen für die verschiedenen Gebiete der inneren wie der äußeren Politik, der Finanz-, Volkswirtschafts- und der Sozialpolitik, des Feuilletons, der kommunalen und lokalen Angelegenheiten usw., aber vor allem des ökonomischen Teiles, dessen Kern die Börsenberichterstattung ist, gibt. Oft haben sich mehrere Redakteure in bloß einem dieser Gebiete zu betätigen; sie unterstehen dann oft einem Ressortchef. Es werden somit für die größeren Zeitungsredaktionen Spezialisten, Leute mit gewisser Vorbildung, die auf sehr verschiedenen Wegen gewonnen wird, benötigt. Diese Vorbildung schafft oft auch die Freizügigkeit; sie kann aber auch einengen, so z. B. bei besonders tüchtigen Lokalredakteuren. Die Freizügigkeit der Redakteure ist bei der reinen Geschäftspresse wenig verschieden von der Freizügigkeit eines kaufmännischen oder technischen Angestellten. Beengt ist die Freizügigkeit bei den Parteijournalisten, die, wenn sie nicht ihren Charakter bemängeln lassen wollen, jedenfalls als politische Redakteure nur die Freizügigkeit innerhalb des Zeitungswesens ihrer eigenen Partei haben.

Die ganze Mannigfaltigkeit der Presse nach Größenklassen, nach Tendenz, auch nach topographischer Verteilung wirkt auf die Stellung des Schriftstellers, der sich innerhalb und außerhalb der Redaktion im Zeitungswesen betätigt. Die Vielseitigkeit dieser schriftstellerischen Betätigungen ist tatsächlich noch größer als die schon geschilderte Spielartenhäufigkeit der Zeitungen und Zeitschriften. Zu scheiden ist Betätigung für periodische und die für nichtperiodische Druckschriften. Hierzu tritt als weiterer Unterscheidungsfaktor die vielfach abweichende Zielsetzung der periodischen Druckschriften. Dabei handelt es sich natürlich nicht um eine einfache Addition oder gar Multiplikation der verschiedenen Betätigungsmöglichkeiten. Die starke Differenzierung erschwert das Angebot auf dem Arbeitsmarkt ganz außerordentlich; denn

Die Nachfrage wird in der Regel außerordentlich stark bestimmt durch die speziellen Anforderungen an die gesuchte Arbeitskraft, so daß auch bei einem großen Angebote die Nachfrage oft nicht befriedigt werden kann. Die Ersetzbarkeit ist überaus schwer. Chefredakteure auch an kleineren Blättern bewähren sich sehr häufig nicht als nicht ganz selbständige Redakteure an großen Zeitungen. Die starke Eigenart tüchtiger Schriftsteller kann für sie zu einem Hemmnis bei der Eingliederung in einen großen Körper werden. Schriftstellerische Arbeit ist eigenartig, individuell; der größte Teil der heutigen schriftstellerischen Arbeit, so die Arbeit für Zeitungen, Zeitschriften, Nachschlage- und Sammelwerke, die vielfach bestellte Arbeit, sei es eines Verlegers, sei es einer politischen Partei, einer wirtschaftlichen Korporation, eines kommunalen oder sonstigen Interessenkreises erfordert Verzicht oder doch Beschränkung des Persönlichen, des Individuellen, verlangt Unterordnung unter einen anderen Willen oder Eingliederung in eine oft wesensfremde Kollektivität. Dadurch wird die Tätigkeit des Schriftstellers, wenn auch unter Berücksichtigung gewisser gesellschaftlicher Formen, der Arbeit des Angestellten in der Industrie angenähert, etwa dem wissenschaftlichen Chemiker in einem Fabriklaboratorium. Diese Entwicklung ist noch nicht ausgereift, aber die Tendenz nach dieser Richtung ist sehr lebendig und kraftvoll. Sie wird durch die Trustentwicklung in der Presse sehr stark beschleunigt.

Dieser Trustentwicklung im Zeitungswesen geht parallel die Trustentwicklung im Verlagsbuchhandel, die Zusammenlegung der Zeitschriften, der mangelnde Parallelismus zwischen der Entwicklung von Bücherpreisen, Abonnementsgebühren einerseits, der Gehaltsfestsetzung wie der sonstigen Honorierung der Schriftsteller vom gelehrten Forscher bis zum Straßenreporter der Zeitung. So ist ganz naturgemäß eine früher unbekannte intensive gewerkschaftliche Aktion der im Zeitungswesen gegen Gehalt angestellten Schriftsteller mit einer großen Fülle von verbindlich erklärten Tarifverträgen sehr lebendig geworden. Doch soll man die Verbindlicherklärungen der Tarifverträge im Zeitungsgewerbe ihrer Wirkung nach nicht überschätzen. Der gewerkschaftlichen Solidarität stehen gerade im Zeitungswesen sehr viele Schwierigkeiten entgegen; die Konkurrenzverhältnisse und die Feindseligkeiten der Betriebe in einer noch nicht kartellierten Industrie berühren die Angestellten und Arbeiter in dem Betriebe fast gar nicht; sie werden eher als ein Vorteil der „Arbeitnehmer" empfunden, während die Gegensätzlichkeit und Feindseligkeit der Zeitungen einer lebendigen Solidarität der im Zeitungswesen Wirkenden entgegensteht, zum mindesten hemmend wirkt. Offenheit und Vertraulichkeit der Redakteure sich gegenseitig bekämpfender Zeitungen ist um so schwerer zu erzielen, als die gewerkschaftliche Erziehung der Schriftsteller erst in den Anfängen liegt.

Die Gefahr der Schmutzkonkurrenz der in sehr betrüblichen wirtwirtschaftlichen Verhältnissen vegetierenden, nicht fest angestellten Schriftsteller, wenn wir von den oberen Fünfhundert absehen, stärkt die Position der Verleger, schwächt die der auch durch Tarifvertrag scheinbar Gesicherten. Der schriftstellerische Beruf ist ein „freier Beruf", der für den Nichtkenner erstrebenswert ist, der keine bestimmte Vorbildung erfordert und der durch die zahlreich im Nebenberuf schriftstellerisch Tätigen ganz besonders stark übersetzt ist. So zeigt der Arbeitsmarkt ein übergroßes Angebot von Kräften, eine Schwierigkeit der Prüfung ihrer Eignung und damit eine komplizierte Auslese. Hieraus ergeben sich viele Enttäuschungen bei den Nachfragenden, noch mehr bei den sich Anbietenden.

Diese ganz wirre Schichtung mit den mannigfaltigsten Bedürfnissen der Nachfragenden, mit der Schwierigkeit der Eingliederung und der Differenzierung der sich Anbietenden macht es unmöglich, in erschöpfender Weise eine Scheidung und Gliederung der Schriftsteller durchzuführen. Die größte Schwierigkeit bereitet hier die Mannigfaltigkeit der Übergänge von einem Beruf in den anderen, die starke Besetzung der Grenzgebiete zwischen den Berufen und die große fluktuierende Masse der nach dem Beruf Strebenden und von dem Beruf Ausgeschalteten. Auf alle diese Fehlerquellen muß aufmerksam gemacht werden, wenn die folgende Gruppierung mit der notwendigen Vorsicht eingeschätzt werden soll. Man wird vor allem unterscheiden zwischen den Schriftstellern, die im Hauptberufe Journalisten sind, und denen, die sich nur im Nebenberufe neben der berufsmäßigen schriftstellerischen Betätigung oder überhaupt nicht der Zeitungsarbeit widmen. Die Journalisten wird man unterscheiden nach der Stellung im Berufe, ob sie Chefredakteure, Abteilungschefs, Ressortredakteure, Redakteure, besser gesagt Unterredakteure, dem Abteilungschef unterstellte Redakteure, Berichterstatter, Reporter, also Nachrichtenbringer, Tatsachenfeststeller, Befrager sind. Auch in dieser Unterabteilung gibt es sehr stark voneinander abweichende Rangstufen, von dem sogenannten diplomatischen Recherchen … nisterium der auswärtigen An- gelegenheiten, bei Gesandt … bei sonstigen leitenden Stellen Nachrichten einzieht, bi … r, wie es in der Journalistik heißt, sich auf den Straß … r, um ein gefallenes Pferd fest- zustellen. Der Nachricht … eitet oft nicht nur für eine Zei- tung, sondern für mehrere

Das führt uns zum Üb … den Journalisten, die im Dienste einer Zeitung oder einer Z … orrespondenz im Hauptberuf wirken. Hier setzt sich die An … at noch weit mehr durch als in der einzelnen Zeitung.

Man wird weiter die Journalisten nach den Größenklassen der Zeitung und auch nach den Größenklassen der Orte zu unterscheiden haben, in denen sie wirken. Weiter ergibt sich eine Unterscheidung nach Geschäfts- und Parteipresse, in letzterer wieder nach den verschiedenen Parteien.

Eine besonders wichtige Unterscheidung ist die nach dem Aufgabenkreise des Journalisten. Der wird wieder differenziert durch die Arbeitsteilung in der Redaktion, die wieder bestimmt wird durch die Größe der Zeitung bzw. durch die Anzahl der in ihr beschäftigten Redakteure. Während man vom Chefredakteur eine gewisse Universalität, eine Übersicht über alle Aufgaben der Zeitung fordert, die aber ebenso von den Redakteuren der kleinen und kleinsten Presse, wenn auch in qualitativ nicht hohem Maße, verlangt wird, erfordern die übrigen Tätigkeiten starke Spezialisierung. Bei der großen Presse ergibt sich vor allem die Scheidung zwischen Politik und Volkswirtschaft, wobei als Volkswirtschaft nur zu oft bloß alles mit dem Effekten- und Warenhandel Zusammenhängende verstanden wird. Hier gibt es besondere Berichterstatter, oft Redakteure für den Besuch der Börsen, daneben für die Kritik der Geschäftsberichte der Aktiengesellschaften, eventuell nach besonderen Gruppen. Das gleiche ist der Fall bei der Warenmarktberichterstattung. Statistiker sind hier tätig; es handelt sich um eine ganz eigenartige, von der übrigen journalistischen Tätigkeit oft stark abweichende Methode.

In der übrigen Redaktion, die man fälschlich oft die „politische Redaktion" nennt, ergeben sich bei der großen Presse starke Differenzierungen. Die innere Politik beschäftigt oft mehrere Abteilungsvorsteher, so für den Parlamentsdienst, für die Bearbeitung der gesetzgeberischen Vorlagen, für di [illegible], für die Landespolitik; es müssen sich einzelne Redakt [illegible] spezialisieren, etwa für Handelsverträge oder für Kir [illegible] Sozialpolitik bildet in der Regel eine besondere Abte [illegible] Politik des Auslandes teilen sich nach Ländergruppen [illegible] kteure; Kommunalpolitik und lokale Angelegenheiten, Ger [illegible] erstattung werden gesondert bearbeitet; eine Gruppe von Reda [illegible] aß sich mit dem Feuilleton, Unterhaltung und popularisierter [illegible] ft, Musik, Theater, Kunst, Literaturbesprechungen usw. befassen.

Es ist aber klar, daß, je kleiner die [illegible] id, die der Verlag einer Zeitung zur Verfügung stellen kann od [illegible], desto beschränkter die Arbeitsteilung ist, desto mehr Stoffgebie [illegible] einem einzelnen Redakteur behandelt werden müssen, woraus j [illegible] er zu schließen ist, daß die Aufgaben und Verpflichtungen der Re [illegible] en kleineren Zeitungen weit größer sind als die an großen.

Vom Zwergbetrieb bis zum Riesenbetrieb, vom Allein[illegible] bis zu dem hunderte Arbeiter mannigfachster Art, und zwar der Kopfarbeiter wie der Handarbeiter, beschäftigenden Riesenbetrieb, vom Einzelunternehmer bis zum Riesenkonzern mit horizontaler und vertikaler Konzentration sehen wir das Zeitungswesen als ein erst zu erschließendes Forschungsgebiet vor der nationalökonomischen und soziologischen Wissenschaft. Wie uns alle wirtschaftsgeschichtlichen Untersuchungen wenig helfen, um uns über die Riesenunternehmungen in der Elektrizitätsindustrie Klarheit zu schaffen, so wenig nützt uns, wenn wir auch die erfreuliche wissenschaftliche Leistung über die geschriebene Zeitung, über das fliegende Blatt, über die Periode des Intelligenzblattes nicht missen wollen, die wirtschaftsgeschichtliche Aufklärung zum Begreifen von wirtschaftlicher Bedeutung und von sozialer Struktur, von eigenartiger Stellung des modernen Zeitungswesens. Die Differenzierung im Zeitungswesen ist weit größer als in den sonstigen Zweigen der Warenproduktion. Denn zur Unternehmungsform, zum Verhältnis von stehenden zum umlaufenden Kapital, zum Verhältnis von Kapital zur Arbeit kommen noch zahlreiche, für alle anderen warenerzeugenden Betriebe nicht in Betracht kommenden Scheidungsmöglichkeiten. Deshalb ist die Erkenntnis von Wesen, Gliederung und Eigenart des Zeitungswesens dieser öffentlichsten aller nichtstaatlichen Einrichtungen weit mehr zurückgeblieben als das Verständnis von Charakter und Wesen wie von Entwicklungstendenzen zahlreicher anderer Erscheinungen im wirtschaftlichen Leben. Wir stehen erst in den Anfängen der wissenschaftlichen Erkenntnis im Zeitungswesen. Dieser Erkenntnis zu dienen, wollte der Verfasser durch die vorstehenden Ausführungen genügen.

Zweites Kapitel.

Die gegenwärtige Lage des deutschen Zeitungsgewerbes.

Von

Dr. jur. **Martin Carbe,**

Generalbevollmächtigter der Firma Rudolf Mosse,
Vorsitzender des Präsidiums der Vereinigung Großstädtischer Zeitungsverleger
(Berlin).

Moriturі te salutant! Mit diesem Abschiedsgruß der Todgeweihten ist die Frage, die das Thema stellt, kurz und klar beantwortet. Die Spatzen pfeifen es seit länger als Jahresfrist von allen Dächern, wie es um die deutsche Presse steht, und schließlich hat auch der deutsche Reichstag in seiner Sitzung vom 7. April 1922 nach einer überaus eindrucksvollen, weil sachlich wohlbegründeten, Rede des Herrn Reichstagspräsidenten Löbe in seltener Einstimmigkeit von der äußersten Rechten bis zur äußersten Linken den sogenannten Antrag Löbe (Reichstag I. 1920—1922. Drucks. Nr. 4057) angenommen. Dieser Antrag lautet:

„Der Reichstag wolle beschließen:

Die Reichsregierung wird ersucht, mit möglichster Beschleunigung einen Gesetzentwurf vorzulegen, durch den der Not der Zeitungen und Zeitschriften auf wirtschaftlichem Gebiet wirksam gesteuert wird.

Der Reichstag erwartet diesen Gesetzentwurf so rechtzeitig, daß seine Beratung durch den Reichstag unmittelbar nach seinem Wiederzusammentritt begonnen werden kann."

Bevor der Reichstag zu dieser Abstimmung schritt, ergriff noch der Herr Staatssekretär im Reichswirtschaftsministerium Prof. Dr. Hirsch das Wort und sagte unter anderem: „Die Reichsregierung verfolgt mit lebhaftem Interesse das Schicksal der deutschen Presse. Sie ist sich der schweren Gefahr sehr wohl bewußt, die in der neuesten Preissteigerung auf dem Gebiete des Zeitungswesens für die ganze politische und kulturelle Entwicklung des deutschen Volkes liegt. Der Herr Abgeordnete Löbe hat ja eben die Gefahren in anschaulicher Weise dargelegt. Ich kann die Zahlen bestätigen, die der Herr Abgeordnete Löbe genannt hat. Noch ehe die Preiswelle einsetzte, sind allein im ersten Vierteljahr des Jahres 1922 nach vorläufigen Mitteilungen, die allerdings zum Teil auf Schätzungen beruhen, in der Tat zwischen 150 und 170 deutsche Zeitungen eingegangen. Das bedeutet, daß von je 100 deutschen Zeitungen zwischen vier und fünf in diesem einen Vierteljahr ihr Erscheinen einstellen mußten. Die Befürchtung ist nicht von der Hand zu weisen, daß beim Anhalten der jetzigen Preissteigerung **dieser Zusammenbruch in verschärftem und beschleunigtem Maße vor sich gehen muß.**"

So sprach der Herr Staatssekretär am 7. April 1922 vor versammeltem Reichstag. Damals, es sind seitdem knapp vier Wochen vergangen, kostete das Kilogramm normalen, das heißt 50 g pro Quadratmeter schweren Zeitungsdruckpapieres zirka 12,80 Mk.; seit dem 1. Mai 1922, der Preis wird seit längerer Zeit immer nur noch für einen Monat festgesetzt, kostet das Kilogramm bereits zirka 15,80 Mk., also etwa 25 % mehr, seit dem 1. Juli 1922 gar 20 Mk; auch die Gehälter und Löhne sind selbstverständlich inzwischen weiter gestiegen. Wenn ich den Ausführungen des Herrn Staatssekretärs Hirsch zunächst nur ein Wort aus eigener Erfahrung der jüngsten Zeit hinzufügen darf, so ist es die Feststellung, daß ich in allen den Jahrzehnten, in denen ich dem deutschen Zeitungswesen nahegestanden habe, zusammengenommen nicht so oft von Banken und Bankiers über die Kreditwürdigkeit von Zeitungsunternehmen und über die Bonität der Wechselakzepte von Zeitungsverlegern angefragt worden bin wie in den letzten sechs Monaten; niemals habe ich auch so viele rat- und hilfesuchende Verleger gesprochen wie seit Beginn des Jahres 1922.

Wenn es nun aber communis opinio omnium ist, daß die deutsche politische Presse sich in schwerster, fast hoffnungsloser Krisis befindet, ja, wenn ein nicht unerheblicher Teil von der Sonne bereits nicht mehr beschienen wird, hat es da eigentlich noch einen rechten Zweck, „die gegenwärtige Lage des deutschen Zeitungsgewerbes" — beim Wort „Gewerbe" stocke ich schon — vor einem großen Leserkreis zu behandeln? Ich meine doch. Und zwar aus den verschiedensten Gründen. Das Problem, um das es sich handelt, ist doch wohl für jeden einzelnen Volksgenossen zu bedeutungsvoll; die Zeitungen sind in ihrer Gesamtheit ein zu wichtiger Bestandteil unseres Volkstums und unserer deutschen Kultur, als daß man sich ihnen gegenüber auf den Standpunkt stellen könnte: „Laß sie betteln gehn, wenn sie hungrig sind."

Man spricht meines Erachtens allzuoft vom Zeitungsgewerbe. Wäre es lediglich ein Gewerbe wie andere auch, das einige zehntausend Angestellte und Arbeiter beschäftigt, und das von der Zeiten Gunst oder Ungunst hin und her gerüttelt würde, so wäre es schade, wenn der „Verein für Sozialpolitik" viel seiner kostbaren

Zeit darauf verwenden würde; von diesem Gesichtspunkte aus gäbe es wichtigere Sorgen für unsere deutschen Volkswirte. Und auch ich würde es ablehnen, zu Ihnen über einen, rein wirtschaftlich betrachtet, so verhältnismäßig kleinen Ausschnitt unseres Wirtschaftslebens zu sprechen. Wenn wir die Frage aber unter dem Gesichtswinkel von Deutschlands geistiger Not, vom letzten uns gebliebenen Mittel zur Wiedererlangung deutscher Weltgeltung, zum Schutze deutscher Kultur und deutschen Geistesleben betrachten und in der Erkenntnis, daß es keinen anderen Weg als die Presse gibt, um Deutschlands politisches Wollen auf dem Gebiete der Innen- und Außenpolitik der Mentalität des Auslandes und dem Denken unserer eigenen Mitbürger nahezubringen, — dann freilich scheint mir jede Sorgfalt und Gründlichkeit in der Behandlung dieser Frage gerechtfertigt, ja unabweisbar notwendig. Unsere Zeitungen wollen als wesentlicher Teil unseres Geisteslebens gewertet sein, und nur von diesem Standpunkt aus halten sie sich für berechtigt, die Augen der Gesamtheit auf ihre häusliche Not zu lenken und mit allen gesetzlichen Mitteln ihre wirtschaftliche Unabhängigkeit zu verteidigen, ja unter Umständen den Gesetzgeber zu Hilfe zu rufen. Kein anständiger Zeitungsverleger, und das ist gottlob trotz aller bitteren Not die ganz überwältigende Mehrzahl, vergißt, daß sein Beruf ihm in weitem Umfange Verpflichtungen gegen die Öffentlichkeit auferlegt, die den reinen Verdienergewerben — darin liegt beileibe kein Vorwurf gegen irgendeinen anderen Gewerbezweig — fern liegen. Der Handel mit bedrucktem Papier ist gewiß ein sehr ehrsames Gewerbe, aber wir Zeitungsverleger betreiben es nicht. Wir Zeitungsverleger sind auch nicht lediglich die Abonnementsgeldkassierer zum Zwecke seiner Weiterleitung an Papierlieferanten und Redakteure; wir sind nicht lediglich die Leute, die Setzmaschinen kaufen, um sie den Setzern zur Verfügung zu stellen, damit sie die Artikel der Redakteure und Mitarbeiter den Zeitungsabonnenten zur Kenntnis bringen können; nein und dreimal nein! Jeder von uns kämpft in erster Linie für seine politischen, wirtschaftlichen und kulturellen Ideale. Volkswirten dürfte es klar sein, daß dieser Standpunkt um so reiner und ungefährdeter sich durchsetzt, je gesünder, je gefestigter der wirtschaftliche Unterbau ist, auf den er gegründet ist. Auf den Einwand, daß es in Gebirgsdörfern und an ähnlich idyllisch gelegenen Orten Menschen gibt, die sich auch Zeitungsverleger nennen, und die doch keine gefestigte Weltanschauung haben, ja politisch unerfahren sind, erwidere ich, daß es auch vereinzelte Männer gibt, die sich Redakteure nennen dürfen, ohne über das zu verfügen, was den obenerwähnten „sogenannten" Verlegern fehlt. Sowenig bei diesen Herren von einer „Not der geistigen Arbeiter" die Rede sein kann, so wenig, glaube ich, braucht uns die wirtschaftliche Not dieser übrigens verschwindend kleinen Zahl „Auchverleger" zu beschäftigen. Wir wollen von der Not der Presse als Vertreterin geistiger Arbeit handeln, wir wollen von der politischen Presse Deutschlands reden. Nur auf diese beziehen sich meine Worte, nur diese kenne und liebe ich. Brauchen die anderen einen Wortführer, mag er aus ihren Reihen kommen. Von mir führt keine Brücke zu ihnen. Ich bitte mich nicht mißverstehen zu wollen. Es soll hier nicht etwa nur von der Not der „großen" Zeitungen gesprochen werden. Ich stimme völlig mit den Ausführungen des Reichstagspräsidenten Löbe überein, die er in seiner Rede vom 7. April 1922 gemacht hat: „Wer ist es, der diesen Todeskampf führt? Zuerst sind es die kleinen und mittleren Provinzblätter, politische Organe, bodenständige Blätter, die zum Teil auf eine lange Vergangenheit zurückblicken. Uns in der Großstadt mögen diese Zeitungen winzig, dürftig erscheinen, für ihren Bezirk und angepaßt ihrem Leserkreise bilden sie ein Stück des geistigen und politischen Lebens in ihrem Verbreitungsgebiet und verkörpern etwas von ursprünglicher Heimatszusammengehörigkeit und Heimatswelt. Die Opfer an solchen Zeitungen sind gefallen, während der Papierpreis von 0,20 Mk. im Frieden auf 8,25 Mk. im März dieses Jahres stieg. Vom März dieses Jahres bis zum April, in dem wir heute leben, steigt aber der Papierpreis von 8,25 Mk. auf 12,80 Mk. in einem Sprung, und wir können uns ausmalen, welches Gefolge die bereits eingegangenen Zeitungen finden müssen, wenn wir nicht eingreifen. Aber nicht nur die kleine Presse, auch die größere kommt an die Reihe. Wir sind mit Vertretern der angesehensten deutschen Zeitungen zusammengewesen, und es haben uns die Vertreter der zentralen Organe großer deutscher Parteien mit frappierenden Zahlen dargelegt, welches Schicksal ihrer wartet. Gewiß werden diese Zeitungen nicht alle eingehen; aber die einen werden ihren Charakter verändern, und die anderen werden in gefährlicher Weise verkümmern. Die großen deutschen Zeitungsunternehmungen, die ich nicht zu nennen brauche, die Sie alle kennen ohne Unterschied der Partei und mit wenigen Ausnahmen, von Frankfurt und Köln angefangen über Magdeburg, Berlin und Leipzig bis nach Königsberg und Breslau, sie sind davon bedroht, daß sie zunächst, und das ist noch das weniger Schlimme, zusammenschrumpfen, daß sie ihren kulturellen, ihren politischen, ihren geistigen, künstlerischen und literarischen Teil einschränken müssen, daß sie — es ist fast keine Übertreibung, es zu sagen — unseren Schriftstellern und Journalisten das letzte Stückchen Brot entziehen **müssen**, daß sie dem anspruchsvolleren Leser das Wertvollste, was er jetzt in der Zeitung findet, entziehen müssen."

Damit hat der Reichstagspräsident zutreffend den Kreis der Zeitungen umgrenzt, um deren Existenzkampf es sich handelt; nicht die „kleinen", nicht die „mittleren" und nicht die „großen" allein sind es, die am Rande des Abgrundes stehen: es ist die gesamte politische, unabhängige, deutsche Presse, die in Gefahr ist. Aber nicht nur die Gefahr der Zusammenschrumpfung und des Untergangs droht der deutschen Presse, die Gefahr der Korruption und der moralischen Zersetzung lauert vor der Tür. Seit die Not der Presse das Geheimnis von jedermann ist, hat sie mit einem Male unendlich viele Freunde gefunden, die ihr gern helfen möchten. Liebenswürdige Männer klopfen an und fragen, ob der Verleger vielleicht Geld brauche; ja, es gibt schon Blätter, in deren Anzeigenteil Zeitungen Beratung und Hilfe in selbstloser Weise angeboten wird. Man will den Schwachen stützen und dem Mühseligen und Beladenen Trost spenden. Gefährliche Freunde der unabhängigen politischen Presse, die sich zum Teil sogar schon in nicht ganz loser Form organisiert haben! Der Abgeordnete Löbe hat darum recht, wenn er auf die große Gefahr hinweist, die darin liegt, daß Zeitungen zu „Nebenbetrieben fremder Gewerbe werden" und „von wirtschaftlichen Konzernen aufgekauft" werden. Er trifft den Nagel auf den Kopf, wenn er sagt: „Die Zeitungen, deren politische Selbständigkeit und deren Eigenart unser Stolz in Deutschland gewesen ist, werden nicht mehr Repräsentanten selbständiger politischer Gruppen sein, sondern als Anhängsel von Interessengruppen auftreten, und wo Eisenblech und Zahnpasta fabriziert und Gewinne errungen werden, da wird der Zeitungsbetrieb als Nebengewerbe mit unterhalten werden, und es wird die öffentliche Meinung fabriziert werden, wie man andere Waren fabriziert. Aber noch mehr, meine

Damen und Herren! In dieses Zeitungsgewerbe dringt ständig wachsend fremdes ausländisches Kapital ein. Es droht die Gefahr, daß Zeitungen, die in deutscher Sprache, in deutschem Lande erscheinen, zu Dienern fremder ausländischer Interessen und Mächte werden, weil die bisherigen Verleger nicht in der Lage sind, ihren Betrieb weiterzuführen, und diese Entwicklung scheint so schwere soziale, kulturelle und nationale Gefahren in sich zu bergen, vor denen gerade wir im Deutschen Reichstag die Augen nicht verschließen dürfen." Der Reichstagsbericht verzeichnet hinter diesen Worten des Reichstagspräsidenten: „Lebhafte, allseitige Zustimmung."

Wenn wir nun versuchen wollen, uns ein Bild von Art, Umfang und Entwicklung der heutigen Not des deutschen Zeitungswesens zu machen, so muß von vornherein bemerkt werden, daß hierfür exakte, wissenschaftlich unanfechtbare Unterlagen nicht existieren und auch in absehbarer Zeit nicht geschaffen werden können. Wir besitzen nicht einmal eine genaue und absolut zuverlässige Statistik über die Zahl der in Deutschland erscheinenden Zeitungen. Das Kriegspresseamt hat im Jahre 1917 im „Handbuch deutscher Zeitungen" 2938 [die Zahl ist entnommen der Schrift von Dr. J. Pöppinghaus, „Die deutsche Zeitungspapierindustrie und ihre fortschreitende Organisation". Clausthal, Ed. Pieperſche Druckerei (W. Georgi), 1920, V, 89] Zeitungen ausgewiesen. Diese Zahl ist zweifellos zu niedrig.

Eine für das Jahr 1912 aufgestellte spezifizierte Statistik des „Verbandes deutscher Druckpapierfabriken", die auch die kleinsten Bezieher berücksichtigt, nennt die Zahl 4122 [1] für den damaligen Umfang des Deutschen Reiches. Neuerdings hat Dr. W. Kretschmar (vgl. Zeitungsverlag Nr. 19 vom 12. Mai 1922: „Zum Standortsproblem im Zeitungsgewerbe", von Dr. W. Kretschmar) an der Hand der bekannten Zeitungskataloge der Firma Rudolf Mosse und der Ala die Zahl der Zeitungen, die innerhalb der durch den Versailler Vertrag gezogenen Grenzen Deutschlands verlegt werden, für das Jahr 1920 auf 3478, wovon 1951 täglich, 1527 nicht täglich erscheinen, berechnet. Diese Zahl dürfte keinesfalls zu hoch sein; denn naturgemäß können die Zeitungskataloge nicht ganz vollständig sein, und zwar, von anderen Fehlerquellen abgesehen, schon deshalb nicht, weil während der immerhin

[1] Die Angabe ist entnommen der Schrift von Dr. J. Pöppinghaus (siehe oben).

längere Zeit beanspruchenden Redaktion der Kataloge und ihrer technischen Herstellung eine Anzahl von Zeitungen neu gegründet werden, eine andere Zahl eingeht. Immerhin wird man annehmen dürfen, daß die Zahl der augenblicklich in Deutschland erscheinenden Zeitungen sich zwischen 3500 und 4000 bewegt.

Bis zum Ausbruch des Krieges, das darf man wohl behaupten, ernährte die Mehrzahl der Zeitungen, wenn der Verleger fleißig und rührig war, bescheiden ihren Mann. Reichtümer haben von jeher in Deutschland wohl nur ganz vereinzelt Zeitungsverleger gesammelt. Die wenigen vorhandenen Ausnahmen, die ein paar allbekannte deutsche Weltblätter und einige sogenannte Generalanzeiger bilden, bestätigen nur die Regel. Und selbst bei diesen wenigen werden, wie ich glaube auf Grund meiner langjährigen und genauen Kenntnis des deutschen Zeitungswesens sagen zu können, die früher gemachten Gewinne außerordentlich überschätzt und zum Teil aus anderen Ertragsquellen geflossene Einnahmen zu Unrecht der Ergiebigkeit von Zeitungen zugeschrieben.

Sogleich mit Ausbruch des Krieges traten für die Zeitungen völlig veränderte Lebensbedingungen ein, die ihre Fortexistenz in der früheren Weise gefährdeten. Abgesehen von den Erschwerungen, die für alle Erwerbszweige in gleichem Maße durch den Krieg und die Kriegswirtschaft auftraten, wie die Einziehung von Personal, technischem, redaktionellem sowie kaufmännischem, traten für die Zeitungsverleger noch solche hinzu, die aus dem besonderen Wesen der Zeitungen teils notwendig folgten, teils von damals allmächtigen Stellen für unumgänglich gehalten wurden. Einzelne dieser Maßnahmen haben dem Zeitungswesen so schwere Wunden geschlagen, daß bisher eine Erholung nicht möglich war; einige bestehen noch heute infolge der auch jetzt noch nicht ganz aufgehobenen Teile der Zwangswirtschaft fort.

Zunächst begann sofort nach Ausbruch des Krieges eine für die Behörden kostenlose Inanspruchnahme der redaktionellen Teile der Zeitungen in erheblichem Umfange. Nicht nur, daß selbstverständlicherweise die täglich zweimal erscheinenden Heeresberichte, die deutschen, die österreichischen, die bulgarischen und türkischen, abgedruckt werden mußten, stellten auch noch fast alle militärischen und zivilen Behörden, die staatlichen und die kommunalen, raumbeanspruchende Publikationsanforderungen an die Blätter. Und nicht nur das Kriegspresseamt hat jeder, der es als Zeitungsmann miterlebt hat, in schmerzender Erinnerung, nein, die Zeitungen mußten außer den Polemiken der einzelnen Behörden gegen ausländische Veröffentlichungen, außer fast alltäglichen langatmigen Rechtfertigungen behördlicher Maßnahmen, auch noch oft reichlich verspätete, viele Seiten in Anspruch nehmende Aufsätze zur Glorifikation bzw. Verteidigung gewisser Persönlichkeiten aufnehmen. Geschah das einmal nicht, oder wurde in der unumgänglichen Eile der redaktionellen Tätigkeit eine der damals täglich ergehenden Verordnungen oder Wünsche der Militärbehörden, der Kriegspresseämter oder der damals wie Pilze aus der Erde schießenden Behörden und Pressestellen übersehen oder nicht beachtet, so war eine Beschlagnahme für längere oder kürzere Zeit da, die die Zeitungen wirtschaftlich schwer schädigte, da nicht nur die Generalunkosten weiterliefen, sondern selbstverständlich auch alle Löhne und Gehälter weitergezahlt werden mußten. Ich erwähne dies hier nicht etwa, um verspätete Rache zu nehmen für die zahllosen Schikanen und Demütigungen, die wir Zeitungsmänner in den Kriegsjahren geglaubt haben im Interesse unserer Volksgesamtheit und des Vaterlandes hinnehmen zu müssen, und bei deren Erinnerung uns heute noch die Zornesröte ins Gesicht steigt, nein, ich weise darauf hin, weil hier eine der Ursachen liegt für den wirtschaftlich geschwächten Zustand, in dem sich die Presse bei Kriegsende und beim Ausbruch der Revolution befand. Konnten andere Gewerbe sich auf den Krieg und seine Anforderungen hin umstellen, ja zum Teil aus der Umstellung Nutzen und erheblichen Gewinn ziehen, so war dies bei den reinen Zeitungsunternehmungen ihrer ganzen Natur nach selbstverständlich unmöglich. *Auf Zeitungsrotationsmaschinen konnte man keine Granaten drehen, ja nicht einmal den durch das Hindenburgprogramm und seine Begleiterscheinungen erforderlich gewordenen Mehrbedarf an Tausendmarkscheinen decken.*

Am schwersten aber wurden besonders die größeren und mittleren Zeitungen, deren wirtschaftliche Grundlage und deren Gesamtkalkulation auf einem umfangreichen Inseratenteil beruhte, durch die zahlreichen *Kriegsverordnungen* geschädigt, die den *Inseratenteil* betrafen. Bald durften „Gegenstände des täglichen Bedarfes“, die den hauptsächlichsten Teil der Inserate bilden, in den Zeitungen nicht mehr angepriesen werden, bald kamen „Wucherverordnungen“, die wohl den Zeitungen, aber nicht den wandlungsfähigen Wucherern das Brot nahmen. Was waren nicht alles, nach amtlicher Auslegung, „Gegenstände des täglichen Bedarfes". Künftige Humoristen, die der Ernst unserer Lage nicht täglich schmerzt, werden einst reichen Stoff in den damaligen Entscheidungen finden. Man wollte die wucherischen Händler treffen und trieb durch verkehrte Maßnahmen ihr Geschäft aus dem Licht des Tages, das Kontrollmöglichkeiten gab, in das undurchdringliche Dunkel der Schiebercafés und Spelunken. Man zerschlug das Thermometer, das den Kältegrad anzeigte, und glaubte damit die bittere Kälte vertrieben zu haben! Man kurierte an Symptomen, statt den Erreger der Krankheit zu fassen. Auf der Strecke blieben die Zeitungen, deren man niemals mehr als im Kriege bedurfte. Doch mit den „Gegenständen des täglichen Bedarfs" hatte man nur den Anfang gemacht. Im angeblichen Interesse der Kriegsindustrie verbot man später auch die Veröffentlichung von Stellenangeboten aller Art, in denen gute Entlohnung angeboten wurde. Man meinte damit, die Freizügigkeit der Arbeiter und die Steigerung der Löhne hintanzuhalten. Mit welchem Erfolge, darüber braucht man wohl heute kein Wort mehr zu verlieren. Geholfen hat man mit dieser Maßregel niemandem, aber die Zeitungen geschädigt und in ihrer Wirtschaftskraft weiter geschwächt. Schon hier sei vorweggenommen, daß auch heute noch in den verschiedensten Distrikten und Gemeinden einzelne Einschränkungen, die den Inseratenteil der Blätter behindern, fortbestehen. So zum Beispiel für Groß-Berlin die Verbote der Veröffentlichung von Inseraten, in denen Mietswohnungen oder Häuser mit frei werdenden Wohnungen zum Kauf angeboten werden usw.

Und nun zum archimedischen Punkt der ganzen Frage vom wirtschaftlichen Wohl und Wehe der Zeitungen: zur Papierfrage. Ich nenne sie den archimedischen Punkt, weil der Papierpreis und die zur Verfügung stehende Papiermenge für die politischen Zeitungen von einiger Bedeutung die Stelle ist, von der aus man sie wirtschaftlich aus den Angeln heben kann. Um ganz gewissenhaft zu sein, muß ich darauf hinweisen, daß der Faktor des Papiers nicht für alle Zeitungen von der mathematisch ganz gleichen Bedeutung ist, sondern daß die Bedeutung dieses Faktors um so mehr ausschlaggebend ist, je größer die Auflage der einzelnen Zeitung ist, und daß bei sinkender Auflage der Lohn- und Gehaltsfaktor an Bedeutung gewinnt; das wird jedem klar sein, der bedenkt, daß der Zeitungstext, ganz gleich, wie hoch die Auflage ist, nur einmal gesetzt zu werden braucht, und daß der Artikel nur einmal für alle Abonnenten geschrieben und bezahlt wird, während jeder Abonnent neues Papier erfordert. Genauere wissenschaftlich exakte Unterlagen aus jüngster Zeit sind mir nicht bekannt geworden. Ich gebe daher hier die Zahlen wieder, die Dr. Alfred Hoppe in seiner sehr interessanten Schrift: „Zur Geschichte und Beurteilung der Papierzölle im Zolltarif von 1902“, im Jahre 1914[1] veröffentlicht hat:

Nr.	Charakteristik der Zeitung	Jahr	Prozentualer Anteil der Papierkosten an den Gesamtkosten in Proz.
	Kleine Zeitungen:		
1	Auflage 5000—6000, 6 mal wöchentlich im Umfange von 1½—2½ Bogen	1909—11	12
2	Auflage 10 500—14 300, sonst wie vor	1909—11	27,3
	Mittlere Zeitungen:		
3	Auflage 17 000—19 000, 6 mal wöchentlich in mittlerem Umfange	1909—11	37,5
4	Wie vor, Auflage 22 000—23 000	1909—11	24,4
5	„ „ „ 24 000—26 000	1909—11	20
6	„ „ Umfang größer, Auflage 29 000 bis 36 000	1909—11	32,6
	Große Zeitungen:		
7	Wie Nr. 6, Auflage 45 000—61 000	a) 1909 b) 1911	36,9 39,3
8	Wie vor, Auflage 60 000	1912	30 (Angabe der Zeitung)
9	Im Umfang von Nr. 7, größeres Format:		
	a) Auflage 42 000	1905	30,7
	b) „ 60 000	1909	28,8
	c) „ 75 000	1911	31
10	Wie Nr. 7, jedoch mit größerem Umfang:		
	a) Auflage 78 000	1902/03	23,6
	b) „ 135 000	1906/07	39,3
	c) „ 139 000—155 000	1910/11	40,4
	d) „ 557 000—165 000	1911/12	47,4
	Zur Errechnung der Prozentziffern mußten einige Umrechnungen im Etat vorgenommen werden.		
	Blatt großen Stils:		
11	13 mal, wöchentliche Auflage 200 000—225 000	1911	40—45 (Angabe der Zeitung)

[1] Erschienen: J. G. Cottasche Buchhandlung, Stuttgart und Berlin 1914. Als Stück 129 der „Münchener Volkswirtschaftlichen Studien“ herausgegeben von Lujo Brentano und Walther Lotz.

Zu diesen an sich sehr lehrreichen Zahlen ist zu sagen, daß sie ohne nähere Einzelangabe naturgemäß kein ganz exaktes Bild geben können. So viel ist aber doch wohl unzweifelhaft ersichtlich, daß mit steigender Auflage im allgemeinen die Wichtigkeit der Aufwendungen für Papier im Rahmen des Gesamtetats wächst. Die scheinbaren Abweichungen bei einzelnen der obigen Angaben sind wohl Folgen aus der politischen Bedeutung des betreffenden Blattes, das vielleicht aus diesem Grunde besondere redaktionelle Aufwendungen machen muß; sie können aber auch in der Berechnung der Druckpreise für die Zeitung im Rahmen einer größeren Akzidenzdruckerei ihren Grund haben. Ganz blindlings lassen sich die Zahlen auch nicht auf die heutige Sachlage anwenden; aber sie dürften doch im allgemeinen auch heute noch Schlüsse zulassen. Die in ihnen zum Ausdruck kommende Tendenz dürfte sogar noch eine Verstärkung mit dem Steigen der Papierpreise und der in erhöhtem Maße durch die Verhältnisse erzwungenen Selbsteinschränkung im Papierbedarf seitens der kleinen und mittleren Verleger, denen Kredite schwerer zugänglich sind als den großen, gefunden haben. Die Mehrbelastung der größeren Zeitungen durch die Papierpreissteigerungen muß sich auch um so schärfer hervorheben, als die kaufmännischen Gehälter bis heute wohl etwa auf das Zwanzigfache bis Fünfundzwanzigfache, die Buchdruckerlöhne auf das etwa Vierunddreißigfache, die Papierpreise aber bis zum Augenblick etwa auf das Hundertfache gestiegen sind. Nach meiner Schätzung dürften heute bei den großen Zeitungen die Aufwendungen für Papier 55—65 % des Gesamtetats betragen.

Schon diese wenigen Andeutungen werden genügen, um jeden zu überzeugen, daß die Grundlage jeder Zeitungskalkulation vom Papierpreis ausgehen muß, und daß die Entwicklung und Ausdehnung des modernen deutschen Zeitungswesens sehr wesentlich dadurch gefördert worden ist, daß wir in Deutschland in den letzten Jahrzehnten vor dem Kriege, mit verschwindenden Ausnahmen, zum Beispiel während des Burenkrieges, ziemlich stabile, verhältnismäßig niedrige Druckpapierpreise mit vorwiegend sinkender Tendenz hatten, die gewöhnlich für ein ganzes Jahr durch Abschlüsse festgelegt wurden. Die Preise betrugen (nach Dr. Pöppinghaus [siehe oben], der sich für seine Angaben auf Hager, „Die Papierindustrie“, und den Verband deutscher Druckpapierfabriken beruft) für Zeitungspapier gewöhnlicher Qualität für je 100 kg in einer Normalschwere von zirka 50 g per Quadratmeter

im Jahre	1890	Mk.	28,50		im Jahre	1898	Mk.	20,83		im Jahre	1906	Mk.	21,79
" "	1891	"	26,37		" "	1899	"	20,31		" "	1907	"	21,19
" "	1892	"	23,50		" "	1900	"	23,—		" "	1908	"	21,75
" "	1893	"	23,81		" "	1991	"	25,33		" "	1909	"	21,50
" "	1894	"	23,17		" "	1901	"	22,64		" "	1910	"	21,59
" "	1895	"	21,92		" "	1903	"	21,19		" "	1911	"	21,31
" "	1896	"	22,—		" "	1904	"	21,17		" "	1912	"	20,99
" "	1897	"	20,62		" "	1905	"	21,91		" "	1913	"	21,01

Nach meiner eigenen Kenntnis betrug der Preis im Jahre 1914 20,50 Mk. bzw. 20,— Mk. für die Großverbraucher, wobei noch mit Rücksicht auf die bessere Beurteilungsmöglichkeit der später eingetretenen Preisentwicklung hinzugefügt werden muß, daß diese Preise „frei Hof Druckerei mit 2 % Skonto" zu verstehen sind, während die jetzigen Preise frei Bahnhof des Verbrauchsortes und ohne Skonto berechnet werden.

Will man die heutige Lage des Zeitungswesens verstehen, so genügt es meines Erachtens nicht allein, die heutigen Papierpreise zu kennen. Man muß, um sich ein Urteil bilden zu können, wenigstens einen kurzen Blick auf die Entwicklung der Papierwirtschaft während des Krieges und in der Zeit nach dem Kriege bis zum heutigen Tage werfen.

Deutschland war bis zum Kriege ein Papierüberschußland. Es exportierte hauptsächlich nach Südamerika, nicht unerhebliche Mengen auch nach England, Japan und Holland. Nach Dr. Pöppinghaus, „Die deutsche Zeitungsdruckpapierindustrie und ihre fortschreitende Organisation" [siehe oben], betrug die Ausfuhr von Zeitungsdruckpapier in Tonnen:

Jahr:	Tonnen:	Jahr:	Tonnen:
1901	5 990	1908	28 170
1902	13 970	1909	32 100
1903	19 350	1910	38 980
1904	17 230	1911	34 200
1905	12 120	1912	35 240
1906	12 200	1913	35 340
1907	23 910	1914	22 880

Nebenbei sei bemerkt, daß der Preis, zu dem Zeitungsdruckpapier in diesen Jahren ins Ausland verkauft wurde, etwa 1,00—1,50 Mk. für 100 kg unter dem Inlandspreise lag. Von der Produktion beherrschte in den letzten Jahren vor Ausbruch des Krieges der „Verband

Deutscher Druckpapierfabriken" etwa annähernd 80 %, der Rest entfiel auf Außenseiter, in der Hauptsache auf den Verband der sogenannten „ringfreien Papierfabriken". Jedenfalls war bis zum Ausbruch des Krieges der Konkurrenzkampf unter den Papierfabriken noch nicht ganz ausgeschaltet. Außerdem wirkte es auf die Papierpreisbildung im Sinne der Zeitungen günstig ein, daß die Möglichkeit der Gründung neuer, unabhängiger Papierfabriken durch kapitalstarke Großverlage, die erheblichen Papierbedarf hatten, seitens der Papierfabrikanten in Rechnung gestellt wurde. Papierholz, der Hauptrohstoff der Papierfabrikation, war reichlich und zu mäßigem Preise vorhanden, mithin Papier eine beliebig vermehrbare Ware. Das gab den Verlegern Rückhalt und gewährte ihnen eine ruhige langsichtige Grundlage für die Kalkulation ihrer Abonnements- und Anzeigenpreise.

So war die Lage, als der Krieg ausbrach. Zunächst blieb alles beim alten. Ja, trotz des vermehrten Lesebedürfnisses der Bevölkerung und der dementsprechenden Steigerung der Auflagen der Zeitungen war Papier reichlich vorhanden. Zu Anfang des Jahres 1915 trat sogar noch eine kleine Senkung des Papierpreises ein; denn infolge des fast völlig ins Stocken gekommenen Exportes war Papier überreichlich für den Inlandsmarkt verfügbar. So blieb es etwa bis Ende Februar 1916. Da bahnte sich mit dem Knapperwerden vieler Rohstoffe, insbesondere der Textilfaserstoffe und der Webwaren, auch hier eine Wandlung an. Papier und insbesondere Zellstoff fanden für die verschiedensten militärischen und zivilen Zwecke Verwendung. Sandsäcke für die Front, Kartoffelsäcke aus Papier für Heer und Heimat, Papierstoffe als Ersatz mit möglicher und unmöglicher Zweckbestimmung sind noch in aller Gedächtnis. Da trat um die Wende des zweiten Quartals 1916, wie auf anderen Gebieten, auch auf dem der Papierwirtschaft der Gedanke der Zwangsbewirtschaftung und der Kontingentierung des Verbrauches auf. Aus dem Papierüberschußland, das einen großen Teil vom Ausland und Übersee mitversorgt hatte, war ein Papiernotland geworden! Mußte es so kommen? Fast möchte es wie eine müßige Frage erscheinen, wenn nicht die Möglichkeit offen wäre, daß uns die Notwendigkeit nationaler Ökonomie noch einmal vor ein ähnliches Problem stellen könnte. Ich darf daher wohl auch hoffen, vor dem Verdacht der Rechthaberei geschützt zu sein, wenn ich, der ich vor der Einführung der mit Verbrauchskontingentierung verbundenen Zwangsbewirtschaftung gewarnt und sie, solange sie bestand, bekämpft habe, ein Wort darüber sage. Ich bin der Meinung, es mußte nicht so kommen. Ich sehe in der Drosselung des Verbrauches, in der Kontingentierung eine der wesentlichsten Ursachen der Zerstörung der historisch gewordenen Struktur der deutschen Presse. Als Grundlage für das Kontingent wurde der Papierverbrauch der einzelnen Zeitung im Jahre 1915 genommen und hierauf bestimmte prozentuale Abschläge gemacht. Das System war in großen Zügen so, daß die Zeitungen, die bis zu vier Seiten täglich Umfang hatten, unbelästigt blieben, während die anderen, aufsteigend mit dem Papierverbrauch, reduziert wurden. Schließlich kam es dahin, daß die großen Zeitungen, mit umfangreichem redaktionellen und Inseratenteil, bis um 44,5 % des Verbrauches, den sie im Jahre 1915 gehabt hatten, gedrosselt wurden. Für die großen Zeitungen, die ihren Papierverbrauch schon unter dem Zwange der Verhältnisse im Jahre 1915 gegenüber 1913 eingeschränkt hatten, bedeutete dies faktisch eine Drosselung von über 50 % ihres Verbrauches vom Jahre 1913. Das war für diese Zeitungen, die damals mit dem steigenden politischen Interesse der Bevölkerung eine zunehmende Auflage hatten, ein schwerer Schlag. Da sie selbstverständlich zu damaliger Zeit, mit den sich täglich überstürzenden militärischen und politischen Informationen, den redaktionellen Teil nicht über Gebühr einschränken konnten, ging die Kontingentierung in erheblichem Maße zu Lasten des Inseratenteils, das heißt der hauptsächlichsten wirtschaftlichen Grundlage der meisten großen und mittleren Zeitungen.

Meines Erachtens gab es ein anderes, besseres Mittel, der Papiernot vorzubeugen, das man auch heute noch nicht ganz aus dem Auge verlieren sollte: die Steigerung der Papierproduktion durch Vereinheitlichung. War es unbedingt nötig, daß in den Kriegsjahren, wo der Export sowieso fortfiel, über 1000 verschiedene Papiersorten, verschieden in Gewicht, Färbung, Stoffzusammensetzung usw., fabriziert wurden? Eine einzige Zeitungsdruckpapiersorte, vielleicht zwei, hätten genügt. Mußten über hundert verschiedene Zeitschriftenpapiere angefertigt werden? Hätte man sich nicht auf weniger als ein halbes Dutzend einigen können? Und nun gar auf dem Gebiet der anderen Papiersorten, insbesondere der Luxuspapiere! War es wirklich unbedingt nötig, daß auch im Kriege jede Dame ihre Briefe auf dem gewohnten roten, gelben, blauen oder grünen Papier schrieb? Wäre der Geschäftsverkehr wesentlich gestört worden, wenn man sich auf einige wenige Papiersorten für den Bureaubedarf geeinigt hätte? Von der möglichen Ersparnis an Zellstoff abgesehen, wieviel mehr Papier hätte hergestellt werden können? Für den, dem die Papierfabrikation fremd ist, sei gesagt, daß jede Änderung der Farbe des Papiers, des Gewichts, der Stoffzusammensetzung einen längeren Stillstand der Papiermaschine erfordert, einen zwecklosen Zeitverlust, der selbstverständlich die Produktion vermindert. Sachverständige haben mir oft zugegeben, daß sich auf dem angedeuteten Wege eine Steigerung der Produktion um 20—25 % hätte erzielen lassen. Für die Zeitungen ein unwiederbringlicher Verlust, der die Zusammenschrumpfung des redaktionellen Textes und der Inseratenteile beschleunigte und damit auch die Existenzbasis der Redakteure und Mitarbeiter verschmälerte.

Auch die Preise für Zeitungsdruckpapier wurden seit dem Juli 1916 unter staatlicher Mitwirkung festgesetzt. Die Festsetzung geschah an der Hand von spezifizierten Kalkulationen, die die Verbände der Papierfabrikanten über ihre Herstellungskosten gaben. Die Verleger bekamen durch ihre Vertreter Einsicht in die Kalkulationen ebenso wie die „Reichsstelle für Papierholz“. Dafür hatten die Fabrikanten von Zeitungsdruckpapier und von dem dazugehörigen Zellstoff den in damaliger Zeit gar nicht hoch genug anzuschlagenden Vorteil bevorzugter Kohlenlieferung und Waggongestellung; ihre Betriebe waren daher, ebenso wie die der Fabrikanten von kriegswichtigen Artikeln, vor längeren Stillständen und Produktionseinschränkungen mehr geschützt als viele andere. Die Papierpreise für 100 kg Rollendruck entwickelten sich seitdem wie folgt[1]:

1914 bis 30. Juni 1915	21,—	Mk.
1. Juli 1915 bis 31. März 1916	22,—	„
1. April 1916 bis 1. Juni 1916	30,—	„
1. Juli 1916 bis 31. Mai 1917	36,—	„
1. Juni 1917 bis 31. Oktober 1917	44,25	„
1. November 1917 bis 31. März 1918	55,25	„
1. April 1918 bis 31. Oktober 1918	61,50	„
1. November 1918 bis 31. Dezember 1918	71,50	„
1. Januar 1919 bis 31. März 1919	77,—	„
1. April 1919 bis 30. Juni 1919	93,50	„

[1] Die Zahlen bis Ende Februar 1920 sind der obengenannten Schrift von Dr. Pöpinghaus, diejenigen für die spätere Zeit eigenen Aufzeichnungen eines Berliner Großverlages entnommen.

1. Juli 1919 bis 30. September 1919	99,25	Mk.
1. Oktober 1919 bis 31. Dezember 1919	117,75	„
Januar 1920	195,50	„
1. bis 15. Februar 1920	205,50	„
16. bis 29. Februar 1920	223,—	„
März 1920	339,75	„
April 1920	359,75	„
Mai / Juni 1920	409,75	„
Juli / August 1920	392,25	„
September / Oktober 1920	335,25	„
November 1920 bis März 1921	299,75	„
April / Juni 1921	339,75	„
Juli / September 1921	329,75	„
Oktober / November 1921	347,25	„
Dezember 1921	419,75	„
Januar 1922	699,75	„
Februar 1922	729,75	„
März 1922	824,75	„
April 1922	1279,75	„
Mai 1922	1589,75	„
Juni 1922	1650,75	„
Juli 1922	2000,00	„

Es dürfte vielleicht nicht ohne Interesse sein, damit die Preisentwicklung der beiden wichtigsten Halbstoffe, die zur Zeitungspapierfabrikation erforderlich sind, des Zellstoffes und des Holzstoffes, zu vergleichen. Ich verdanke diese Zahlenangabe der Liebenswürdigkeit des Herrn Dr. Reimann, Geschäftsführer des „Verbandes Deutscher Druckpapierfabriken".

Zellstoff.

Im April 1913	18,—	Mk.
Mitte 1915	21,—	„
Januar 1916	23,—	„
Februar bis April 1916	30,—	„
Mai 1916	31,—	„
Juni 1916	32,—	„
3. Vierteljahr 1916 bis 3. Vierteljahr 1917	51,—	„
4. Vierteljahr 1917 bis 3. Vierteljahr 1918	56,—	„
4. Vierteljahr 1918 und 1. Vierteljahr 1919	62,—	„
2. Vierteljahr 1919	67,—	„
Anfang 1920	190,—	„
März 1921	330,—	„
Mai 1921	345,—	„
Juli 1921	476,—	„
Januar / Februar 1922	660,—	„

März	740,—	Mk.
April	1100,—	„
Mai	1425,—	„
Juli	1750,—	„

Holzstoffpreise.

Im ersten Halbjahr 1916	20—24,—	Mk.
Ende 1916	29,25	„
Anfang 1917	30,75	„
Mitte 1917	36,—	„
Ende 1917	36,—	„
Mitte 1918	39,—	„
Ende 1918	39,—	„
Im ersten Halbjahr 1919	40,—	„
September 1919	ca. 45,—	„
Anfang 1920	100—200	„

Bis hierher waren die Durchschnittszahlen zum größten Teile amtlich festgestellt.

Kalkulationspreise, die der Verband Deutscher Druckpapierfabriken festgestellt hat, und bei denen die Vorräte an billigerem Holz einkalkuliert sind:

März 1921	280,—	Mk.
Juni 1921	280,—	„
November/Dezember 1921	360,—	„
Januar bis März 1922	500,—	„
April 1922	1050,—	„

Die letzten Zahlen sind auf Grund neuer Kalkulation festgestellt:

Im April betrug der tatsächlichste Mindestpreis. 1200,— Mk.

Man hat den Druckpapierfabriken wegen ihrer Preisstellung oft schwere Vorwürfe in der Öffentlichkeit gemacht, und ich zweifle nicht, daß es der einen oder anderen Fabrik wohl möglich gewesen wäre, dann und wann mit einem niedrigeren als dem berechneten Preise auszukommen; aber da die Fabriken in Verbänden zusammengeschlossen sind, die einheitlich die Preise fixieren, wurden begreiflicherweise auch die Lebensbedingungen der rückständigeren Betriebe in Rechnung gezogen und ein Durchschnittspreis ermittelt. Wenn man aber den Papierfabriken „Wucher" vorgeworfen hat, so muß ich, um streng objektiv zu sein, gestehen, daß ich diesen Vorwurf in seiner Schwere, wenigstens soweit er sich auf das Zeitungsdruckpapier bezieht — das übrige aber interessiert uns hier nicht — für nicht gerechtfertigt halte. Das Zeitungsdruckpapier besteht im wesentlichen aus Holz

— Zellstoff etwa 20 %, Holzstoff etwa 80 % —, der Preis bestimmt sich daher im wesentlichen nach dem Holzpreise und den Preisen für Kohle. Jede 100 Mk., die der Raummeter Holz steigt, bedeuten nahezu 0,50 Mk. auf das Kilogramm Papier. An der ungeheuerlichen Holzpreissteigerung sind aber die waldbesitzenden einzelnen deutschen Länder schuld, die aus ihren Wäldern herauszuholen suchen, was nur irgend möglich ist, um ihren Etat zu balancieren. Die Folge sind die hohen Papierpreise und die Folge davon die Not der Presse. Daran vermag keine noch so formvollendete Ministerrede, die die Presse feiert und ihr Wohlwollen zusichert, etwas zu ändern! Zu den Angaben über die Papierpreise ist noch zu bemerken, daß davon nicht in Abzug gebracht worden sind die Vergütungen, die darauf die Reichsstelle für Papierholz bzw. das Reich und die Bundesstaaten zum Teil in sehr erheblichem Maße in der Zeit vom 31. Oktober 1916 bis 30. September 1919 und in der Zeit vom 1. März 1920 bis Ende Juni 1921 geleistet haben, so daß in diesen Zeitabschnitten sich die Preise nicht voll im Zeitungsgewerbe auswirkten. Seit 1. Juli 1921 haben die Zeitungen die vollen Preise selbst zu tragen.

Was die Spanne von 20 Mk. mit 2 % Skonto für 100 kg Papier im Jahre 1914 gegen zirka 2000 Mk. ohne Skonto (ausschließlich Rollgeld) für den einzelnen Verlag ausmacht, sei an einigen wenigen Zahlen deutlich gemacht: Nehmen wir einen der Berliner Großverlage an, der im Jahre 1913/1914 etwa 2000 Waggons zu je 10 000 kg jährlich zum Preise von 0,20 Mk. das Kilogramm verbraucht hat, so hatte er hierfür 4 000 000 Mk. aufzuwenden. Nehmen wir an, das dürfte etwa den Tatsachen entsprechen, daß der Papierbedarf eines derartigen Verlages durch den Rückgang an Inseraten und Beziehern sowie durch notgedrungene Einschränkung des redaktionellen Teils um etwa 50 % zurückgegangen ist, so braucht er heute nur 1000 Waggons zu 10 000 kg jährlich; das erfordert, wenn wir den Preis für den Monat Juli 1922, der rund gerechnet 20 Mk. das Kilogramm beträgt, zugrunde legen, einen Aufwand von 200 000 000 Mk. allein für Papier. Nehmen wir einen mittleren Verlag, der nur den zehnten Teil des Bedarfes des Großverlages, also nur 100 Waggons im Jahre, verbrauchen soll, so muß er allein für Papier jährlich die Summe von 20 000 000 Mk. aufbringen, und selbst der ganz kleine Verlag, der im ganzen Monat nur einen Waggon verdrucken soll, also nur 12 Waggons im ganzen Jahr, auch er soll allein für Papier 2400000 Mk. bezahlen! Ich glaube, schon diese wenigen Angaben genügen, um selbst dem krassesten Laien die Lage, in der sich die deutschen Zeitungen befinden, klarzumachen.

Aber mit der Papierpreissteigerung ist die Erhöhung der sachlichen Kosten nicht erschöpft. Textschriften, Auszeichnungsschriften, Setzmaschinenmetall, Stereotypmetall, Weichblei, Antimon, Zinn, Walzenmasse, Öl, Druckfarbe, Benzin, Gas, Kohle, Elektrizität (Licht und Kraft) sind teils in geringerem Maße als Papier, teils in noch höherem gestiegen.

Eine besondere Erschwerung für die Verleger liegt noch darin, daß, während in der Vorkriegszeit die Papierpreise durchschnittlich für ein Jahr festgesetzt wurden und selbst während der Kriegswirtschaft man sich meist für einige Monate über den Preis einigte neuerdings die Preise stets nur für einen Monat bestimmt werden. Ja, es ist schon vorgekommen, daß der vom Ersten eines Monats gültige Preis erst im Laufe desselben Monats bestimmt worden ist. Wenn man bedenkt, daß die Abonnementspreise, insbesondere für die Postbezieher, ein Quartal voraus festgelegt werden müssen, also zu einer Zeit, wo der Verleger den Preis seines wichtigsten Rohstoffes gar nicht kennt, wird man begreifen, daß ein ordnungsmäßiges kaufmännisches Kalkulieren seit langem im Zeitungswesen gar nicht mehr möglich ist.

Die Löhne für das technische Personal haben sich in derselben Zeit wie folgt entwickelt:

Tarifliches Minimum für verheiratete Gehilfen Klasse C in Berlin[1] (Deutscher Buchdruckertarif):

ab	1. Jan. 1912 bis 31. März 1916	34,40 Mk.	(aufgerundet bei den Auszahlungen; die genaue Zahl war 34,38 Mk.)
"	1. April 1916	36,73 "	
"	1. Oktober 1916	38,43 "	
"	1. Mai 1917	48,90 "	

[1] Der Buchdruckertarif ist ein Reichstarif mit entsprechenden Lokalzuschlägen für die einzelnen Orte. Ich habe mich auf die Angabe der Berliner Tariflöhne beschränkt, die als Anhaltspunkte für eine Urteilsbildung genügen dürften.

ab 26. November 1917	57,40 Mk.		
„ 1. August 1918	67,40 „		
„ 1. Dezember 1918	72,40 „		
„ 1. Januar 1919	92,40 „		
„ 5. Mai 1919	112,40 „		
„ 1. Oktober 1919	125,— „		
„ 15. Dezember 1919	150,— „		
„ 1. Januar 1920	159,— „		
„ 1. April 1920	179,— „		
„ 1. Mai 1920	199,— „		
„ 31. Mai 1920	235,50 „		
„ 5. Juli 1920	250,50 „		
„ 1. November 1920	270,50 „		
„ 1. Juni 1921	285,50 „	(daneben Dezember 1920: 100 Mk. Wirtschaftsbeihilfe; Febr. bis Juli 1921 je 65 Mk.)	
„ 1. Oktober 1921	384,50 „		
„ 15. November 1921	409,50 „		
„ 1. Dezember 1921	518,— „		
„ 19. Dezember 1921	553,— „		
„ 1. Februar 1922	613,— „		
„ 27. März 1922	773,— „	(dazu in den Großbetrieben seit wenigen Jahren 12 Mk. „Zeitungszulage")	
„ 1. Mai	933,— „		
„ 1. Juni 1922	1093,— „		

Die Entlohnung für das Zeitungsaustragepersonal beträgt z. B. in Berlin etwa das Fünfunddreißigfache der Friedensaufwendungen und erfordert auf der Grundlage der heutigen Löhne für einen Berliner Großverlag die Summe von etwa 18 000 000 Mk. jährlich, worin die Kosten der Abrechnung, der Buchhalterei, des Aufsichtspersonals, der Miete, Beleuchtung und Heizung nicht inbegriffen sind.

Für die mittleren und besonders die großen politischen Zeitungen fallen sehr erheblich noch ins Gewicht die erhöhten Kosten für die Redaktion und den Nachrichtendienst. Einen selbständigen Nachrichtendienst in den einzelnen größeren Städten Deutschlands und vor allem im Auslande können heute nur noch wenige von den ganz großen Verlagen aufrechterhalten, und selbst diese wenigen müssen ihn zusehens zusammenschrumpfen lassen, weil die Kosten infolge der Entwertung der Mark auch dem stärksten und finanziell bestfundierten Verlage auf die Dauer untragbar werden. Welche Millionenbeträge heute selbst bei bescheidensten Ansprüchen Korrespondenten in Paris, Rom, in der Schweiz, in Amerika und in Ostasien, um nur einige der wichtigsten herauszugreifen, erfordern, welche Summen für Telegramme und Telephonspesen aufgewendet werden müssen, davon macht sich der Außenstehende schwer ein Bild. Die große deutsche Presse hält es aber mit Recht für eine Ehrenpflicht, solange es irgend möglich ist, auch mit den schwersten Opfern den Nachrichten-Auslandsdienst aufrechtzuerhalten. Wehe uns, wehe Deutschland, wenn wir darauf angewiesen sein werden, uns für unsere politische und kommerzielle Information auf ausländische Quellen zu verlassen; wenn im Auslande nicht unabhängige deutsche Politiker und Journalisten sitzen, die durch deutsche Augen und unter deutschem Gesichtspunkte die Vorgänge in der Fremde beobachten. Schon zeigt sich die drohende Gefahr, daß scheinbar deutsche Nachrichtenbureaus mit ausländischen Interessentengeldern gespeist werden, und daß unmerklich das Gift fremdländischer Propaganda in deutsche Blätter dringt. Hierin sehe ich die schwerste Gefahr für die deutsche Öffentlichkeit und für unsere zukünftige Entwicklung und leider eine Gefahr, die kaum noch abzuwenden sein dürfte.

Bliebe noch ein Wort zu sagen über die Steigerung der allgemeinen Kosten der Zeitungsredaktionen, der Mehraufwendungen für Redakteurgehälter, Gehälter der festangestellten Mitarbeiter, der Korrespondenzbureaus und der freien Mitarbeiter. Irgendwelche zuverlässigen Statistiken existieren hierüber meines Wissens nicht, und ich glaube auch, daß sie kaum geschaffen werden können. Bei der Verschiedenartigkeit der Verlage und Zeitungen, je nachdem, ob es sich um große oder kleine Blätter, Blätter von erheblicher politischer Bedeutung oder solche mehr lokaler Natur und im wesentlichen informatorischem Charakter handelt, und schließlich auch nach dem Erscheinungsort der Blätter werden etwaige Zahlenangaben nie über eine gewisse örtliche oder regionale Bedeutung hinauskommen. Wie dem aber auch sei, zurzeit existieren keine ausreichenden Übersichten. Vielleicht erwirbt sich die „Reichsarbeitsgemeinschaft der deutschen Presse", zu der sich der „Arbeitgeberverband für das deutsche Zeitungsgewerbe" und der „Reichsverband der deutschen Presse" zusammengetan haben, das Verdienst, in gemeinsamer Arbeit der Verleger und Journalisten das einschlägige Material zusammenzutragen. Keinen Zweifel aber möchte ich schon jetzt an dieser Stelle darüber lassen, daß die zwischen den beiden ebengenannten Vereinen getroffene „Vereinbarung" vom 25. April 1922, in deren

Absatz 7 es heißt: „Das Einkommen des Redakteurs und festangestellten Mitarbeiters soll seinen Leistungen entsprechen und seiner sozialen Stellung angemessen sein, in einer Weise, welche die Proletarisierung des Redakteurberufs ausschließt", eine glatte Selbstverständlichkeit ist. Nicht minder selbstverständlich erscheint es mir, daß hierbei die Grenzen des für den Verleger wirtschaftlich Möglichen respektiert werden müssen. Und zwar, wie ich ausdrücklich hinzufügen will, ohne allzu große Ängstlichkeit; denn ich bin der Meinung, daß überall da, wo nicht mehr die Möglichkeit einer auskömmlichen Bezahlung eines Redakteurs gegeben ist, der Verleger sich die Frage vorlegen muß, ob sein Blatt noch die erforderliche Existenzberechtigung hat, bzw. ob er das Blatt nicht selbst, unter Verzicht auf eine besondere redaktionelle Kraft, fertigzustellen in der Lage ist. Allgemein gültige regionale Redakteurtarife, wie sie gegenwärtig für einen großen Teil Deutschlands bestehen, gab es in der Vorkriegszeit, soweit mir bekannt ist, in Deutschland nicht. Für Berlin wurde der erste derartige Tarif mit Gültigkeit vom 1. Dezember 1919 geschlossen. Um dem Fernstehenden einen bescheidenen Einblick in die Entwicklung auf diesem Gebiete des Tarifwesens zu geben, will ich eine Tabelle (siehe S. 54 und 55) über die bisher in Berlin abgeschlossenen Redakteurtarife einfügen.

Für die sogenannten Vorortzeitungen mit geringer Auflage sind prozentuale Abschläge vorgesehen.

Hierzu ist mehrerlei zu sagen. Die Berliner Tarife lassen selbstverständlich keinen absoluten Schluß für das übrige Deutschland, höchstens für die größeren und einige mittlere Städte zu. Aber auch da muß bemerkt werden, daß die Tarife nach verschiedenen Systemen aufgestellt sind. Berlin hat, wie aus obiger Tabelle hervorgeht, das System der „Staffelung nach Verlagsjahren", andere staffeln nach „Berufsjahren", wieder andere, z. B. Hamburg, haben von einer Staffelung überhaupt abgesehen und haben lediglich Grundgehälter für verheiratete bzw. unverheiratete Redakteure festgelegt. Die Schaffung von Tarifen für Redakteure bzw. Journalisten begegnet begreiflicherweise weit größeren Schwierigkeiten als für Berufsklassen mit vergleichsweise mechanischer oder technischer Tätigkeit, ja selbst mit durchschnittlicher Tätigkeit in kaufmännischen Betrieben. Die Tätigkeit des wirklichen Redakteurs ist so individuell, daß schon eine Ausbalanzierung der Tätigkeit des Redakteurs X mit der des Redakteurs Y, die an derselben Zeitung wirken, äußerst schwierig ist. Und es gibt nach meiner jahrzehntelangen genauen Kenntnis des Zeitungswesens nicht zwei Redaktionen in Deutschland, deren Arbeitsverhältnisse und Arbeitsbedingungen, deren Arbeitsmethoden, Arbeitszeiten, Arbeitsgewohnheiten sich ohne weiteres aufeinander übertragen ließen. Wohl auf keinem Arbeitsgebiet menschlicher Betätigung spielt das Individuelle, das rein Persönliche, eine größere und für den Gesamterfolg gleichbedeutende Rolle. Daher auch auf beiden Seiten, bei Verlegern wie bei Redakteuren, ein zum Teil starker Widerwille gegen tarifliche Regelung und die davon bis zu einem gewissen Grade untrennbare Nivellierung. Ein Widerwille, der sich nicht immer nur bei den sozial Rückständigsten beider Gruppen zeigt.

Schließlich würde es auch ein falsches Bild geben, wenn ich es unterließe, hinzuzufügen, daß die Tabelle des Berliner Redakteurtarifes sehr irrtümlich aufgefaßt würde, wenn man etwa annehmen wollte, daß die Mehrzahl der Redakteure der bekannten Berliner Zeitungen danach bezahlt würde. Nein, von allen denjenigen, deren Namen in der Zeitung zu lesen sind, dürfte wohl kaum ein einziger ein Tarifgehalt beziehen, und zwar gilt diese Behauptung nicht etwa nur für die „Prominenten", sondern weit, sehr weit darüber hinaus. Und ähnlich wie für Berlin, dürfte es für eine große Anzahl anderer Städte, in denen Zeitungen von erheblicher politischer Bedeutung erscheinen, liegen: in Frankfurt, in Köln, in München, in Hamburg, in Dresden, um nur einige wenige zu nennen. Ich erwähnte schon, daß es wohl für keinen anderen Beruf so schwer sei wie für den Redakteurberuf, gemeingiltige Tarife zu schaffen. Kein Arbeitsverhältnis ist so ganz auf das Individuelle, das rein Persönliche zugespitzt wie das des Redakteurs zur Zeitung, für die er wirkt. Unsagbar verschieden sind in jedem einzelnen Falle die Ansprüche, die an die Tätigkeit des Redakteurs gestellt werden [1]. Man braucht nur etwa ein Dutzend Zeitungen aus den verschiedensten Teilen Deutschlands zu durchblättern, um sofort darüber klar zu werden. Ich möchte davon absehen, Namen zu nennen; aber schon ein Blick auf die Statistik sagt genug, wonach (vergl. Dr. W. Kretschmer, „Zum Standortsproblem im Zeitungsgewerbe",

[1] Daher ist der Gedanke einer einheitlichen Regelung der Vorbildung für den Redakteurberuf auch vollkommen abwegig. Zum Journalistenberuf gehört angeborenes Publizistenblut, das durch keine Spezialdressur ersetzt werden kann. Soweit akademische Vorbildung erwünscht ist, bieten die Universitäten alles Erforderliche.

Redakteur-Tarifgehälter von 1919—1922.

	Gültig vom 1. 12. 19 bis 30. 4. 20	Gültig vom 1. 5. 20 bis 30. 9. 20	Gültig vom 1. 10. 20 bis 31. 12. 20	Gültig vom 1. 1. 21 bis 30. 9. 21	Gültig ab 1. 10. 21 bis 31. 1. 22	Gültig für					
						Februar 1922	März 1922	April 1922	Mai 1922	Juni 1922	Juli 1922
	Mk.	Mk.	Mk.	Mk.	Mk.	Mk.	Mk.	Mk.	Mk.	Mk.	Mk.
I. Vollredakteure:											
1. Verlagsjahr	700	1000	1250,—	1335	2100	3100	3300	3700	4625	5090	6300
2. "	750	1050	1312,50	1400	2200	3300	3500	3900	4875	5365	6600
3. "	800	1100	1375,—	1470	2300	3500	3700	4100	5125	5640	6900
4. "	850	1150	1437,50	1535	2500	3700	3900	4300	5375	5915	7200
5. "	900	1200	1500,—	1600	2700	3900	4100	4500	5625	6190	7600
6. "	950	1300	1625,—	1735	2900	4100	4300	4700	5875	6465	8000
7. "	1000	1400	1750,—	1870	3000	4300	4500	4900	6125	6740	8400
8. "		1500	1875,—	2000	3100	4500	4700	5100	6375	7015	8800
II. Hilfsredakteure:											
1. Verlagsjahr	650	900	1125,—	1200	1800	2500	2650	2950	3690	4060	5100
2. "	675	925	1156,25	1234	1850	2600	2750	3050	3815	4200	5250
3. "	700	950	1187,50	1267	1900	2700	2850	3150	3940	4335	5450
4. "	725	975	1218,75	1300	1950	2800	2950	3250	4065	4475	5600
5. "	750	1000	1250,—	1335	2000	2900	3050	3350	4190	4610	5800
III. Redaktionsassistenten:											
1. Verlagsjahr	400 steigt um mindestens 50 Mk. monatlich	600	750,—	800	1200	1650	1750	1950	2440	2685	3300
2. "		700	875,—	935	1400	1850	1950	2150	2690	2960	3700
3. "		800	1000,—	1065	1600	2050	2150	2350	2940	3235	4100

		Gültig ab									
		1. Mai 1920 Mk.	1. Okt. 1920 Mk.	1. Jan. 1921 Mk.	1. Okt. 1921 Mk.	1. Febr. 1922 Mk.	1. März 1922 Mk.	1. April 1922 Mk.	Mai 1922 Mk.	Juni 1922 Mk.	Juli 1922 Mk.
IV. Festangestellte Mitarbeiter:											
Mindesteinkommen bis 1. Mai 1920 monatlich:	700	850	1062,50	1134	1700	2500	2650	2950	3690	4060	5700
jährlich:	8400	10 200									
V. Alleinkritiker:											
Mindesteinkommen bis 1. Mai 1920 monatlich:	600	700	875	935	1400	2050	2200	2500	3125	3440	4500

VI. Zeilenhonorare:

	Bis 1. Mai 1920	Ab 1. Mai 1920	Ab 1. Oktober 1920	31. Jan. bis 30. April 1922	Mai 1922	Juni 1922	Juli 1922
Originalbeitr. v. Berufsjournalisten pro Zeile	25 Pfg.	30 Pfg.	60 Pfg.	1,— Mk.	1,25 Mk.	1,40 Mk.	1,60 Mk.
Bei rein tatsächlichem Inhalt pro Zeile	20 〃	20 〃	40 〃	—,60 〃	—,75 〃	—,85 〃	1,— 〃
Kurze Notizen	4 Mk.	6 Mk.	15 〃	25,— 〃	31,25 〃	34,40 〃	40,— 〃
Versammlungsberichte .	10 〃	15 〃	30 〃	50,— 〃	62,50 〃	68,77 〃	75,— 〃
Recherchen	10 〃	12 〃	25 〃	40,— 〃	56,25 〃	61,90 〃	70,— 〃
Kritik	40 〃	40 〃	60 〃	100,— 〃	125,— 〃	137,50 〃	150,— 〃
Sonntagsdienst	20 〃	35 〃	75 〃	150,— 〃	187,50 〃	206,25 〃	250,— 〃

VII. Volontäre:

	Februar 1922	März 1922	April 1022	Mai 1922	Juni 1922	Juli 1922
Im 1. bis 6. Monat . .	400 Mk.	450 Mk.	500 Mk.	625 Mk.	700 Mk.	880 Mk.
〃 7. 〃 12. 〃 . .	600 〃	650 〃	700 〃	875 〃	965 〃	1200 〃

im „Zeitungsverlag" vom 12. Mai 1922, Nr. 19) im Jahre 1920 die Gesamtzahl der Zeitungs **standorte** in Deutschland 2069 betrug und sich verteilte auf:

419 Großstädte (über 100 000 Einwohner),
221 Mittelstädte (20 000—100 000 Einwohner),
786 Kleinstädte (5000—20 000 Einwohner),
856 Landstädte (nur 2000—5000 Einwohner),
165 ländliche Gemeinden (weniger als 2000 Einwohner).

Nach der genannten Quelle erscheinen in Großstädten (ohne Berlin) 343 Zeitungen, in Mittelstädten 621 Zeitungen und in den Gemeinden unter 20 000 Einwohnern 2410 Zeitungen.

Schon diese wenigen Angaben zeigen die Schwierigkeiten des Problems. Aber auch aus dem Standort der Blätter kann man nicht ohne weiteres auf den Charakter und auf die Qualität des redaktionellen Teiles der Zeitungen schließen. Wir haben in Deutschland, im Gegensatz zu vielen anderen Ländern, den Vorzug, daß das Zeitungswesen nicht in einzelnen wenigen Großstädten konzentriert ist, sondern wir besitzen in einer großen Anzahl von Mittelstädten ausgezeichnet geleitete, politisch und kulturell einflußreiche Blätter voll bodenständiger Kraft und von durchaus charakteristischer Physiognomie und Eigenart. Dem gegenüber steht allerdings, und das darf ebensowenig verschwiegen werden, eine große Anzahl von Blättern, deren wesentlicher allgemeiner Inhalt von sogenannten Plattenkorrespondenzen geliefert wird und bei denen die redaktionelle Tätigkeit fast ausschließlich im Hinzufügen einiger Lokalnotizen besteht und bei denen die Tätigkeit des Metteurs mit der redaktionellen Arbeit rivalisiert. Vom führenden politischen oder literarischen Kopf, dessen Meisterstilistik jedem von uns geistige Anregung und ästhetischen Genuß bietet, bis zu dem Herrn, der die einlaufenden Versammlungsberichte, Ankündigungen und Vereinsnachrichten zusammenstellt und sie mit einer entsprechenden Überschrift versieht, heißt jeder Redakteur. Kann es da leicht sein, eine alle befriedigende Tarifregelung zu finden?

Ich muß es mir versagen, vor einem Gremium von Berufsfremden die äußerst subtile Frage der Abgrenzung der Begriffe Verleger und Redakteur zu erörtern. Sie ist der „Reichsarbeitsgemeinschaft der deutschen Presse" zur Lösung überwiesen und man muß hoffen, daß es den scharfsinnigsten Männern aus beiden Kreisen, die vom Vertrauen ihrer Berufsgenossen getragen sind, gelingen wird, des

Rätsels Lösung zu finden. Eine einheitliche Lösung zu finden, scheint mir freilich unmöglich; denn was ich oben über die Verschiedenheit der Redakteure und ihres Berufsbezirkes sagte, gilt nicht minder für die Verleger. Ich weiß sehr wohl, daß es Männer gibt, die sich meist in kleinen Landstädtchen zur Herausgabe eines Blättchens entschlossen haben, weil sie eine mit Akzidenzarbeiten nicht vollbesetzte Druckmaschine hatten und weil von der entscheidenden Stelle die Unterstützung des „Kreisblattverlegers" in Aussicht gestellt wurde; aber ich weiß nicht minder, daß es viele Hunderte von Verlegern gibt, die, ausgestattet mit allem modernen wissenschaftlichen Rüstzeug und mit tiefer literarischer Bildung, auf Grund politischen Betätigungsdranges und angeborener publizistischer Neigung dem Zeitungswesen sich widmen, — sich widmen mit dem ganzen sittlichen Ernst, den ihre verantwortliche Aufgabe, ihre selbstgesetzte Mission erfordert. Zwischen beiden Extremen, ich weiß es wohl, gibt es tausendfältige Abstufungen und Nuancen, die nicht wägbar und nicht meßbar, ja den Augen kaum wahrnehmbar sind.

Ich weiß auch, daß es eine Zeit gab, in der das politische Interesse weiter Kreise unseres Bürgertums zu erlahmen schien, und daß in dieser Zeit gewandte Männer stark merkantilen Geistes das Technische und Gewerbliche des Zeitungswesens über das Intellektuelle setzten, in dem Glauben, durch Erfindung des unpolitischen Generalanzeigers auch den redaktionellen Teil mechanisieren zu können. Der Traum ist lange ausgeträumt. Der Sturmwind des Krieges und die politischen Erlebnisse der Nachkriegszeit haben jeden, der zur Öffentlichkeit sprach, gezwungen, so oder so Farbe zu bekennen und zu den Problemen des Tages Stellung zu nehmen. Das Volk stand auf, und das reine Klatsch- und Tratschblatt gehörte der Vergangenheit an. Von allem anderen abgesehen, legen eine große Anzahl Titelkopfänderungen Zeugnis davon ab.

Um auch eine andere, wichtige Spezies von Zeitungen nicht unerwähnt zu lassen, dürfen auch die Blätter, die von bestimmten politischen Parteien ressortieren und zum Teil deren offizielle Parteiorgane sind, nicht übersehen werden. Dort wird die Verlegerstellung teils von Pressekommissionen, teils von Vertrauensmännern bzw. Abgeordneten ihrer Partei versehen. Dort ist die Stellung des Verlegers natürlich wieder eine ganz andere. Das Materielle tritt hier hinter dem Politischen völlig zurück.

Aber allen Zeitungen, welcher Art sie auch sein mögen, ist heute eins gemeinsam: die wirtschaftliche Not. Die wenigen, hinter denen aus irgendwelchen Gründen interessierte Geldgeber, denen es auf direkte Rentabilität nicht ankommt, stehen, können außer Betracht bleiben.

Wenn man den Ursachen der heutigen kritischen Lage der Zeitungen nachgehen will, darf man an der sogenannten „Inseratensteuer" nicht vorbeigehen. Denn das Inseratenwesen war und ist für die überwiegende Mehrzahl der deutschen Zeitungen von ausschlaggebender Bedeutung als wichtiger Faktor der wirtschaftlichen Grundlage. Nur ein verschwindend geringer Teil — irgendwelche zuverlässigen statistischen Unterlagen stehen mir für diese Behauptung nicht zur Verfügung — der deutschen Zeitungen kann seine Ausgaben durch die Einnahmen aus Abonnementsgeldern decken. Alle Blätter von irgendwelcher erheblichen Bedeutung auf redaktionellem und insbesondere auf dem Nachrichtengebiet, sind auf die Einnahmen aus Inseratengebühren in hohem Maße angewiesen. Nur Übelwollende können daraus auf eine innere Abhängigkeit schließen; denn Inserate sind keine Geschenke, die der Inserent der Zeitung macht. Der Gang zur Gewinnung von Anzeigen ist vielmehr der, daß die Zeitungen infolge ihres in Deutschland verhältnismäßig billigen Preises von vielen Personen gelesen werden und die Warenverkäufer mit Recht der Ansicht sind, daß es kein besseres und billigeres Mittel gab und gibt, als zahllose Personen durch ein Inserat in vielgelesenen Zeitungen ihr Angebot, den Namen und die Art ihrer Waren vor Augen zu führen. Ferner bildete sich im Laufe der Zeit in den Inseratenteilen eine Art Arbeitsnachweis heraus, und zwar je nach dem Leserkreise des einzelnen Blattes, ein kaufmännischer, ein gewerblicher, ein landwirtschaftlicher Stellenmarkt bzw. ein solcher für gelernte oder ungelernte, für männliche oder weibliche Arbeitskräfte heraus. Diese Art der Arbeitsvermittlung hatte unter anderem besonders in den großen Städten den erheblichen Vorteil, daß der Stellensuchende nicht oft zum entlegenen Arbeitsnachweis zu laufen oder zu fahren brauchte, um dann dort nach längerem oder kürzerem Warten zu erfahren, daß in der Nähe seiner Wohnung ein geeigneter Arbeitsplatz frei sei.

So entstand, so wuchs und entwickelte sich der Inseratenteil der Blätter. Nur die durch ihn erzielten Erträge machten es den Verlegern möglich, die redaktionellen Teile der Zeitungen, und insbesondere den so überaus kostspieligen in- und ausländischen Nachrichtendienst, auszubauen. Nur die Einnahmen aus dem Inseratenteil ermöglichten auch den billigen Abonnementspreis und gaben so dem Mittelstande und den breiten Schichten der minderbemittelten Bevölkerung die Möglichkeit, Zeitungen von verhältnismäßig umfangreichem und gediegenem Inhalte zu abonnieren und zu lesen. Nur so war es möglich, das kulturelle und politische Material, das in den Zeitungen enthalten ist, vielen Millionen von Deutschen zur Kenntnis zu bringen. Nur auf diese Weise konnte der Binnenländer täglich erfahren, was in Ausland und Übersee vorging. Nur so konnte das schwierige Werk der Politisierung des deutschen Volkes begonnen werden. So diente das Inserat nicht nur direkt der Erhöhung des Warenumsatzes, die wiederum die Vermehrung der Produktion hervorrief und trat an die Stelle der Märkte von ehedem, sondern es diente auch indirekt der Förderung der Kultur, indem es Bildungs- und Informationsmittel weiten Kreisen unseres Volkes zugänglich machte, dem sie sonst verschlossen geblieben wären. Die Inserateneinnahmen ermöglichten es schließlich auch vielen Verlegern, den Redakteuren und Mitarbeitern ausreichende Gehälter zu zahlen und durch entsprechende Honorare prominente Kräfte aus den Kreisen der Literatur und der Gelehrtenwelt zu ihren Mitarbeitern zu machen. Ohne Zweifel wurde dadurch nicht nur das geistige Niveau der Blätter gehoben, sondern es wurden auch weiten Schichten unseres Volkes Kulturgüter zugänglich gemacht, zu denen ihnen sonst der Zutritt verschlossen geblieben wäre. Daß hierbei nicht immer Vertiefungen der Wissenschaft eingetreten sind, wissen die Verleger selbst ganz genau. Aber die Zeitungen wollen ja auch nicht gelehrte Werke ersetzen, sondern nur den Anreiz zu eigenem Nachdenken verstärken.

In den letzten Jahren kommt zu all dem anderen Unglück, das die Presse betroffen hat, auch noch der Rückgang der Inseratenteile. Nach oberflächlicher Schätzung dürfte der Inseratenumfang der Blätter um etwa 50 % durchschnittlich zurückgegangen sein. Die Ursache hierfür liegt auf der Hand. Einerseits werden den Kaufleuten und Fabrikanten die Waren aus der Hand gerissen; sie brauchen den Käufer nicht mehr durch Anpreisungen anzulocken wie ehedem; andererseits können mittlere und kleinere Gewerbetreibende die Insertionspreise nicht mehr zahlen, die, weil die Papierpreise auf das mehr als Hundertfache sich erhöht haben, gleichfalls stark gestiegen sind, wenn auch nicht entfernt in dem gleichen Ausmaße. Teils sind sowohl bei den großen wie bei den kleinen die Warenlager geräumt, so daß sie nichts mehr anzubieten haben, teils haben sie es wohl auch in der Hoffnung auf weitere Preissteigerung mit dem Verkauf ihrer Waren nicht mehr so eilig. Die Folge hiervon ist, daß selbst in den großen und größeren Städten allenfalls noch die führende Zeitung mit dem kaufkräftigsten Publikum einen halbwegs beachtenswerten Inseratenteil hat, während an allen Orten die zweiten oder dritten Zeitungen dem Inseratenschwund erliegen. Selbst des zahlungsfähigsten Inserenten Anzeigenetat ist eben erschöpft, wenn er seine Anzeigen für das führende große Blatt aufgegeben hat. Während er in früheren Zeiten seine Anzeigen an drei oder gar vier Blätter gab, ist ihm das jetzt nicht mehr möglich, und so wird dem Zeitungsverlage eine weitere Stütze entzogen. Hinzu kommt auch noch, daß mit den steigenden Inseratenpreisen sich viele Inserenten mehr und mehr anderen Reklamearten zuwenden.

Daß die Abonnementsgebühren, wenn die Inserateneinnahmen weiter zurückgehen, bald eine Höhe erreichen müssen, die den Bezug der reichhaltigeren Zeitungen zum Vorrecht der begüterten Volksgenossen machen werden, liegt auf der Hand. Die Folgen, die eine solche Entwicklung mit sich bringen würde, sind so sichtbar, daß es unnütz erscheint, darüber ein Wort zu verlieren. So reicht ein Totengräber dem anderen die Schaufel, um das Grab der unabhängigen politischen Presse zu graben.

Überblickt man noch einmal in Kürze die Faktoren, die die heutige Notlage der deutschen Presse geschaffen haben, so sind es in erster Linie die Papierpreise, deren Höhe die wesentliche Ursache in der Holzpreispolitik der Länder, in der unerhörten Steigerung der Kohlenpreise und der Kohlensteuer und in der Steigerung der Eisenbahnfrachtsätze hat. Die Zellstoffpreise, die Inseratensteuer und die Posttarife haben das weitere zum Niedergange der Presse beigetragen; denn die Zeitungen sind nicht, wie andere Gewerbe, in der Lage, die ihnen auferlegten Mehrkosten für Rohstoffe, Frachten und Steuern abzuwälzen. Das durch die Steigerung der Preise ohnedies finanziell erschöpfte Publikum wendet die ihm verbleibenden Einkommens- und Vermögenserträgnisse eben in erster Linie für die leibliche Nahrung und für die unentbehrliche Kleidung auf, ehe es daran denken kann, für geistige Nahrung Aufwendungen zu machen. Man schränkt sich zunächst bei den Zeitungen ein, indem mehrere Personen, von denen sich früher jede eine Zeitung gehalten hat, zusammen ein Exemplar abonnieren. Man kann dasselbe Pfund Kartoffeln nur einmal essen und denselben Rock kann zur gleichen Zeit immer nur ein Mensch tragen, ein einziges Zeitungsexemplar aber kann von Hand zu Hand wandern und vom Nachbar zum Nachbar weitergereicht werden. Wer also nicht in der Lage ist, sich selbst eine Zeitung zu halten, hat die anderweitige Beschaffungsmöglichkeit, den Inhalt des Blattes durch Einsicht beim Freunde oder Bekannten kennen zu lernen. Der Leidtragende ist der Verleger.

So steht denn ein großer Teil der deutschen bodenständigen Presse vor dem Ende. Sie geht nicht zugrunde, weil ihre Zeit gekommen ist und sie ihre Aufgabe im Volks- und Wirtschaftsganzen gelöst und restlos erfüllt hat, nicht weil sie nach ewigen, ehernen großen Gesetzen ihres Daseins Kreise vollendet hat — nein, Krieg und Kriegsfolgen, verfehlte Wirtschafts-, Finanz-, Steuer- und Frachttarifpolitik haben ihrer Lebensader das Blut entzogen. Die Ärzte, die rechtzeitig hätten helfen können, haben versagt. An Entkräftung geht sie zugrunde. Die Obduktion wird ergeben, daß die Diagnose richtig war.

Drittes Kapitel.

Die Berufsvereine des deutschen Journalismus.

Von

Cajetan Freund,
Schriftleiter der Münchener Zeitung (München).

Inhaltsübersicht.

I. Das Journalisten- und Schriftstellervereinswesen vor 1910.

Der Zeitungsschreiber, wenn er seinen Beruf ernst nimmt, muß Idealist sein. Denn er muß für Ideale, für eine Überzeugung kämpfen Tag für Tag. Sein Beruf bringt es mit sich, daß er immer für andere zu kämpfen hat, die es ihm selten Dank wissen. Darüber hat der deutsche Zeitungsschreiber vergessen, rechtzeitig auch an sich selbst zu denken, hat auch in deutscher Gewissenhaftigkeit Bedenken getragen, das in seine Hand gegebene Instrument nicht nur für andere, sondern auch einmal für sich selbst zu benutzen, und hat aus einem ähnlichen Gefühl heraus es lange abgelehnt, mit Leuten, die im öffentlichen Leben seine Gegner sind, und die er aus Überzeugung bekämpfen muß, sich zusammenzuschließen zur Wahrung gemeinsamer ideeller und materieller Berufsinteressen. Der deutsche Zeitungsschreiber hat lange nicht glauben wollen, daß es Verleger oder Verlagsgesellschaften geben könnte, die nicht von selbst dem Manne, auf dessen Tätigkeit, dessen Wissen und Können ihr ganzes Gewerbe beruht, und den materiell unabhängig zu stellen ihr wohlverstandenes ureigenstes Interesse erfordern würde, das, was des Lebens Notdurft heischt, zubilligten. Deshalb hätte er auch, wenn man ihm etwa vor 50 Jahren gesagt hätte, es werde einmal eine Zeit kommen, in der er sich gleich dem Fabrikarbeiter gewerkschaftlich organisieren werde, hellauf gelacht. War doch damals der Gedanke an Organisation überhaupt, von gewerkschaftlicher gar nicht zu reden, noch etwas, was nur wenige zu denken und die wenigsten in die Tat umzusetzen wagten. Versuche und Ansätze zum Zusammenschluß scheiterten meist nach kürzerer oder längerer Dauer an der im Beruf selbst begründeten ausgeprägten Individualität des Federvolkes, das sich gegen die Zwangsjacke einer ernsthaften Organisation sträubte, bis sie ihm von der Not angelegt wurde. Gemessen am Maßstab der heutigen, streng geschlossenen, gewerkschaftlich arbeitenden Berufsorganisation der geistigen Arbeiter der Presse, war das, was ihr an Versuchen zum Zusammenschluß und an tatsächlich zustande gekommenen Zusammenschluß vorausging, nicht viel mehr als ein besserer Ausdruck der in Deutschland von jeher üppig blühenden Vereinsmeierei. Es handelt sich dabei in den allermeisten Fällen gar nicht um wirkliche Berufsorganisationen im engeren Sinne, wenn auch durch Benennungen wie „Journalisten- und Schriftstellerverein", „Journalistenklub", „Presseverein" und dergleichen dieser Eindruck erweckt wurde. Man braucht nur die Mitgliederverzeichnisse der meisten in der zweiten Hälfte des vorigen Jahrhunderts in Deutschland entstandenen „journalistischen Vereinigungen" nachzublättern und wird finden, daß die Journalisten darin das am schwächsten vertretene Element sind, daß dagegen Verleger, freie Schriftsteller und noch mehr Gelegenheitsschriftsteller und Leute, die zur Presse und zur Schriftstellerei oft nur noch ganz entfernte Beziehungen haben, das Hauptkontingent stellen. Aus dieser Tatsache ergibt sich ganz von selbst der Grund, warum diese Vereine und Verbände niemals eine wahre und wirksame Berufsvertretung der festangestellten geistigen Arbeiter der Presse sein und werden konnten, wie sie manchem Berufsgenossen schon frühzeitig vorschwebte, namentlich solchen, die in der Lage waren, die bescheidene und ärmliche Stellung des deutschen Journalisten mit der Rolle zu vergleichen, welche sein Fachgenosse längst in anderen Ländern spielte. Diese Männer waren sich auch klar über die dem deutschen Journalisten auf seinem Wege sich entgegentürmenden Schwierigkeiten und deren Ursachen. So schreibt z. B. Otto Hörth in einer zum 25 jährigen Jubiläum des Frankfurter Journalisten- und Schriftstellervereins herausgegebenen Festschrift im Jahre 1899:

„Dieses Stück Geschichte ist für den Literar- und Kulturhistoriker vielleicht aus dem Grunde besonders interessant, weil sich hier Bestrebungen nach genossenschaftlicher Vereinigung auf einem Gebiete zeigen, das vielleicht das individualistischste von allen ist, die nach dieser Richtung in Betracht kommen. In der Tat ist der fortwährende geistige Kampf, in dem die deutschen Schriftsteller und in noch viel höherem Grade die Journalisten gegeneinanderstehen, für einen genossenschaftlichen Zusammenschluß an sich wenig geeignet; das zeigt sich auch darin, daß das literarische Vereinswesen Deutschlands ungemein zersplittert ist, und daß wir aus den wenig erfolgreichen Versuchen, umfassende Verbände zu schaffen, noch immer nicht herausgekommen sind. Es bedarf eben der Zeit und der mühevollen Arbeit, um bei allen Berufsgenossen die Überzeugung zu verbreiten, daß trotz des geistigen Kampfes, der ja nie enden wird, gemeinsame Interessen vorhanden sind, die vertreten und verfochten sein wollen. Die genossenschaftliche Zusammenfassung dieser Interessen ist nicht bloß materiell, sondern auch ethisch von hohem Werte. Die Genossenschaft hebt den einzelnen, indem sie ihn anleitet, den Gegner, auch wenn er ihn bekämpfen muß, als Menschen zu achten und ihn weder an seiner Ehre noch sonstwie zu schädigen; die Genossenschaft kann auch bewirken, daß zweifelhafte Elemente, die in unserem Berufe mindestens so häufig wie in irgendeinem anderen vorkommen, keine Rolle mehr spielen können. Und was für eine Nation ein ehrenhafter, charaktervoller Journalisten- und Schriftstellerstand zu bedeuten hat, das braucht hier wohl nicht des längeren auseinandergesetzt zu werden."

Wenn bezüglich der Vereine und Verbände, die in der zweiten Hälfte des vorigen Jahrhunderts entstanden, und die auch noch im ersten Jahrzehnt dieses Jahrhunderts als journalistische Berufsvertretungen galten und in Ermangelung eines besseren gelten konnten, bemerkt wurde, daß sie eine solche Vertretung im wahren Sinn des Wortes eigentlich nicht waren, so soll damit nicht gesagt sein, daß sie nicht trotzdem in mancher Hinsicht nützlich gewirkt und Aufgaben erfüllt oder doch zu erfüllen gestrebt haben, an deren Erfüllung die Presse und ihre geistigen Schöpfer ein dringendes Interesse hatten. Vielleicht kennzeichnen wir die Bedeutung dieser Vereine am richtigsten und kürzesten mit dem Satze: Sie waren wohl bis zu einem gewissen Grade *eine* Berufsvertretung, aber sie waren nicht *die* Berufsvertretung.

Die ersten Versuche zum Zusammenschluß waren naturgemäß *lokalen* Charakters. In den sechziger Jahren entstanden in Wien, Berlin und München, später in Hamburg, Breslau, Leipzig, Frankfurt am Main, Dresden, Nürnberg, Hannover, Darmstadt, Augsburg, Graz, Karlsbad usw. journalistisch-schriftstellerische Vereinigungen, in denen allerdings, wie schon betont, die eigentlichen Journalisten an Zahl zumeist die geringste Rolle spielten. Typisch in ihrer Art waren die beiden sächsischen Vereine. Der Leipziger hieß sich „Verein Leipziger Presse"; aber es hatte vielleicht kein anderer journalistischer Verein in Deutschland weniger mit der Tagespresse zu tun als gerade dieser. Im Gegensatz dazu konnte sich der Dresdener Verein mit Recht „Verein Dresdener Presse" nennen; denn er setzte sich aus Männern der Presse auch wirklich zusammen, sah darauf schon in seinen Satzungen und war wohl eine der wenigen unter den journalistischen Vereinigungen Deutschlands, welche schon vor 1910 eine derartige Zusammensetzung aufwiesen und damit das Gerippe lieferten für unsere heutige Berufsorganisation. In München hatte sich im Jahre 1865 auf Anregung — auch das ist charakteristisch — des Verlegers Julius Knorr ein „Bayrischer Journalisten- und Schriftstellerverein“ aufgetan, dem freilich nur ein einjähriges Dasein beschieden war. Dann war hier fast 15 Jahre wieder über allen Wipfeln Ruh', bis 1881 eine Anzahl wirklicher Journalisten zu einem Münchener „Journalisten-Club“ sich zusammentat. Sein Vorsitzender im zweiten Jahre seines Bestehens war der bekannte Herausgeber des „Vaterland“, Dr. Sigl. Der Eintritt einer großen Zahl von freien Schriftstellern in den Klub führte schon im nächsten Jahre zu Differenzen und zu einer Krisis. Die Mehrheit beschloß, den Namen des Klubs in „Münchener Journalisten- und Schriftstellerverein“ umzuändern. Die damit Unzufriedenen schieden aus und bildeten einen neuen Münchener „Journalisten-Club“, der jedoch vier Jahre später mit dem Münchener Journalisten- und Schriftstellerverein sich wieder fusionierte. Vorbildlich hat der Münchener Verein in humanitärer Beziehung gewirkt durch Schaffung einer Unterstützungskasse, einer Krankenkasse und der Pensionsanstalt deutscher Journalisten und Schriftsteller, von der man hoffen und wünschen muß, daß sie in naher Zukunft auf dem Gebiete der sozialen Versicherung für die im Reichsverband der Deutschen Presse zusammengeschlossenen deutschen Redakteure und Zeitungsmitarbeiter das maßgebende, wenn möglich obligatorische Institut werden möge. Ein in mehrfacher Beziehung recht interessantes Experiment machte der Münchener Verein im Jahre 1886. Offenbar in dem nicht unrichtigen Gefühl, sich selbst als tatsächliche Vertretung der Presse kaum ansprechen zu können, bemühte man sich um die Bildung eines „Syndikats der Münchener Presse“, aus dem dann ein eigener Verein „Münchener Preßausschuß“ entstand, der aber nur eine kurze Lebensdauer hatte. Auch ein zehn Jahre später unternommener Versuch, auf einem nach Nürnberg einberufenen Gautag der Bayrischen Presse einen Gauverband der bayrischen Presse erstehen zu lassen, schlug fehl. Der Beschluß wurde in Nürnberg zwar gefaßt, aber nicht ausgeführt. Die Zeit war noch nicht reif. Auch der Frankfurter Verein hat 1893 ein Pressesyndikat bilden wollen; der Erfolg war aber ebenfalls ein negativer. Es waren alles Versuche am untauglichen Objekt mit zu weit gesteckten Zielen oder falsch angelegter Konstruktion. Viele Jahre nachdem, schon während des Krieges und zu einer Zeit, da die Berufsorganisationen der einzelnen Zweige des Zeitungsgewerbes bereits sehr intensiv ausgebaut waren, hat man in München etwas dem Ähnliches geschaffen, was man seinerzeit mit dem Pressesyndikat beabsichtigte, nämlich einen Schutzverband der Münchener Presse, der in erster Linie einen Zweckverband der Verlage darstellt, in dem aber auch die leitenden Redakteure der einzelnen Blätter Sitz und Stimme haben. Man hat diesem Gebilde von vornherein einen engen Arbeitsrahmen gezogen und ihm nur Aufgaben gestellt, deren Lösung ein gemeinsames und gleiches Interesse aller Mitglieder verlangt. In dieser selbst gewollten und auch immer innegehaltenen weisen Beschränkung hat die Vereinigung neben den Berufsorganisationen bis heute gute Dienste zu leisten vermocht. Sie ist, wenn man will, eine Art von Arbeitsgemeinschaft zwischen Verlegern und Redakteuren, wie sie jetzt auf breiter Basis und in wesentlich erweitertem Rahmen angestrebt wird, und von der später noch die Rede sein wird.

Das innere Leben der örtlichen journalistisch-schriftstellerischen Vereinigungen war überall so ziemlich das gleiche: literarische, gesellige und festliche Veranstaltungen und Pflege des Unterstützungswesens. Auf letzterem Gebiete liegt wohl das Hauptverdienst dieser Vereine, und es muß anerkannt werden, daß namentlich einzelne von ihnen sehr Ansehnliches dabei geleistet und viel Gutes gestiftet haben. Allerdings wuchs das eigentliche Unterstützungswesen (von den Kranken- und Versicherungskassen abgesehen) nicht aus dem Prinzip der Selbsthilfe heraus — was schon die Geringfügigkeit der Beiträge unmöglich machte, die meist über 1 Mark im Monat nicht hinausgingen —, war vielmehr lediglich auf die Freigebigkeit und den Wohltätigkeitssinn anderer angewiesen. Im übrigen darf bei der Gleichheit der Entwicklung und der Bestrebungen dieser journalistischen Vereinigungen hier davon abgesehen werden, auf ihre Geschichte und ihre Geschicke im einzelnen einzugehen; es würde das auch weit über die dieser Arbeit gesteckten Grenzen hinausgehen.

Schon aus der Zeit, da die ersten örtlichen journalistischen Vereinigungen sich bildeten, wird uns auch von einem ersten Versuch berichtet, eine umfassende deutsche Journalistenorganisation zustande zu bringen durch Einberufung des ersten deutschen Journalistentages nach Eisenach 1864. Über diesen Versuch einer Organisation von der Krone zur Wurzel oder von der Spitze zur Basis sagt schon der anonyme Verfasser einer kleinen Schrift „1881—1906 Zur Geschichte des Münchener Journalisten- und Schriftstellervereins":

„Wenn sich auch dieser Journalistentag als feststehende Institution eine Reihe von Jahren behauptete, für die praktische Lösung der Organisationsfrage konnte er, schon seiner ganzen Zusammensetzung nach — er umfaßte nur die Vertreter einer beschränkten Zahl von Zeitungen — wenig bedeuten. Ein großer Bau bedarf sicherer Fundamente; bevor man zur Gründung eines allgemeinen Verbandes schritt, mußte die Organisation kleinerer Verbände durchgeführt werden. Zunächst mußten sich in den einzelnen Städten die Kollegen unter Anpassung an die lokalen Verhältnisse zu Vereinen zusammenschließen, und hier mußte erst erprobt werden, ob der Korpsgeist stark genug, die politischen Gegensätze zu überbrücken, die allgemeinen Standesinteressen über die Partei- und persönlichen Interessen zu stellen."

Die führenden Männer dieser „Tage", die später ihre Fortsetzung fanden in den Verbandstagen der deutschen Journalisten- und Schriftstellervereine, verkannten offenbar das Grundübel, an dem ihr Unternehmen krankte, daß sie etwas Unmögliches für möglich hielten, nämlich so heterogene Elemente wie den Verleger, den Verlagsleiter, den freien Berufsschriftsteller, den Gelegenheitsschriftsteller, den angestellten Redakteur und den Mitarbeiter, die zwar einige wichtige gemeinsame, aber noch viel mehr auseinandergehende und gegensätzliche Interessen haben, unter einen Organisationshut zu bringen und diese Organisation zu einer wirksamen Berufsvertretung zu machen, zu einer Berufsvertretung vor allem derjenigen, welche den geistigen Inhalt der Presse bestimmen, und die zu vielleicht 80 Prozent dieser Organisation fern blieben, sie als ihre Berufsvertretung überhaupt nicht anerkannten oder sich nicht darum kümmerten. Der heute sogenannte alte Verband, d. h. der Verband deutscher Journalisten- und Schriftstellervereine, der 1894 in Hamburg gegründet wurde, und den man bis 1910 als umfassendste Organisation des deutschen Journalismus anzusehen gewohnt war, weil es etwas anderes eben nicht gab, hatte in seiner Glanzzeit etwa 3000 Mitglieder, von denen wohl noch nicht 500 eigentliche Journalisten waren. Die Tagungen dieses Verbandes waren in der ersten Zeit seines Bestehens so wenig fruchtbar, daß seine Angehörigen selbst eine Remedur für nötig hielten. Darüber spricht sich H. Diez in seinem Büchlein „Das Zeitungswesen" (328. Bändchen der Sammlung wissenschaftlich-gemeinverständlicher Darstellungen „Aus Natur und Geisteswelt", B. G. Teubner-Leipzig) also aus:

„Zu Anfang wechselten geschlossene Delegiertenversammlungen mit

Allgemeinen Deutschen Journalisten- und Schriftstellertagen, die seit 1895 mit den Verbandstagen zusammengelegt wurden. Im Jahre 1900 fand aus Anlaß des Gutenbergjubiläums der letzte dieser allgemeinen Tage in Mainz statt. Dann wurden diese Veranstaltungen aufgegeben, weil man die Erfahrung machte, daß sie, willkürlich und zufällig zusammengesetzt, zu ernster, bleibend wertvoller Arbeit kaum geeignet waren, so daß sie mehr und mehr den Charakter von Festlichkeiten annahmen, die mit sogenannten Arbeitssitzungen notdürftig verbrämt waren und an die Gastfreundschaft der besuchten Städte starke Anforderungen stellten. Seitdem also hat sich eine schlichtere Form herausgebildet."

Bezüglich der Arbeit, die der Verband, namentlich in der Zeit zwischen 1900 und 1910, geleistet, läßt sich H. Diez in seinem Buche wie folgt aus:

„Die Arbeit dieser Versammlungen hat sich neben dem Ausbau der eigenen Organisation und der Abgrenzung gegen andere Organisationen bzw. der Kooperation mit ihnen auf alle Standesfragen der Journalisten- und Schriftstellerwelt bezogen, so auf die Berufsbildung, die Namenszeichnung der Artikel, das Institut der Preß-Sachverständigen, die Einführung einer Erkennungskarte, das Unterstützungswesen, die Stellenvermittlung, den Normalvertrag, Schiedsgerichte zwischen Autoren und Verlegern und die Wahrung des Redaktionsgeheimnisses. Der Schwerpunkt lag aber in der Wahrung der Rechte und berechtigten Ansprüche des Journalisten- und Schriftstellerstandes gegenüber der Gesetzgebung, Rechtsprechung und Verwaltung. Insbesondere der Versuch, den Groben-Unfug-Paragraphen auf die Tätigkeit der Zeitungen anzuwenden, die Anwendung des Zeugniszwanges auf die Redakteure, der fliegende Gerichtsstand, die Frage der Verjährung von Preßvergehen, der Mißbrauch des Berichtigungsrechtes, der Ausbau des Urheberrechtes, der Protest gegen die Anachronismen der Theaterzensur oder auch gegen Härten des Strafvollzuges haben die Themen dieser Verhandlungen gebildet."

Der letzte Satz läßt schon erkennen, daß es sich hier fast durchwegs nur um theoretische Erörterungen und um Proteste handelte, die ja selbstverständlich auch notwendig sind, die aber, wenn eine Organisation nicht in der Lage ist, ihnen durch praktisches Handeln Nachdruck zu verleihen, meist ziemlich wirkungslos bleiben. Zum praktischen Handeln aber fehlten dem alten Verband eben die wichtigsten Voraussetzungen.

So ist es nicht zu verwundern, daß die im Verband vereinigten einzelnen Gruppen der geistigen Arbeiter der Presse und des Schrifttums immer lebhafter das Bedürfnis empfanden nach einer wirklichen und engeren Berufs- und Interessenvertretung. Zuerst fingen die freien Schriftsteller an, sich in besonderen Vereinigungen zusammenzuschließen. Später folgten auch die Redakteure diesem Beispiel. So entstand 1902 der Verein deutscher Redakteure, der aber ebenfalls nicht zur Zufriedenheit der Berufsangehörigen arbeitete und deshalb auch keine nennenswerte Ausdehnung zu gewinnen vermochte, auch nicht, als sich ihm 1909 einige der wenigen Vereine des alten Verbandes, die vorwiegend aus Redakteurkreisen ihre Mitgliedschaft rekrutierten, anschlossen und nun die Firma „Bund deutscher Redakteure mit dem Sitz in Berlin" lautete. Wie wenig auch diese Organisationen den Bedürfnissen und den gehegten Erwartungen entsprachen, zeigt der Umstand, daß man schon 1910 wieder die Verschmelzung mit dem alten Verband erwog. Heinrich Rippler kennzeichnet die Situation, wie sie sich im Jahre 1910 darstellt, in einem Aufsatz „Zehn Jahre Reichsverband der Deutschen Presse" in Nr. 46 der „Deutschen Presse" vom Jahre 1920 zweifellos zutreffend wie folgt:

„Die Erkenntnis der Notwendigkeit, etwas Neues zu schaffen, war fast ebenso allgemein wie die Unzufriedenheit mit den bisherigen Organisationen. In den Delegiertenversammlungen des Verbandes deutscher Journalisten- und Schriftstellervereine klagte man nicht nur über die völlig ungeeignete Vertretung der Interessen der Redakteure, sondern ganz einfach über Marasmus und unabwendbaren Verfall, und auf der Versammlung des Bundes der Redakteure wurde der Geschäftsführung vorgeworfen, daß „der Bund überhaupt noch nichts getan habe" und „Enttäuschung und Unzufriedenheit in den Reihen der Mitglieder herrsche".

Zur Erkenntnis der Notwendigkeit, ein Neues zu schaffen, trug vor allem bei die in den berufsjournalistischen Kreisen wachsende Einsicht, daß die ideelle Hebung des Standes, seine Säuberung von ungeeigneten und gefährlichen Elementen, die materielle Besserstellung seiner Mitglieder zur Voraussetzung hat, daß es das eine ohne das andere nicht geben kann, und daß alle Bemühungen auf ideellem Gebiete zu nichte werden müssen, wenn der Stand wirtschaftlich in absteigender statt in aufsteigender Linie sich bewegt. Daß die bisherigen journalistischen Vereinigungen für die materielle Besserstellung ihrer

Angehörigen nichts von Belang hatten tun können, hatte man seit 40 Jahren gesehen, und schließlich erkannte man auch, daß sie ihrem ganzen Wesen nach dazu außerstande waren.

II. Der Reichsverband der Deutschen Presse.

Das Neue, für das nun die Zeit da war, kam nicht über Nacht; es hatte, wie wir gesehen, vieler Vorstufen und vieler Vorarbeiten bedurft, und als es endlich ins Leben trat, da war es nicht etwa schon etwas Fertiges, Vollendetes, sondern es bedurfte noch gar sehr der Entwicklung, des Ausbaues, der Vervollkommnung, bedarf ihrer heute noch, obwohl inzwischen die Not, die immer die beste Lehrmeisterin gewesen ist, es ein mächtiges Stück vorwärts gebracht hat. Aber diesmal baute man auf eine gesunde, tragfähige Grundlage, die Raum bot für die notwendige Entwicklung, ohne das emporwachsende Gebäude gleich wieder in Einsturzgefahr zu bringen, und benutzte klug das vorhandene Material, soweit es für den Neubau brauchbar schien. Überall im Reiche fanden sich für die Sache begeisterte, opferbereite Berufsgenossen als Mitarbeiter am Werke; an die Spitze aber stellte uns ein gütiges Geschick der Besten einen, einen Mann, für Zeit und Aufgabe wie geschaffen, einen Mann klar im Ziel, zäh und weitschauend im Wollen, bestimmt, aber klug und maßvoll im Handeln, einen geistvollen, glänzenden Redner und geschickten Versammlungsleiter, einen Mann, der die Achtung und Verehrung aller genoß: Paul Marx. So stand die Geburtsstunde des Reichsverbandes der Deutschen Presse in jeder Beziehung unter einem guten Stern. Sie schlug am 20. November 1910, an welchem Tage in Berlin berufsjournalistische Abgeordnete der alten Verbände, des Bundes deutscher Redakteure und des Verbandes deutscher Journalisten- und Schriftstellervereine nach langen Vorverhandlungen den Gründungsakt in aller Form vollzogen. Im ersten vorläufigen Vorstand waren außer Berlin bereits Hamburg, Düsseldorf, Frankfurt, Dresden und München durch führende Männer der Presse vertreten. Organisatorisch ging man zunächst so zu Werke, daß man neben der korporativen Mitgliedschaft der Unterverbände auch die Einzelmitgliedschaft zuließ, was nicht zu umgehen war, solange die Unterorganisation noch nicht lückenlos durchgeführt war. Um den Charakter der reinen Berufs- und Standesinteressen-Vertretung von vornherein zu wahren, wurde die Aufnahme als Mitglied an die Bedingung geknüpft, daß der Aufzunehmende seit mindestens einem Jahre bei der reichsdeutschen Presse im Hauptberuf als Redakteur oder Journalist (Mitarbeiter) tätig sein oder ehedem mindestens 10 Jahre tätig gewesen sein mußte. In der Frage der Aufnahmefähigkeit von Personen, die gleichzeitig Verleger und Redakteur sind, neigte man anfänglich noch zur Toleranz und machte ihre Entscheidung von „den Umständen des Einzelfalles" abhängig bzw. überließ sie den Unterverbänden. Später führte die Entwicklung auch hier zu einer strengeren Praxis und zu strengeren Bestimmungen. Die Durchorganisierung und Gliederung nach unten machte nach erfolgter Gründung des Reichsverbandes rasche und gute Fortschritte, so daß der Vorsitzende auf der ersten Delegiertentagung des Reichsverbandes im Juni 1911, also nach einem halben Jahre, seiner Genugtuung darüber Ausdruck geben konnte, daß in dieser Beziehung alle Hoffnungen der Begründer des Reichsverbandes übertroffen worden seien, daß in kurzer Zeit ein Blühen der Einzelgruppen des Reichsverbandes geworden sei, wie es selbst die Optimistischsten nicht erwartet hätten. Auf dieser ersten Tagung des jungen Verbandes, die in Eisenach stattfand, waren bereits 17 Unterverbände vertreten, die zum Teil schon bei seinem Entstehen vorhanden gewesen waren, zum Teil seitdem sich gebildet hatten.

Der Optimismus war groß und allgemein; es wurde tüchtig und mit Freude und Hingebung gearbeitet; aber so schnell, wie manche vielleicht dachten, reiften doch auch hier die Blütenträume des Organisationsfrühlings nicht. Als das größte Hindernis erwies sich der Mangel an Mitteln. Alle großen Berufsorganisationen, die Gewerkschaften vor allem, sind zu ihrer Macht und Bedeutung im Laufe der Zeit nur durch die finanzielle Opferwilligkeit ihrer Mitglieder gelangt. Im Reichsverband der Deutschen Presse aber beging man bei seiner Gründung den in Anbetracht seiner von Natur beschränkten Mitgliederzahl besonders verhängnisvollen Fehler, dem bekannten Fundamentalsatz Montecuccoli's, der ebenso wie für die Kriegführung auch für die Arbeit der Berufsorganisationen gilt, nicht genügend Rechnung zu tragen, indem man die Beitragspflicht viel zu niedrig festsetzte. Man getraute sich nicht, über den üblichen Vereinsbeitrag von 12 Mark jährlich hinauszugehen, wovon noch die Hälfte den Unterorganisationen verblieb. So erfuhr schon die allerdringlichste Aufgabe einer ernsthaften Berufs- und Standesinteressen-Vertretung, die Schaffung von Unterstützungs- und Kampffonds, eine später während des Krieges und der

Revolution recht schmerzhaft empfundene Verzögerung, und es war klar, daß mit solch lächerlichen finanziellen Mitteln etwas Ernsthaftes überhaupt nicht unternommen werden konnte. Man sah das auch sehr bald ein; doch fand man noch lange nicht den Mut, aus dieser Einsicht entschlossen die Konsequenzen zu ziehen. Erst als die wirtschaftliche Not anfing unerträglich zu werden und zum Handeln zwang, da wurde auch diese Frage verhältnismäßig leicht und schnell gelöst. Im übrigen fand das wirtschaftliche Moment im Reichsverband und seinen Unterverbänden von Anfang seines Bestehens an eine bemerkenswerte Betonung, die sich zusehends verschärfte, je ungünstiger durch den Krieg und seine Folgen die Verhältnisse wurden. In der Gründungsversammlung des Landesverbandes der Bayerischen Presse (12. Februar 1911) schon erklärte der nachmalige zweite Vorsitzende dieses Verbandes, Chefredakteur Adolf Müller, der jetzige deutsche Gesandte in Bern:

„In wirtschaftlicher Beziehung ist die Lage der Journalisten mit ganz geringen Ausnahmen noch weniger rosig als die Lage der repräsentativen Standesverhältnisse. Besonders ist keine Aufbesserung der Gehälter eingetreten, die dem ungeheuer verteuerten Stand der Lebnshaltung entspricht. Die Stärkung der wirtschaftlichen und sozialen Stellung des Berufsjournalisten ist trotz der bestehenden Berufsvereinigungen bisher fast ganz ausgeblieben. Nur eine zusammenfassende, über das ganze Reich sich erstreckende und mäßig zentralisierte Organisation ist imstande, den repräsentativen und wirtschaftlichen Bedürfnissen unseres Berufes gerecht zu werden."

Und auf der Tagung in Eisenach im Juni 1911 legte auch der Vorsitzende des Reichsverbandes, Marx, in seiner programmatischen Eröffnungsrede besonderen Nachdruck auf diesen Punkt. Er führte, nachdem er von den sittlichen Grundlagen der Deutschen Presse gesprochen, aus:

„Die deutsche Presse allein, ungegängelt von allen anderen Mächten, ist imstande, sich ihre sittlichen Gesetze selbst zu geben. Aber, meine Herren, wir wissen auch genau, daß der Hochstand, der kulturelle Hochstand, den die deutsche Presse jetzt zeigt, sich nur dann aufrechterhalten läßt, wenn gewisse Grundlagen einer gesicherten Existenz vorhanden sind, und darum ergibt sich von selbst aus den ideellen Forderungen, die die Presse an sich stellt, daß sie dafür kämpfen muß, daß jeder einzelne ehrliche Journalist in seiner Existenz wenigstens auf ein Minimum rechnen kann, das es ihm ermöglicht, sich mit Ehren durch-

Leben zu schlagen. Darum wird die weitere Hauptaufgabe des Reichsverbandes der Deutschen Presse darauf zu richten sein, für die materiellen Grundlagen der Existenz der Angehörigen der deutschen Presse mit aller Macht einzutreten. Dies, meine Herren, ist nur dann möglich, wenn der Reichsverband darauf rechnen kann, bei all den verschiedenen Mächten, von denen er abhängt, Anerkennung zu finden."

Als die eine dieser Mächte bezeichnete Marx die Behörden des Reiches und der Länder, bezüglich deren er einen ganz überraschenden Erfolg des Reichsverbandes schon damals nach einem halben Jahre des Bestehens feststellen konnte, als die andere, an die der Reichsverband beständig zu denken habe und auf die es ankomme, die deutschen Verleger. Damit schnitt Marx zum ersten Male in öffentlicher Tagung das Thema an, das für eine Organisation von Arbeitnehmern immer das wichtigste ist und sein wird: die Stellung zum Arbeitgeber und dessen Organisation. Was Marx hierüber am 18. Juni 1911 in Eisenach sagte, war von grundlegender Bedeutung für dieses Verhältnis und ist für den Reichsverband seither immer maßgebend gewesen. Marx trat zunächst einer am Reichsverband zu jener Zeit geübten Kritik entgegen, die diesen beschuldigte, ein gefügiges Werkzeug in der Hand der Verleger zu sein, indem er sagte:

„Meine Herren, es sind dem Reichsverbande verschiedene Ratschläge auf den Weg gegeben worden, Ratschläge ganz entgegengesetzten Inhalts. Der eine ging dahin: ihr müßt mit den Verlegern in beständigem Einvernehmen sein; der andere ging dahin: ihr müßt im Verleger euren Feind erblicken. Es ist zweifellos, daß der Reichsverband, wenn er zur Erfüllung seiner Aufgaben, namentlich der von mir präzisierten letzten Aufgabe (für eine gesicherte Existenz der geistigen Arbeiter der Presse zu sorgen. Der Verfasser) gelangen soll, sich eingehend über das Verhältnis der deutschen Redakteure und Journalisten zu den Verlegern aussprechen wird. Heute kann nur summarisch gesagt werden, daß der Weg des Reichsverbandes unbekümmert um diese Ratschläge zwischen beiden hindurchgehen wird. Der Reichsverband wird aufrecht, ungebeugt, ohne Verehrung, aber mit Anerkennung alles dessen, was die deutschen Verleger dafür geleistet haben, daß das deutsche Zeitungswesen sich mit Ehren sehen lassen kann, seinen Weg gehen. Der Reichsverband wird allein das Interesse der Redakteure und Journalisten wahrnehmen, und er wird sich freuen, wenn er dabei das Verständnis und das wohlwollende Entgegenkommen der deutschen Verleger findet, und er wird sich nicht scheuen, in allen den Fällen, wo er wider Erwarten ein solches Verständnis nicht finden sollte, scharf, energisch und ohne Rücksicht das reine und alleinige Interesse der deutschen Redakteure und Journalisten zu vertreten. Vorläufig, meine Herren, kann ich Ihnen mitteilen, daß alle die Gerüchte, daß der Verlegerverband dem Reichsverbande feindlich gegenüberstehen soll, falsch sind, wie es auch für jeden, der die deutschen Verleger persönlich einigermaßen kennt, ganz selbstverständlich ist. Wenn eine Gruppe Interesse daran hat, daß ein starker, fester und in sich geschlossener Verband der deutschen Journalisten existiert, so sind es die Verleger selbst, die ja doch in ihrer überwiegenden Mehrzahl zum mindesten dasselbe ideelle, wenn auch nicht dasselbe materielle Interesse wie wir haben. Die deutschen Verleger können die gesellschaftliche und geistige Höhe, auf der sie zum großen Teil stehen, nur aufrechterhalten, wenn ihnen ein allen Ansprüchen der geistigen und sittlichen Kulturhöhe entsprechender Journalistenstand zur Seite steht. Wenn auch von seiten der deutschen Verleger bisher eine offizielle Anerkennung des Reichsverbandes als derjenigen Korporation, mit der sie in engste Fühlung zu treten haben, nicht vorliegt, so liegen doch eine ganze Menge persönlicher Mitteilungen und Unterredungen vor, als deren Resultat ich Ihnen erklären kann: wir haben darauf zu rechnen, daß der Reichsverband vom deutschen Verlegerstande genau so anerkannt wird als die Macht, die mit ihm zu verhandeln geeignet ist, wie er von den Behörden anerkannt ist."

Die vom Vorsitzenden des Reichsverbandes hier in Aussicht gestellte Anerkennung durch die Verlegerschaft ist bald darauf erfolgt durch eine vom damaligen Vorsitzenden des Vereins deutscher Zeitungsverleger, Dr. Max Jaenecke, auf der Hauptversammlung des Verbandes der Rheinisch-Westfälischen Presse in Köln am 15. Oktober 1911 abgegebene Erklärung, der Verlegerverein begrüße die im Reichsverband der Deutschen Presse endlich zustande gekommene Gesamtorganisation der deutschen Redakteure und Journalisten, mit der der Verein deutscher Zeitungsverleger an der Lösung gemeinsamer Aufgaben in gemeinsamer Tätigkeit arbeiten wolle. Die Erfüllung dieser Zusage war allerdings noch auf geraume Zeit hinaus eine für den Reichsverband und seine Angehörigen wenig befriedigende. Es fanden zwar mehrfach gemeinsame Konferenzen mit dem Verein deutscher Zeitungsverleger zur Erörterung von Presseangelegenheiten statt; über das Wichtigste aber, über die wirtschaftliche und soziale Lage ihrer geistigen Mitarbeiter, bei solchen Gelegenheiten einmal ernsthaft zu sprechen, wurde von den Verlegern beinahe ängstlich vermieden. Hier wurde immer der alte patriarchalische Unternehmerstandpunkt in den Vordergrund gestellt, über solche Dinge nur von Mann zu Mann, nicht von Organisation zu Organisation zu verhandeln. Es mußte erst die Revolution kommen, um damit aufzuräumen. Nicht ohne Wert und jedenfalls dankbar anzuerkennen war es, daß nun auch die Regierungen allmählich anfingen, die Wichtigkeit und Bedeutung eines wirtschaftlich unabhängigen Journalistenstandes für Staat und Volk einzusehen. Die letzten Konsequenzen aus solcher Einsicht, die eine gesetzliche Regelung der rechtlichen und materiellen Verhältnisse der Tagesschriftsteller erfordern würden, sind allerdings bis heute noch nicht gezogen. Bei der zweiten Vertretertagung des Reichsverbandes in München 1912 war es der damalige bayrische Justizminister von Thelemann, der in seinen Begrüßungsworten auch von der sozialen Fürsorge des Verbandes für seine Angehörigen sprach und daran folgende bemerkenswerte Sätze knüpfte:

„Möge es Ihnen gelingen, auch in dieser Hinsicht zum Nutzen und Frommen Ihrer Berufsgenossen, deren schwere geistige Arbeit nicht immer den ihr gebührenden materiellen Lohn findet, zu tagen! Es gibt keinen Stand und keinen Beruf, dessen Interessen Sie nicht schon gefördert hätten; an sich selbst haben Sie lange nicht gedacht. Um so mehr ist Ihnen ein voller Erfolg Ihrer Bestrebungen zu wünschen. Je gesicherter der Journalist und Schriftsteller auch in materieller Hinsicht ist, um so unabhängiger ist er, und um so gewisser wird er den mächtigen Einfluß, den die Presse auf die öffentliche Meinung und das Volk besitzt, nur im Sinne des öffentlichen Wohles ausüben."

Erst jetzt, nach bald 10 Jahren, ist es so weit, daß der Reichsverband daran gehen kann, wenigstens einen Versuch zu unternehmen, der im Interesse des Staates und des Volkes gelegenen Forderung einer materiellen Sicherung der Journalisten, deren Berechtigung hier ein Regierungsvertreter anerkannt hat, in gesetzlicher Form zur Durchführung zu verhelfen, nachdem eine Aussicht, daß ihr seitens der Allgemeinheit der Verlegerschaft in absehbarer Zeit aus freien Stücken und in einem halbwegs befriedigenden Maße Rechnung getragen werden wird, kaum besteht. Die Befürchtung, daß man auf dem Wege von Verhandlungen mit den Zeitungsverlegern in diesem Punkte nicht weiter kommen werde, stieg schon sehr bald auf; doch lief daneben immer noch die Hoffnung einher, daß die Verleger schließlich doch ihre Einsicht noch das Richtige werde tun lassen. Schon auf der Münchener Tagung 1912 gab der Vorsitzende diesem Gedanken Ausdruck, indem er im Anklang an das, was er bereits ein Jahr vorher in Eisenach pragrammatisch verkündet hatte, erklärte:

„Wir sind erfreut, im Einvernehmen mit den Zeitungsverlegern vorzugehen, wie es durch die Magdeburger Konferenz bezeugt worden ist. Der Vorstand des Vereins deutscher Zeitungsverleger lehnt es ab, das Materielle an die Spitze zu stellen, sondern rückt vielmehr die kulturellen und idealen Aufgaben in den Vordergrund. In allen idealen Dingen kann ein enges Band hergestellt werden. Allein, um ein solches gemeinsames Wirken herbeizuführen, ist auch eine Sicherung der materiellen Grundlage der Journalisten notwendig. Der Stand der Zeitungsverleger kann die geistige Höhe, auf der er steht, nur wahren, wenn er einen hochstehenden Journalistenstand neben sich hat. Der Journalistenstand kann aber nicht auf der Höhe bleiben, wenn seine materielle Grundlage unsicher ist. Von dieser Einsicht müssen sich auch die Zeitungsverleger durchdringen lassen."

Die Mahnung fand auf der anderen Seite nur sehr schwaches Gehör. Es blieb alles, wie es war. Ein Teil der Verleger erfüllte, wie bisher schon, die einen mehr, die anderen weniger, seine Pflicht; ein anderer nicht kleiner Teil ließ es mehr oder minder daran fehlen. Die Klagen über diese Verleger kehren immer wieder; aber man kommt über die Klagen nicht hinaus. Die Leitung des Reichsverbandes, deren Posten alle nur ehrenamtlich verwaltet werden, ist nicht immer in der Lage, solchen Klagen die Beachtung zu schenken, die sie verdienen, und ihre Abstellung nachdrücklich und konsequent zu betreiben. Es macht sich immer stärker das Fehlen einer berufsmäßigen Geschäftsleitung des Verbandes, eines hauptamtlich angestellten Generalsekretärs, fühlbar. Man ist sich dieses Mangels wohl bewußt; aber die Rücksicht auf den um den Verband sehr verdienten bisherigen Generalsekretär Dr. Paul Hamburger, der nur nebenamtlich gegen eine geringfügige Entschädigung die Geschäfte führt, und die leidige Geldfrage verhindern noch geraume Zeit eine Änderung des für die Entwicklung der Organisation abträglichen Zustandes. Das Thema wird auf fast allen Delegiertentagen besprochen, und besonders ist es der Landesverband der Bayerischen Presse, der es immer wieder aufs Tapet bringt; er hat damit aber einstweilen noch ebensowenig Glück und Erfolg wie mit dem auch im Verein mit anderen Unterverbänden an die Leitung des Reichsverbandes und an die Delegiertentage gestellten Verlangen einer intensiveren Beschäftigung mit den sozialen Berufsfragen.

Wenn so im ersten Jahrfünft des Bestehens des Reichsverbandes auf diesem Gebiete verhältnismäßig wenig geschah, so ist daran vor allem auch der Krieg mit schuld, der zumal anfänglich ganz naturgemäß das Augenmerk von den Kernfragen der Organisation ablenkte und andere Aufgaben stellte. Jetzt war es namentlich das Übel der Zensur, das die ganze Presse schwer drückte, und das etwas erträglicher zu gestalten daher auf längere Zeit hinaus eine der Hauptbestrebungen der Organisation war und sein mußte. Die fortschreitende Verschlechterung der wirtschaftlichen Verhältnisse während des Krieges schob allerdings bald das Materielle wieder stärker in den Vordergrund und zwang die geistigen Arbeiter der Presse, sich, ob sie wollten oder nicht, auch mit der eigenen Lage zu befassen. Auch jetzt war es der Landesverband der Bayerischen Presse, der anregend in dieser Richtung vorging, indem er schon auf der Berliner Tagung 1915 eine Feststellung verlangte, wie der Krieg auf die sozialen Verhältnisse der Berufsgenossen eingewirkt habe. Verschiedene Unterverbände veranstalteten Umfragen hierüber, die zum Teil recht unerfreuliche und traurige Verhältnisse offenbarten. Es setzten die ersten Versuche ein, die Verlegerschaft von Organisations wegen zu einer allgemeinen Verbesserung der Bezahlung ihrer redaktionellen Mitarbeiter zu bewegen. Den Anfang damit machte der Verband der Schlesischen Presse — man darf darin wohl zugleich den ersten Ansatz zu dem noch unbewußten Verlangen eines Tarifvertrages sehen —, der seinen Vorstand im Herbst 1917 beauftragte:

1. die Verleger der im Verband der Schlesischen Presse vertretenen Zeitungen zu ersuchen, ihren Redakteuren, soweit sie nicht während des Krieges bereits Gehaltserhöhungen in mindestens der folgenden Abstufung erhalten haben, Teuerungszulagen zu gewähren. Hierbei soll den Verlegern eine Skala empfohlen werden, nach welcher Redakteure, die bei Kriegsausbruch ein Gehalt

Klasse	I	bis zu	1800 Mk.	bezogen, um	50 %
„	II	„ „	2400	„ „ „	45 %
„	III	„ „	3600	„ „ „	30—40 %
„	IV	„ „	5000	„ „ „	25—30 %
„	V	„ „	7200	„ „ „	20 %
„	VI	über	7200	„ „ „	10 %

aufgebessert werden sollen.

2. Die Versammlung tritt dafür ein, daß den ständigen Mitarbeitern, soweit sie im Hauptberuf freie Journalisten sind, eine prozentuale Erhöhung der Zeilenhonorare zugebilligt wird, da ihr Einkommen durch die Kriegsverhältnisse teilweise bis um 50 Prozent gesunken ist."

Schon vorher war auf der Dresdener Tagung 1917 auf Antrag des Verbandes der Schlesischen Presse beschlossen worden:

„a) den Vorstand zu beauftragen, für eine schleunige Aufbesserung der Bezahlung der Redakteure, vor allem solcher mit Monatsgehältern unter 300 Mark, sofort Schritte zu unternehmen.

b) Der Vorstand des Reichsverbandes wird beauftragt, in Anbetracht der großen Papiereinschränkung und der ungünstigen Zeitverhältnisse, wodurch die freien Berufsjournalisten wirtschaftlich besonders schwer geschädigt werden, an die Verleger und Schriftleitungen das Ersuchen zu richten, der Durchführung einer Erhöhung des durchschnittlichen Mindestzeilenhonorars näherzutreten.

c) Durch den Vorstand des Reichsverbandes mögen die jüngeren Journalisten angeregt werden, sich eine größere und genauere Kenntnis vom technischen und kaufmännischen Betriebe der Zeitungen anzueignen, um ihnen den Aufstieg in höhere und besser bezahlte Stellungen zu ermöglichen."

In Ausführung dieses Beschlusses hat dann die Leitung des Reichsverbandes Ende Dezember 1917 eine längere schriftliche Vorstellung an den Verein deutscher Zeitungsverleger gerichtet, deren Endergebnis das folgende vom 2. Februar 1918 datierte Schreiben des Vereins deutscher Zeitungsverleger an den Reichsverband war:

„Unter Bezugnahme auf Ihr Schreiben vom 14. Dezember vorigen Jahres teilen wir Ihnen ergebenst mit, daß wir auf Grund eines Vorstandsbeschlusses unsere Kreisvereinsvorsitzenden neuerdings ersucht haben, ihre Einwirkung auf ihre Mitglieder dahin geltend zu machen, daß den Redakteuren, soweit dies nicht bereits geschehen ist, eine angemessene Gehaltsaufbesserung gewährt wird. Wir haben ferner die Kreisvorsitzenden gebeten, in entsprechender Weise die Interessen der freien Mitarbeiter der Zeitungen wahrzunehmen."

Die Organisation der Verleger hatte damit ja wohl getan, was sie unter den damaligen Umständen konnte; ihre Mitglieder freilich haben die erhaltenen Weisungen nur sehr teilweise befolgt. Bevor wir die Entwicklung der Dinge weiter verfolgen, müssen wir hier noch eines wichtigen Ereignisses gedenken, nämlich der Einsetzung des sogenannten Sozialen Ausschusses, dessen Aufgabe es sein sollte, die zur Besserung der wirtschaftlichen und sozialen Lage der Berufsgenossen notwendigen Maßnahmen zu beraten und vorzubereiten, und dessen Wirksamkeit es dann in der Tat auch zu verdanken war, daß die Lösung dieser Frage endlich ernsthaft in Angriff genommen wurde. Die Einsetzung des Ausschusses erfolgte durch Beschluß der Delegiertentagung des Jahres 1916. Den Anstoß dazu hatten Anträge des bayerischen und des sächsischen Landesverbandes gegeben, die zur weiteren Behandlung dem neugebildeten Ausschuß überwiesen wurden. Bayern hatte die Erhöhung des Mitgliedbeitrages um 1 Mark monatlich beantragt, um aus den Mehreinnahmen einen Grundstock für Unterstützungszwecke zu schaffen. Sachsen hatte den Ausbau der vorhandenen Rechtsauskunftstelle zu einer Rechtsschutzstelle verlangt, und außerdem wurde mit diesen beiden Problemen dem Ausschuß auch noch der Gedanke der Schaffung einer Stellen- und Erwerbsvermittlung zur Erwägung mitgegeben. Auf der Dresdener Tagung 1917 erstattete der rührige Vorsitzende des Ausschusses, Kratzsch-München, zum ersten Male Bericht über seine Tätigkeit, deren Frucht konkrete Vorschläge für die zu schaffende Stellen- und Erwerbsvermittlung, für die Rechtsschutzstelle und für die Errichtung einer Unterstützungskasse waren. Hinsichtlich der beiden ersten Punkte wurden die Vorschläge des Ausschusses auch zum Beschluß erhoben. Die Stellen- und Erwerbsvermittlung ist freilich leider bis heute nicht recht lebensfähig geworden; dagegen hat die Rechtsschutzstelle schon wiederholt gute Dienste geleistet. Auch die Gründung einer Unterstützungskasse wurde beschlossen, jedoch mit der Einschränkung, daß der geschäftsführende Ausschuß mit dem Sozialen Ausschuß die Vorlage nochmals überprüfen und dabei die neu aufgetauchten Einwendungen und Vorschläge berücksichtigen sollte, wodurch diese wichtige Sache weiter in unliebsamer Weise verzögert wurde. Der tiefere Grund, warum der Gedanke einer zentralen Unterstützungskasse, die als Ergänzung der regionalen und lokalen Unterstützungseinrichtungen namentlich für schwache und wenig leistungsfähige Unterverbände gedacht war, nicht vorwärts kommen wollte, war die Sorge mancher bereits mit gut dotierten Unterstützungskassen ausgestatteteter Unterverbände, daß ihren Kassen durch eine Zentralkasse Abbruch geschehen könnte.

Eine bedeutungsvolle Arbeit des Sozialen Ausschusses war ferner die von ihm nach der Dresdener Tagung in Angriff genommene Erstellung eines Entwurfes, der die gesetzliche Regelung der Rechtsverhältnisse der Redakteure zum Zweck hatte. Damit wurde wirksam den später noch zu erörternden Bestrebungen auf Schaffung eines Journalistengesetzes vorgearbeitet. Die Delegiertentagung in Hannover 1918 hat diesen Entwurf durch eine Entschließung gebilligt, welche seine Vorlage an das Reichsjustizamt verlangte und der Leitung des Reichsverbandes anheimgab, zu gelegener Zeit diese Forderungen auch dem Reichstag zu unterbreiten. Die bald darauf beginnenden revolutionären Ereignisse drängten diese Absichten zunächst in den Hintergrund und gaben ihnen später, wie schon erwähnt, eine andere Richtung insofern, als sie nun auf eine Ordnung nicht nur der Rechts-, sondern auch der sozialen Verhältnisse der Journalisten durch ein Journalistengesetz abzielten.

Gegen das Kriegsende war, wie wir gesehen, die wirtschaftliche Lage der geistigen Arbeiter der Presse immer trostloser geworden. Die notwendige durchgreifende allgemeine Besserung konnte, das wurde immer klarer, durch bloße Vorstellungen von Organisation zu Organisation nicht erreicht werden. Der rheinisch-westfälische Verband hatte im Sommer 1918 ein Übereinkommen mit der Verlegervereinigung seines Bezirkes getroffen über die Gewährung von Teuerungszulagen. Man beachte hierin die zweite Entwicklungsstufe zum Tarifvertrag! Durch Fragebogen wurde festgestellt, daß zwar ein ansehnlicher Teil der Verlegerschaft die eingegangenen Verpflichtungen erfüllt hatte, daß aber leider auch nicht wenige Verleger die vereinbarten Zulagen entweder überhaupt nicht oder nur zum Teil gewährten. Eine Handhabe, sie zur Erfüllung zu zwingen, war natürlich bei dieser Art von Vereinbarung nicht gegeben. Auch der Landesverband der Bayerischen Presse führt über dieses Kapitel in seinem Jahresbericht für 1918 (veröffentlicht in Nr. 19 der „Deutschen Presse" vom 1. Oktober 1918) bewegliche Klage:

„Der Landesverband hat auch in diesem Jahre wieder sich bemüht, die infolge der zunehmenden Teuerung der Lebenshaltung immer schwieriger werdende Lage der Kollegen durch Vorstellungen bei den Verlegern zu erleichtern. Eine Umfrage bei unseren Mitgliedern, die leider auch dieses Mal wieder die früheren Erfahrungen entsprechende mangelhafte Unterstützung der Kollegen erfuhr, hat, soweit sie beantwortet wurde, ergeben, daß die angestellten Redakteure bei ihren an sich fast durchweg überaus bescheidenen Gehältern zum Teil überhaupt keine, zum Teil den Teuerungsverhältnissen auch nicht entfernt entsprechende Zulagen erhielten. Noch schlimmer sind die freien Journalisten daran, die zumeist nicht nur keine Erhöhung ihres Einkommens, sondern vielfach eine nicht unbedeutende Minderung verzeichnen. Wir verkennen hierbei keineswegs, daß auch die Verleger in den jetzigen Zeitläuften nicht auf Rosen gebettet sind. Allein in manchen Fällen hätte bei etwas erhöhtem gutem Willen vielleicht doch mehr geschehen können, als geschehen ist, zumal für das technische Personal ganz andere Summen, als sie hier in Frage gekommen wären, ohne Widerrede aufgewendet wurden."

Da auf dem bisher eingeschlagenen Wege in dieser Lebensfrage des Berufes das als unumgänglich notwendig Erkannte nicht zu erreichen war, so mußte ein anderes Verfahren eingeschlagen werden: das des gewerkschaftlichen Kampfes und des Tarifvertrages. Diese Erkenntnis rang sich, wenn auch langsam und unter manchem Widerstreben, zumal der älteren Kollegen, doch sicher und unaufhaltsam auch bei den letzten Angehörigen des Berufes durch. Das Verdienst daran, wenn man von einem solchen sprechen will, dürfen sich in erster Linie diejenigen Verleger zuschreiben, die trotz aller Vorstellungen und Mahnungen für die Forderungen der Zeit und ihre sozialen Pflichten kein Gefühl und kein Verständnis aufzubringen vermochten.

III. Der gewerkschaftlich organisierte Reichsverband.

Die Delegiertentagung des Reichsverbandes im Oktober 1918 in Hannover stand schon völlig unter dem Eindruck des Zusammenbruchs und der kommenden Umwälzung. Die Revolution brachte der Presse dann zwar die Befreiung von der Zensur, setzte sie aber auf der anderen Seite nicht selten den unerhörtesten Gewaltakten von linksradikaler Seite aus. Für die Berufsorganisation der Presse brachte sie die Frage der Vergewerkschaftlichung, zu der gewisse Ansätze sich schon in der zweiten Hälfte des Krieges gezeigt hatten, rasch in Fluß. Am 8. Dezember 1918 faßte der L a n d e s v e r b a n d d e r B a y e r i s c h e n P r e s s e in seiner außerordentlichen Hauptversammlung einstimmig den Beschluß:

„Der Landesverband der Bayerischen Presse ist der Ansicht, daß zur Durchführung der sozialen Forderungen der Redakteure und Journalisten die U m w a n d l u n g des Reichsverbandes der Deutschen P r e s s e in eine rein gewerkschaftliche Organisation notwendig ist. Er stellt deshalb den Antrag, der geschäftsführende Ausschuß des Reichsverbandes möge sich sofort mit dieser Frage beschäftigen und eine Erklärung abgeben, ob er gewillt ist, die nötigen Vorbereitungen zu einer solchen Umwandlung zu treffen und diese so zu beschleunigen, wie es mit Rücksicht auf die gegenwärtigen unhaltbaren Verhältnisse notwendig ist.

Mit den Verlegern sollen Verhandlungen zum Abschluß einer Tarifgemeinschaft angebahnt werden. Zu diesem Zweck ist es nötig, daß ein Ausschuß berufen wird, der die an die Verleger zu stellenden Forderungen der Redakteure und Journalisten aufzustellen hat.

Der Reichsverband soll unverzüglich die erforderlichen Schritte tun, um alle der Organisation noch fernstehenden Berufsangehörigen der Presse zum sofortigen Anschluß an den Reichsverband der Deutschen Presse zu veranlassen. Der Landesverband der Bayerischen Presse erklärt, daß er seinerseits mit allem Nachdruck in diesem Sinne tätig sein wird."

Der Vorstand des Verbandes der Rheinisch-Westfälischen Presse beschäftigte sich am 4. Januar 1919 mit einem Antrag auf Umgestaltung des Reichsverbandes der Deutschen Presse und der Unterverbände in gewerkschaftliche Organisationen. Soweit die Ortsvereine sich mit der Angelegenheit befaßt hatten, kamen zustimmende Meinungsäußerungen zum Ausdruck. Auch sonst wurden nur beipflichtende Erklärungen abgegeben. Endlich wurde folgende Entschließung einstimmig angenommen:

„Der Vorstand des Verbandes der Rheinisch-Westfälischen Presse bezeichnet es als eine der dringendsten Aufgaben der Gesetzgebung, einen vollständigen Neuaufbau des Presserechts in Angriff zu nehmen.

Von dem neuen Presserecht erwartet der Verband der Rheinisch-Westfälischen Presse auch die Ordnung der Rechtsverhältnisse des Redakteurs und der ständigen Mitarbeiter, und zwar sowohl der Stellung und der Zuständigkeiten in der Zeitung wie auch der wirtschaftlichen Sicherung.

Hinsichtlich der Stellung und der Zuständigkeiten des Redakteurs in der Zeitung wird gefordert, daß der Redaktion ihre durch die besten Überlieferungen gerechtfertigte Anwartschaft auf die unabhängige, sowohl dem Gesetz wie dem Volke verantwortliche geistige Leitung des Blattes gewährleistet und gesichert werde.

Der Vorstand erachtet zur praktischen Durchführung dieser Forderungen die Errichtung von Pressekammern mit Zwangsbeitritt aller Redakteure und angestellten Mitarbeiter für erforderlich. Den Ausbau unseres Reichsverbandes zu einer gewerkschaftlichen Organisation, die durch die Pressekammern gestützt wird, und die in einem Kartellverhältnis zu den Organisationen der übrigen bei der Presse tätigen geistigen und handarbeitenden Berufe zu stehen hätte, erachtet der Vorstand für notwendig.

Der Reichsverband wird ersucht, im Sinne dieser Forderungen alsbald die geeigneten Schritte zu tun."

Die Sachsen hatten schon am Tage vorher, am 3. Januar 1919, in einer außerordentlichen Hauptversammlung die Sache noch energischer in die Hand genommen, indem sie sofort an die Durchberatung eines vom Bezirksverein Dresden vorgelegten neuen Satzungsentwurfes gingen, dessen Haupttendenz dahin ging, den Landesverband und die ihm angeschlossenen Bezirksvereine auf gewerkschaftlicher Grundlage neu zu organisieren. In einer Entschließung wurde die Erwartung ausgesprochen, daß auch der Reichsverband baldigst zu einer Erneuerung seiner Organisation auf der Grundlage gewerkschaftlicher Ziele schreiten werde. Auch im Organ des Reichsverbandes, der „Deutschen Presse", wird die Gewerkschaftsfrage in der nächsten Zeit lebhaft erörtert. In den „Mitteilungen des Verbandes der Rheinisch-Westfälischen Presse" (abgedruckt in Nr. 4 der „Deutschen Presse" 1919) nahm der langjährige Vorsitzende dieses Verbandes und Mitglied des Reichsverbandsvorstandes Stoffers in energischer Weise das Wort für die Gewerkschaft, wobei er zum Schluß auf die Einwendungen besonders der „alten Kollegen in den angesehensten Stellungen" gegen eine solche Entwicklung zu sprechen kam und sagte:

„Wir werden diese Einwendungen alle mit der Achtung entgegennehmen und behandeln, die diesen hervorragenden Kollegen gebührt, aber wir werden ihnen sagen müssen, daß wir unsere Organisation geschaffen haben nicht für diejenigen, die ihrer nicht bedürfen, sondern für diejenigen, die ihrer bedürfen. Das ist aber die gewaltige Mehrzahl. Jene Kollegen befürchten, daß wir als Gewerkschaftler von der hohen Warte herabsteigen, auf der wir den Redakteur der guten alten Zeit stehen sahen. Ich erwidere darauf, davon ist er ja trotz unserem heißen Bemühen und Streben leider herunter. Für diejenigen aber, die noch hochstehen, sage ich: Warum soll ich denn als Journalist, als Redakteur, als Chefredakteur ein geistig minderer Faktor, ein gesellschaftlich weniger angesehener Bürger sein, wenn ich wirtschaftlich und gesellschaftlich und rechtlich in einer verbürgteren, gesicherteren Lage bin? Steckt darin, daß wir die Organisationsform verachten, durch die unsere Arbeiter stark geworden sind, nicht ein Bißchen unberechtigten Hochmutes? Ich glaube vielmehr, der Flug des Geistes wird freier und höher gehen, unsere Arbeitskraft, unsere Leistungsfähigkeit wird fruchtbarer und ergiebiger sein, wenn wir uns von dem Drucke befreit haben, den jene Artikel im „Zeitungsverlag" uns ankündigten, uns androhten, wenn wir nicht mehr ängstlich nach „dem Herrn im Hause" zu schielen brauchen, wenn der Chefredakteur nicht mehr der Vogt des Unternehmers, sondern der freie Führer einer freien Schar, der primus inter pares ist, dem alle gern folgen und sich unterordnen, weil sie ihn als den Tüchtigsten anerkennen und weil sie — bei seiner Auswahl gehört worden sind, an seiner Auswahl mitgewirkt haben. Denn auch das müssen wir zur Forderung erheben, weil es zum Gedeihen unseres Berufes, zum Gedeihen aber auch der Zeitung notwendig ist."

Wie aus dieser Auslassung von Stoffers und dem Beschluß des Verbandes der Rheinisch-Westfälischen Presse hervorgeht, war um diese Zeit in Rheinland und Westfalen die Stimmung noch ausgesprochen für die Gewerkschaft in reinster Form. Die Feststellung ist notwendig, weil das später anders wurde und bei der endgültigen Entscheidung der Frage gerade von dorther stark dämpfende Einflüsse kamen. Inzwischen hatte der Reichsverband der Deutschen Presse zum 27. und 28. April 1919 nach Berlin eine Delegiertenversammlung einberufen mit der Tagesordnung: Neugestaltung der Reichsverbandsorganisation auf gewerkschaftlicher Grundlage, wofür vom Kollegen Kratzsch-München ein Satzungsentwurf bereits ausgearbeitet worden war. Auf der Dresdener Tagung 1917 hatte man einen sogenannten Satzungsausschuß aus sieben Mitgliedern gebildet, der einen damals vorliegenden Antrag Jung-Köln zur Behandlung überwiesen erhielt, dessen Kern darin bestand, daß er an Stelle der vorhandenen Bezirks- und Landesverbände Ortsvereine als unmittelbare Unterorganisationen setzen wollte. Der Ausschuß hielt seine erste Sitzung unmittelbar vor der nächsten Delegiertenversammlung in Hannover 1918 ab, wobei der Antrag Jung dem energischen Widerspruch namentlich von Sachsen und Bayern begegnete, deren Vertreter betonten, daß für die Verhältnisse in ihren Gebieten die vorgeschlagene Neuerung nicht passen würde. Damit war dieser Antrag erledigt, der den ganzen organisatorischen Aufbau des Reichsverbandes über den Haufen geworfen hätte, wenn ihm auch ein berechtigter Gedanke insofern innewohnte, als es zutrifft, daß die Ortsvereine in den großen Städten der Sauerteig des Reichsverbandes sind und das Element, welches sein inneres Leben befruchtet und die besten Kräfte liefert. Als der Satzungsausschuß und der Soziale Ausschuß vor der Berliner Apriltagung 1919 wieder zusammentraten, hatten sie sich mit dem Satzungsentwurf Kratzsch und einer Reihe von Abänderungsvorschlägen, namentlich einem Entwurf Kemper-Stuttgart zu beschäftigen, der einen vermittelnden Standpunkt zur Geltung zu bringen versuchte. Aus diesen Ausschußberatungen ging ein neuer Satzungsentwurf hervor, der sich im wesentlichen dem Entwurf Kratzsch anschloß, indes auch Gedanken und Anregungen der anderen Vorschläge in sich aufnahm. Aber damit war das Werk noch lange nicht unter Dach. In der Delegiertenversammlung selbst tauchten bereits neue, erhebliche Meinungsverschiedenheiten auf, die erkennen ließen, daß bis zur Durchführung der Organisationsumwandlung noch viele und große Schwierigkeiten zu überwinden sein würden. Die sehr ausgedehnte und lebhafte allgemeine Aussprache behandelte naturgemäß vorwiegend die grundsätzliche Frage: Vergewerkschaftlichung oder keine Vergewerkschaftlichung?, zog aber in diesem Rahmen, wie der Bericht in Nr. 9 der „Deutschen Presse" von 1919 besagt, auch schon manche Fragen spezieller Art hinein. Es ergab sich sehr bald, daß die große Mehrheit der Versammlung, die aber infolge der damaligen schwierigen Verkehrsverhältnisse nicht sehr zahlreich beschickt war, sich mit Entschiedenheit für die V e r g e w e r k s c h a f t l i c h u n g einsetzte. Bestimmte ins einzelne gehende Beschlüsse wurden nur über die grundlegenden Paragraphen gefaßt; den Rest nahm man en bloc an. Man sah aber schon jetzt ein, daß die ganze Sache noch nicht reif zum Vollzug war, weshalb man übereinkam, daß der Entwurf unter Berücksichtigung der in der Erörterung zutage getretenen Wünsche und Anregungen nochmaliger Ausschußberatung unterzogen und dann der Herbst-Delegiertenversammlung zur endgültigen Beschlußfassung vorgelegt werden solle. Der wichtige § 1 hatte gemäß einem Antrag Stoffers-Gießen folgende Fassung erhalten:

„Der Reichsverband der Deutschen Presse ist die g e w e r k s c h a f t l i c h e Z u s a m m e n f a s s u n g der deutschen Journalisten zur Wahrung und Förderung des Rechtes und des Ansehens der deutschen Presse nach außen und nach innen und zur Wahrnehmung der geistigen und der wirtschaftlichen Angelegenheiten seiner Mitglieder. Er bildet die Vertretung der bei der deutschen Presse tätigen geistigen Arbeiter gegenüber der Öffentlichkeit. Er erstreckt sich über ganz Deutschland und hat seinen Sitz in Berlin."

Hierzu ist wichtig, auch die hervorstehenden Momente aus der Debatte kennenzulernen, weil sie die Erklärung geben für die später sich vollziehende Wandlung und für die endgültige Lösung der Frage. In Nr. 11 der „Deutschen Presse" 1919 ist darüber zu lesen:

„Baecker (Berlin) spricht die Befürchtung aus, daß, wenn der Reichsverband nur eine bloße Gewerkschaft sei, seine Stellung als Geistesmacht verlorengehe. Darum sollten wir in der Art der Konstituierung zum Ausdruck bringen, daß wir nicht bloß Gewerkschaft, sondern noch etwas anderes sind, ein besonderer Beruf mit seinen besonderen Interessen. In diesem Sinne sei ihm der Antrag Stoffers sympathisch.

Kratzsch (München) hält die äußere Form nicht für das Wesentliche; die Hauptsache sei, daß das Statut gewerkschaftlich ist, wie es der Fall ist. Deshalb kann man auch den geäußerten Bedenken im Sinne des Antrages Stoffers gerecht werden.

Karthaus (Düsseldorf) unterstützt ebenfalls den Gewerkschaftsgedanken.

Dr. Breslauer (Berlin) ist gleichfalls für die Anträge, betonte aber zugleich die Aufrechterhaltung der Eigenart des Reichsverbandes. Wir sollten uns die Möglichkeit des Anschlusses an den allgemeinen Charakter der Gewerkschaftsorganisation nicht verschließen, aber nicht über die Grenzen dessen hinausgehen, was durch die Eigenart unseres Berufes, durch sein geistiges Gepräge und seine öffentlichen Verpflichtungen geboten sei."

Die Sorge, die aus dieser Diskussion spricht, verstärkte sich in den nächsten Monaten noch ganz wesentlich. Die beiden Ausschüsse, die den Auftrag erhalten hatten, die in Berlin beschlossene Satzung einer nochmaligen Revision zu unterziehen, ließen im August 1919 in der „Deutschen Presse" mitteilen, daß ein eingehender schriftlicher Gedankenaustausch der Ausschußmitglieder nur ergeben habe, daß über einzelne Punkte tiefgehende Meinungsverschiedenheiten bestünden. Die Ausschüsse seien aber der Anschauung, daß es bei gutem Willen möglich sein müsse, einen alle Teile befriedigenden Ausgleich herbeizuführen. Sie hätten sich bemüht, ein Kompromiß zu finden. Die volle Größe der Schwierigkeiten stellte sich aber erst bei der Delegiertenversammlung im Herbst 1919 in Aschaffenburg heraus. Der erste Vorsitzende des Reichsverbandes, Paul Marx, der das Schifflein der Organisation bis zu dieser Klippe mit Geschick gesteuert hatte, legte sich unmittelbar vor der Tagung auf das Krankenbett, das ihm leider nur zu bald zum Sterbebette ward, und so fehlte dem Verband in kritischster Stunde seine bewährte Führerhand. An seiner Stelle übernahm im letzten Augenblick der zweite Vorsitzende, Freund-München (der Verfasser dieser Arbeit), die Leitung der Aschaffenburger Verhandlungen, die zu einem Markstein in der Geschichte des Verbandes werden sollten. Es war keine erfreuliche und aussichtsreiche Situation, die er in Aschaffenburg beim Zusammentritt der Ausschüsse vorfand. Wie stark die Gegensätze inzwischen geworden waren, erhellt schon aus dem Umstande, daß seitens des Verbandes der Rheinisch-Westfälischen Presse, der von seiner vor einem halben Jahre noch heftig für die Gewerkschaft begeisterten Haltung seitdem ganz bedeutend abgekommen war, den von den Ausschüssen gemachten letzten Satzungsvorschlägen ein Gegenentwurf gegenübergestellt wurde. Gleich bei Beginn der Ausschußverhandlungen zeigte sich, daß der ganze Reichsverband in drei Lager gespalten war: eines der radikalen Gewerkschaftsvertreter, eines der Gegner und eines derjenigen, die einen vermittelnden Standpunkt einnahmen. Es zeigte sich auch, daß auf dem Wege des Debattierens die Gegensätze nicht ausgeglichen, sondern nur verschärft werden konnten. Der Vorsitzende Freund lud deshalb die führenden Vertreter der sich bekämpfenden Richtungen (Rheinland-Westfalen, Sachsen und Hamburg; die Berliner waren noch nicht angekommen) zu einer Sonderbesprechung ein, und in dieser gelang es ihm, nach mehrstündigem Bemühen ein Kompromiß zustande zu bringen, das dann die Ausschüsse und der Vorstand akzeptierten und der Delegiertenversammlung als ihren Vorschlag unterbreiteten. Der Vorsitzende hatte in der Besprechung den sehr hartnäckig an ihren Forderungen festhaltenden Parteien eindringlichst vorgestellt, daß sie damit die Organisation selbst gefährdeten, daß der Reichsverband jetzt entweder endgültig gesichert oder aber gesprengt werden würde. Der Hinweis auf die daraus entspringende schwere Verantwortung wirkte. Man fand sich nun auf der Linie zusammen, daß der Verband zwar nicht ausdrücklich als Gewerkschaft im Statut bezeichnet werden sollte, daß es aber den Unterverbänden freistehen müsse, das zu halten, wie sie wollten, daß ferner dem Reichsverbands-statut im übrigen der gewerkschaftliche Charakter gewahrt werden solle, und daß endlich und vor allem Einmütigkeit darüber herrsche, der Reichsverband müsse künftig gewerkschaftlich arbeiten. In den zweitätigen Verhandlungen des Plenums der Delegiertenversammlung platzten zwar die Geister noch einmal ziemlich heftig aufeinander, wie das zur vertraulichen Verwendung erstellte 70 Maschinenschrift-Folioseiten starke Protokoll ausweist, aber schließlich begegnete man sich doch auf dem einzig möglichen Wege, den das von Vorstand und Ausschüssen empfohlene Kompromiß wies. Auch die Praxis hat inzwischen mit absoluter Deutlichkeit dargetan, daß man in Aschaffenburg den richtigen Weg eingeschlagen hat. Die grundlegenden Paragraphen des Aschaffenburger Statuts mögen ihrer Bedeutung halber hier Platz finden:

Name, Sitz und Zweck des Verbandes.

§ 1.

Der Reichsverband der Deutschen Presse ist die Berufsorganisation der deutschen Journalisten. Er hat seinen Sitz in Berlin.

§ 2.

Das Recht und die Pflicht, Mitglied des Verbandes zu sein, hat:

1. jede in der deutschen Presse, einschließlich der Nachrichtenbureaus und Preßkorrespondenzen, hauptberuflich als Journalist (Redakteur oder ständiger Mitarbeiter) tätige Person, es sei denn, daß von ihr Interessen vertreten werden, die den Zwecken des Reichsverbandes entgegenstehen;

2. ehemalige Journalisten, wenn sie mindestens 10 Jahre im Hauptberufe an der deutschen Presse tätig waren, unter der gleichen Voraussetzung wie bei 1.

Wechselt ein Mitglied seinen Beruf, oder übernimmt es zu seiner journalistischen Tätigkeit noch eine andere, so hat der Landes- oder Bezirksverband, in dessen Gebiet es seinen Wohnsitz hat, zu entscheiden, ob es ferner Mitglied des Reichsverbandes bleiben kann.

Verlagsbeamte sind nur dann aufnahmefähig, wenn sie dem redaktionellen Betrieb angehören und aus dem Redakteurberuf hervorgegangen sind. Die Entscheidung über das Verbleiben von Redakteuren, die gleichzeitig als Verleger tätig sind, fällt den einzelnen Bezirksverbänden zu. Kein Mitglied des Reichsverbandes kann gleichzeitig einer Verlegerorganisation angehören.

§ 3.

Der Reichsverband der Deutschen Presse bezweckt den Schutz und die Förderung der geistigen, gesellschaftlichen und wirtschaftlichen Interessen des deutschen Journalistenberufes.

Dieser Zweck soll hauptsächlich erreicht werden:

1. durch einheitlichen Zusammenschluß der Berufsgenossen zu gemeinsamem Handeln und zur Solidarität;

2. durch tatkräftige Vertretung der beruflichen, der öffentlichrechtlichen wie privatrechtlichen Interessen des Journalistenstandes innerhalb der Zeitungsbetriebe, in der Öffentlichkeit, in der Gesetzgebung und Verwaltung, insbesondere durch Forderung eines neuen deutschen Presserechtes, durch Abwehr aller Angriffe auf die Pressefreiheit und überhaupt aller Versuche und Bestrebungen, die Presse an der Erfüllung ihrer öffentlichen Aufgaben zu verhindern und zu beschränken;

3. durch Schaffung schieds- und ehrengerichtlicher Einrichtungen bei den Landes- und Bezirksverbänden und einer obersten schieds- und ehrengerichtlichen Instanz am Sitz des Reichsverbandes;

4. durch körperschaftlichen Abschluß von Tarifverträgen über Arbeits- und Einkommensverhältnisse unter Berücksichtigung von Fachgruppen und durch Herbeiführung einer ausreichenden Sicherstellung für Alter, Invalidität und Beschäftigung im Beruf;

5. durch Betriebsausschüsse der Redakteure und Mitarbeiter oder durch andere Einrichtungen zur Wahrung der Berufs- und Standesinteressen in den einzelnen Betrieben;

6. durch Gewährung unentgeltlichen Rechtsschutzes nach Maßgabe der Satzung der Rechtsschutzstelle;

7. durch Unterstützung Stellen- und Erwerbsloser, insbesondere solcher Mitglieder, die wegen ihrer Mitgliedschaft im Reichsverband oder durch Befolgung satzungsgemäßer Beschlüsse des Reichsverbandes stellen- und erwerbslos werden oder aus sonstigen Gründen unverschuldet in Not geraten;

8. durch Regelung des Stellen- und Arbeitsnachweises;

9. durch Pflege der Berufsstatistik;

10. durch Herausgabe einer wöchentlich erscheinenden Zeitschrift, die nicht nur die Interessen der Mitglieder und der Organisation ver-

treten soll, sondern die auch die Entwicklung des Pressewesens in Deutschland und dem Auslande fachwissenschaftlich zu verfolgen hat.

11. Zur Erreichung eines für den Reichsverband und seine Mitglieder wichtigen Zweckes oder zur Durchsetzung einer wichtigen Forderung kann der Reichsverband von Fall zu Fall mit anderen Organisationen gemeinsam beraten und handeln. Hierzu bedarf es der Zustimmung von Landesverbänden, die in ihrer Gesamtheit mindestens zwei Drittel der Mitglieder des Reichsverbandes vertreten.

Gliederung des Verbandes.

§ 4.

1. Der Reichsverband der Deutschen Presse umfaßt Landes- oder Bezirksverbände und Einzelmitglieder.

2. Die Abgrenzung der Landes- oder Bezirksverbände wird durch den Hauptvorstand im Einvernehmen mit den beteiligten Unterorganisationen vorgenommen. Gegen seine Entscheidung ist die Anrufung der Vertreterversammlung zulässig.

3. Den Landes- oder Bezirksverbänden gehören alle in ihren Gebieten wohnenden Mitglieder des Reichsverbandes an.

4. Wo ein Landes- oder Bezirksverband noch nicht besteht, kann ein Einzelverein dem Reichsverband unmittelbar angeschlossen werden. Wird in einem solchen Bezirk ein zweiter Verein begründet, so haben sich die beiden Vereine zu einem Landes- oder Bezirksverband zusammenzuschließen.

5. Aus Gebieten, wo kein Bezirks- oder Landesverband besteht, können Einzelmitglieder unmittelbar in den Reichsverband aufgenommen werden. Nach Gründung eines Unterverbandes sind sie diesem zuzuweisen.

Beiträge.

§ 7.

1. Der Beitrag wird durch die Vertreterversammlung festgesetzt. Bis auf weiteres werden drei Beitragsklassen gebildet, und zwar:

I. Klasse: Gehalt oder Berufseinkommen bis 6000 Mk. (Beitrag 4 Mk. monatlich);

II. Klasse: Gehalt oder Berufseinkommen bis 10 000 Mk. (Beitrag 6 Mk. monatlich);

III. Klasse: Gehalt oder Berufseinkommen über 10 000 Mk. (Beitrag 10 Mk. monatlich).

2. Der freiwillige Übertritt in eine höhere Beitragsklasse ist zulässig.

3. Bei nachweisbarer Erwerbslosigkeit oder Krankheit (soweit während dieser Zeit die Gehaltsbezüge aufhören) sind Beiträge nicht zu leisten.

4. Mitglieder, die durch Alter oder Invalidität erwerbsunfähig geworden sind, sind von der Beitragspflicht befreit und gelten als steuerfreie Mitglieder.

5. Die Unterorganisationen haften dem Reichsverband für den Eingang der Beiträge. Diese sind alle Vierteljahre mit einer genauen Abrechnung an die Kassenstelle des Reichsverbandes abzuführen. Unterorganisationen, die mit der Zahlung und Abrechnung länger als ein Vierteljahr im Rückstand sind, verlieren das Anrecht auf eine Vertretung im Vorstand und in der Vertreterversammlung für das laufende Geschäftsjahr.

6. Zwanzig vom Hundert der Beitragssumme verbleiben den Landes- oder Bezirksverbänden zur Erfüllung ihrer satzungsmäßigen Aufgaben. Außerdem sind die Landes- oder Bezirksverbände, die selbständigen Ortsvereine und die Bezirksvereine berechtigt, Zuschläge zu den Reichsverbandsbeiträgen zu erheben."

Die Beitragsskala wurde seitdem noch mehrfach geändert und den durch die Tarifverträge und ihre Mindesteinkommenssätze gesteigerten Gehältern angepaßt. Auf der letzten Tagung in Hamburg, Juli 1921, wurde folgende Skala beschlossen:

bis	6 000 Mk.	monatl.	4,00 Mk.	bis	21 000 Mk.	monatl.	15,00 Mk.
„	10 000 „	„	6,00 „	„	24 000 „	„	17,50 „
„	15 000 „	„	10,00 „	„	30 000 „	„	20,00 „
„	18 000 „	„	12,50 „	über	30 000 „	„	30,00 „

Auch ein anderer Verteilungsschlüssel wurde eingeführt, da sich herausgestellt hatte, daß die Unterverbände mit dem geringen Satz von 20 vom Hundert den ihnen obliegenden Aufgaben (namentlich die sich häufenden Tarifverhandlungen nahmen die Kassen der Unterverbände stark in Anspruch) nicht gerecht werden konnten, und da andererseits durch den Ausbau der Skala nach oben dem Reichsverband erhebliche Mittel zuflossen und eine Berücksichtigung der Bedürfnisse der Unterverbände daher wohl möglich erschien. Der Kölner Verbandstag 1920 sprach daher den Unterverbänden einen Satz von 30 vom Hundert der Beiträge zu.

IV. Die Unterverbände.

Der Reichsverband hätte das, was er in den zehn Jahren seines Bestehens geleistet hat, nicht leisten können ohne seine Unterverbände. Sie stellen das Rädergetriebe der Maschine dar, die die Arbeit leistet, während die Zentrale das Steuer handhabt. Die Organisation nach Landes- und größeren Bezirksverbänden ist heute, wenn auch noch nicht völlig lückenlos, so doch fast über das ganze Deutsche Reich durchgeführt, und man geht bereits mit dem Gedanken um, auch den Anschluß der deutsch-österreichischen Kollegen herbeizuführen. Der weitere Ausbau der Organisation nach Orts- und kleineren Bezirks- und Gauvereinen läßt noch zu wünschen übrig, namentlich dort, wo infolge wenig dichter Bevölkerung und mangels größerer Stärke die Berufsangehörigen sehr zerstreut leben und wirken müssen.

Im ersten Vierteljahr nach seiner Gründung setzte sich der Reichsverband der Deutschen Presse aus einem Dutzend Unterverbänden zusammen, nämlich dem Bezirksverband Berlin-Brandenburg, dem Verband der Rheinisch-Westfälischen Presse, dem Verein der Niedersächsischen Presse, dem Frankfurter Journalisten- und Schriftstellerverein, dem Landesverband der Bayerischen Presse, dem Landesverband sächsischer Redakteure und Berufsschriftsteller, dem Württembergischen Journalisten- und Schriftstellerverein und dem Verein Württembergische Presse, dem Landesverband badischer Redakteure, dem Verein Thüringer Presse, dem Verband der Presse in Mecklenburg, Vorpommern und Lübeck und der Ortsgruppe Hamburg. Der Bezirksverband Berlin-Brandenburg, der noch im Dezember 1910 sich konstituierte, setzte sich aus folgenden Vereinen zusammen: Verein Berliner Presse, Berliner Journalisten- und Schriftstellerverein (Urheberschutz), Verein Berliner Journalisten, Redakteurverein Berlin-Brandenburg, Berliner Schriftstellerklub, Ortsgruppe Berlin des Augustinusvereins. Neben diesen Vereinen war die Gruppe der Einzelmitglieder zunächst ziemlich schwach, wuchs aber später ganz bedeutend an und macht heute etwa die Hälfte der 700 Mitglieder des Verbandes aus, mit denen Berlin jetzt die stärkste Unterorganisation des Reichsverbandes darstellt, obwohl inzwischen die Provinz Brandenburg von Berlin sich getrennt und einen eigenen Bezirksverband gebildet hat. Berlin hat auch den stärksten Ortsverein, den Verein Berliner Presse mit etwa 250 Mitgliedern des Reichsverbandes. Der Bezirksverband Berlin als solcher ist finanziell noch schwach, da das Schwergewicht in dieser Hinsicht bei den Vereinen liegt. Eine der letzten Bezirksversammlungen hat aber beschlossen, dem Verband eine Unterstützungskasse zu schaffen, und eine Kommission ist an der Arbeit, eine Satzung dafür auszuarbeiten. Ferner ist ein Dispositionsfonds des Vorstandes geschaffen worden. Auch erhebt der Verband einen Bezirkszuschlag von 25 Prozent, und die Finanzen fangen an sich zu bessern.

Der Verband der Rheinisch-Westfälischen Presse wurde schon im Jahre 1904 gegründet und bildete einen der starken Eckpfeiler, auf die der Reichsverband bei seinem Entstehen sich stützen konnte. Jetzt ist er mit seinen 450 Mitgliedern der zweitstärkste Verband und hat die Kleinorganisation in Ortsvereinen wohl am besten ausgebildet. Manchen wertvollen Fortschritt dankt der Reichsverband der Initiative seines rheinisch-westfälischen Unterverbandes. Schon vorhanden bei Gründung des Reichsverbandes waren ferner: der Verein der Niedersächsischen Presse, der sich heute auf die Provinz Hannover und die Länder Braunschweig, Oldenburg und Bremen erstreckt, der Frankfurter Journalisten- und Schriftstellerverein, der bis heute ein etwas isoliertes Dasein führt, der Landesverband der Badischen Redakteure und der Württembergische Journalisten- und Schriftstellerverein. In Württemberg waren die Verhältnisse besonders schwierig. Der dort schon seit etwa 10 Jahren bestehende Württembergische Journalisten- und Schriftstellerverein war und ist heute noch ein sogenannter gemischter Verein, dem nicht nur Journalisten und Berufsschriftsteller, sondern auch Verleger und Gelegenheitsschriftsteller in erheblicher Zahl angehören. Kurz vor der Gründung des Reichsverbandes waren in diesem württembergischen Verein Mißhelligkeiten eingetreten, teilweise persönlicher Art, die schließlich zum Austritt einer größeren Zahl von Redakteurmitgliedern führten. So ergab es sich von selbst, daß diese Ausgetretenen, von denen etliche ohnehin schon Mitglieder des Bundes der Redakteure waren, sich alsbald zu einer Unterorganisation des Reichsverbandes der deutschen Presse zusammenschlossen als Verein Württembergische Presse (Unterorganisation des Reichsverbandes der Deutschen Presse). Eine Zeitlang gehörten nun beide Vereine dem Reichsverband an; bald aber mußte der Journalisten- und Schriftstellerverein ausscheiden, da er sich der Satzungsbestimmung über den Zusammenschluß der beiden Vereine zu einem Landesverband nicht fügen wollte. Von seiten des Vereins

Württembergische Presse ist stets darauf hingearbeitet worden, die Gegensätze in Württemberg allmählich zu überwinden, und das ist dann im Jahre 1914 so weit gelungen, daß kurz vor dem Kriege eine Vereinbarung über ein freundschaftliches Verhältnis und ein Zusammenarbeiten in gemeinsamen Berufsangelegenheiten beschlossen wurde. Nach dem Kriege ist dieses Abkommen durchgesehen und noch vertieft worden. Nach außen handeln die beiden Vereine in allen Fällen gemeinsam; auch haben sie gemeinsam und paritätisch einen Ausschuß für wirtschaftliche und soziale Angelegenheiten gebildet, der insbesondere auch die Tarifverhandlungen mit den Verlegern vorbereitet und führt. Dennoch ist der Zustand selbstverständlich keineswegs befriedigend und hoffentlich auch nicht endgültig. Er ist nebenbei ein Beweis dafür, wie lange unerfreuliche Wirren in der Berufsbewegung nachwirken. Die in Württemberg mit den Verlegern zustande gekommene Arbeitsgemeinschaft, von der noch an anderer Stelle gesprochen wird, hat sich bisher durchaus bewährt. Differenzen sind nicht bekannt geworden, auch nicht in bezug auf die Bestimmungen über die geistigen Fragen. Man darf also wohl folgern, daß sie in dem Verhältnis zwischen Redakteur und Verleger sachlich ungefähr die rechte Mittellinie getroffen haben.

Der sächsische und der bayrische Landesverband entstanden alsbald nach der Gründung des Reichsverbandes. Der sächsische ist neben dem rheinisch-westfälischen der am besten durchorganisierte. Er ist in sechs Bezirksvereine gegliedert und umfaßt nahezu restlos alle Berufsangehörigen im Gebiet des ehemaligen Königreichs Sachsen. Der Verband, der seinen Namen in „Landesverband der Sächsischen Presse“ umänderte, gilt heute bei sämtlichen Behörden Sachsens als die einzig zuständige Vertretung der Presse; sein erster Vorsitzender sitzt im Beirat der Staatskanzlei des sächsischen Gesamtministeriums, und vom Ministerium des Innern wurden dem Landesverband die Rechte einer juristischen Person verliehen. Streng hat der Landesverband der Sächsischen Presse über die Reinhaltung des Berufes gewacht, eine Aufgabe, deren gewissenhafte Erfüllung heute mit der steigenden Gefahr der Korruption wichtiger und bedeutungsvoller denn je ist. Die in allen Bezirksvereinen vorhandenen Ehrengerichte haben vereinzelte Schädlinge rücksichtslos aus der Organisation entfernt. Zur Hilfe in wirtschaftlichen Notfällen stehen dem sächsischen Landesverbande eine Sterbekasse und eine Unterstützungskasse zur Verfügung, die allein in der Kriegszeit über 60 000 Mark an Familien im Felde befindlicher Journalisten auszahlte. In absehbarer Zeit hofft der Verband auch, in dem bekannten Luftkurort Oybin ein Erholungsheim für seine Mitglieder errichten zu können, für welchen Zweck die Erträgnisse zweier vom Staat hierfür genehmigter Geldlotterien bereitliegen. Die Stadt Zittau stiftete dazu einen herrlichen Waldbauplatz in der Größe von 6000 Quadratmetern.

Der Landesverband der Bayerischen Presse, der im Februar 1911 in München gegründet wurde, war in seiner Entwicklung zeitweilig dadurch behindert, daß die Kollegen der Zentrumspresse, die eine Sonderorganisation im Augustinusverein der katholischen Presse besaßen und noch besitzen, sich vom Verband fernhielten. Nach längeren Bemühungen gelang es im Jahre 1918, diesen unerfreulichen Zustand zu beseitigen. Heute sind die Berufsgenossen jeder politischen Richtung, mit Ausnahme der alleräußersten Linken, im Verband zusammengeschlossen und arbeiten in Eintracht und mit Eifer gemeinsam an der Förderung ihrer Standesinteressen. Der Ausbau der Organisation im Lande hat sich in Bayern, den hier besonders gearteten Verhältnissen entsprechend, als sehr schwierig erwiesen. Die Einzelmitgliedschaft ist in der Provinz das Vorherrschende. Der bayerische Landesverband erstreckt sich übrigens nur auf das rechtsrheinische Bayern. Mit der Pfalz haben einmal während des Krieges Verhandlungen wegen des Anschlusses der dortigen Kollegen stattgefunden, die aber infolge des anscheinend geringen Interesses der Pfälzer über das einleitende Stadium nicht hinausgediehen. Seit 1920 sind die Pfälzer an den Landesverband badischer Redakteure angeschlossen, der sich seitdem Verband der Südwestdeutschen Presse nennt. Der Landesverband der Bayerischen Presse hat gegen diese Sezession der Pfälzer, die eigentlich statutenwidrig ist, keinen Einspruch erhoben, weil er angesichts der geographischen Lage dieses bayerischen Gebietsteiles und der gegenwärtigen Verhältnisse es wohl verstehen kann, wenn die Pfälzer bei ihren nächsten Nachbarn Anschluß suchen. Materiell haben sich übrigens die Pfälzer durch ihr Vorgehen selbst geschädigt, da sie mit dem bayerischen Tarifvertrag weit besser gefahren wären als mit den tarifartigen Vereinbarungen, welche der Südwestdeutsche Verband mit den Verlegern seines Gebietes übrigens erst sehr spät abzuschließen vermochte. Der Südwestdeutsche Verband hat auch schon den Versuch gemacht, sich den ihm benachbarten Landesverein hessischer Zeitungsredakteure anzugliedern, und es sind darüber bereits Verhandlungen geführt worden, bis jetzt allerdings ohne Erfolg.

Wenig konsolidiert sind die Verhältnisse in der Provinz Hessen-Nassau. Neben dem in der Hauptsache auf den Stadtbezirk von Frankfurt am Main beschränkten Frankfurter Journalisten- und Schriftstellerverein war dort vorübergehend noch ein Verein Wiesbadener Presse dem Reichsverband direkt angeschlossen. Neuerdings hat sich ein kurhessischer Presseverband mit dem Sitz in Kassel gebildet, dem es hoffentlich mit der Zeit gelingen wird, den im höchsten Grade wünschenswerten einheitlichen Zusammenschluß in dieser Provinz herbeizuführen. Der Verein Thüringer Presse ist später aufgegangen in dem größeren Verband Sachsen-Anhalt-Thüringen, der neben Thüringen und Anhalt das Gebiet der preußischen Provinz Sachsen umfaßt und seinen Sitz in Magdeburg hat. Der Thüringer Verein besteht als Unterorganisation dieses Verbandes weiter. In Schlesien wollte die Sache des Reichsverbandes lange Zeit nicht recht vorwärts kommen. Der schlesische Journalisten- und Schriftstellerverein schied nach kurzer Mitgliedschaft wieder aus dem Verbande aus, und es dauerte dann geraume Weile, bis unsere Organisation dort wieder Fuß fassen und den Verband der Schlesischen Presse begründen konnte. Neuerdings hat sich dieser recht gut entwickelt. In Berücksichtigung der besonderen politischen Verhältnisse mußte in neuester Zeit die Zustimmung zur Bildung eines besonderen Verbandes der Oberschlesischen Presse gegeben werden. In unerfreulicher Lage und stark auf sich allein gestellt ist durch die Gebietsabtrennungen des Versailler Vertrages unser ostpreußischer Verband, der aber nichtsdestoweniger wacker bei der Stange geblieben ist und es nicht an eifriger Mitarbeit fehlen läßt. Zu den bald nach Gründung des Reichsverbandes ins Leben getretenen Unterverbänden gehört auch der Bezirksverband Pommern mit dem Sitz in Stettin. Sein Nachbar ist der Landesverband Mecklenburg, der früher Verband der Presse in Mecklenburg, Vorpommern und Lübeck firmierte. Lübeck schloß sich vor einiger Zeit mit dem aus der Gemeinschaft mit Hamburg ausgeschiedenen Schleswig-Holstein zu einem Landesverband Schleswig-Holstein-Lübeck zusammen. Aus der Ortsgruppe Hamburg hat sich nach verschiedenen Wandlungen und der Auflösung der Verbindung mit Schleswig-Holstein ein Landesverband Groß-Hamburg herauskristallisiert.

V. Tarifverträge und Arbeitsgemeinschaft.

Noch bevor in Aschaffenburg der Wendepunkt in der organisatorischen Entwicklung des Reichsverbandes eintrat, hatte sich der gewerkschaftliche Gedanke praktisch bereits Geltung im Beruf verschafft insofern, als verschiedene Unterorganisationen schon in der ersten Hälfte des Jahres 1919 den Abschluß von Tarifverträgen hatten betätigen können. Man könnte also, wenn man wollte, sagen, daß die Aschaffenburger Beschlüsse nur einen tatsächlich bereits eingetretenen Zustand statutarisch festlegten und sanktionierten. Der Gewerkschafts- und Tarifvertragsgedanke ist ja auch im deutschen Journalismus nicht etwa erst durch die Revolution von 1918 lebendig geworden, sondern hat durch sie nur den letzten entscheidenden Impuls erhalten. Ich selbst habe darüber in den „Mitteilungen des Landesverbandes der Bayerischen Presse" vom 1. Juli 1919 geschrieben:

„Es mag nicht ganz belanglos sein, hier die Tatsache festzustellen, daß der Reichsverband seine Umwandlung in eine Gewerkschaft schon zu einer Zeit ernsthaft in Betracht gezogen und in Angriff genommen hat, als noch niemand an Revolution dachte. Das Streben nach gewerkschaftlicher Organisation ist also bei den Geistesarbeitern der deutschen Presse nicht etwa erst durch die Revolution erzeugt worden. Die Ereignisse seit dem November 1918 haben uns nur gewissermaßen bestätigt, daß wir mit diesem Streben auf dem rechten Wege waren, und haben vielleicht dazu beigetragen, das Tempo der Verwirklichung zu beschleunigen.

Mit dem Gedanken der Gewerkschaft ist auch der des Tarifvertrages bei den geistigen Arbeitern der deutschen Presse lebendig geworden. Und wie sich unsere bayerische Berufsorganisation das Verdienst zuschreiben darf, für den Gewerkschaftsgedanken bahnbrechend gewirkt zu haben, so ist sie bzw. ihre Münchener Lokalorganisation auch beispielgebend mit dem Abschluß der ersten Tarifverträge vorangegangen. Bei der ungeheueren Verschiedenheit der Verhältnisse der Geistesarbeiter der deutschen Presse in den einzelnen Gegenden ist natürlich das Ideal eines einheitlichen Tarifvertrages für ganz Deutschland oder auch nur für Bayern nicht im Handumdrehen zu verwirklichen. Es wird sich vielmehr empfehlen, zunächst den Weg lokaler und bezirksweiser Abmachungen zu beschreiten und aus diesen dann später, wenn sie einmal hinreichende Ausdehnung über Land und Reich gefunden haben, ein einheitliches Tarifwerk zu erstellen, das selbstverständlich durch Schaffung von Klassen und Abstufungen der Verschiedenheit der Verhältnisse billige Rechnung tragen müßte. Wie bald das geschehen kann, hängt zu einem guten Teil von den Kollegen selbst und von dem Eifer ab, mit dem sie in ihrem engeren Kreise die Angelegenheit betreiben."

Da es sich bei den hier erwähnten Münchener Verträgen um die ersten von deutschen Journalisten überhaupt abgeschlossenen Tarifverträge handelt, so seien sie im Wortlaut hier wiedergegeben. Die Verträge wurden vereinbart zwischen dem Verein Münchener Berufsjournalisten (Ortsverein des Landesverbandes der Bayerischen Presse) und dem früher schon genannten Schutzverband der Münchener Presse als Verlegerorganisation, formell aber auf der Verlegerseite von jedem Verlag einzeln gezeichnet.

1. Mitarbeiter-Vertrag

abgeschlossen zwischen dem

Verlag ....

und den

ständigen freien Mitarbeitern ....

am Montag, den 7. April 1919.

Die Entschädigung der Mitarbeiter regelt sich auf Grund dieses Vertrages, der bis zum 31. März 1920 Geltung hat, folgendermaßen:

1.

50% Zuschlag zu den jetzt bestehenden Sätzen der Zeilenhonorare. Mindestzeilenhonorar 15 Pf. Bei einem ab 1. April 1919 bestehenden Zeilenhonorar von 20 Pf. ab erfolgt die Erhöhung auf Grund einer Vereinbarung des betreffenden Mitarbeiters mit dem Verlag.

2.

Für Notizen ist ein Mindestsatz von 2 Mk. zu bezahlen, für Notizen von besonderer Bedeutung ein solcher von 6 Mk. Was Notizen von besonderer Bedeutung sind, beurteilt die Redaktion im Benehmen mit dem betreffenden Mitarbeiter. Der Mindestsatz für Anschlagnotizen beträgt 20 Mk.

3.

Für Versammlungen am Tage (vormittags oder nachmittags) wird eine Pauschale von 10 Mk., für Abendversammlungen (ab 6 Uhr abends) ein solches von 15 Mk. festgesetzt. Wird das Pauschale durch das Zeilenhonorar überschritten, so ist letzteres zu bezahlen.

4.

Der Mindestsatz für Recherchen außer dem Hause beträgt 5 Mk.

kann eine Recherche telephonisch erledigt werden, so kommt hierfür der Mindestnotizsatz von 2 Mk. in Betracht. Die Bezahlung ist nicht abhängig von der Veröffentlichung der Recherche.

5.

Bei auswärtiger Berichterstattung sind zu bezahlen: der tarifmäßige Satz, Ersatz der Fahrt und Auslagen und außerdem ein Zuschlag von 10 Mk. für einen halben Tag und 20 Mk. für einen ganzen Tag.

6.

Bei Aufträgen für Sonn- und Feiertage sowie für alle an Sonn- und Feiertage gebundenen Arbeiten ist ein Zuschlag von 50 % auf die tarifmäßigen Sätze zu bezahlen. Die auswärtige Berichterstattung wird von dieser Vertragsbestimmung nicht berührt.

7.

Das monatlich fixierte Honorar ist um 40 % und bei besonders niederen Honorarsätzen um 50 % zu erhöhen. Bei monatlich fixierten Pauschalen, die seit dem Jahre 1917 nicht mehr aufgebessert wurden, soll die im Tarif vorgesehene Erhöhung Platz greifen. Bei vertraglich besonders hoch gelegten Pauschalen erfolgt eine Erhöhung nach Vereinbarung mit dem Verlag. Für die Gerichtssaal-Berichterstattung soll vorbehaltlich einer späteren endgültigen Regelung ein ausreichendes Fixum bezahlt werden.

8.

Nach zweijähriger Beschäftigung ist ein Urlaub von 2 Wochen, nach 3 Jahren ein solcher von 3 Wochen und nach 4 Jahren ein solcher von 4 Wochen unter Bezahlung des durchschnittlichen Monatseinkommens des abgelaufenen Jahres zu gewähren. Die einmal erreichte Höchstdauer an Urlaub wird durch einen Übertritt des Mitarbeiters in eine andere Zeitung am Ort nicht berührt. Kriegsdienst wird nicht als Unterbrechung gerechnet.

9.

Allen ständigen freien Mitarbeitern hat der Verlag eine Straßenbahnnetzkarte zu stellen. Solchen Mitarbeitern, auf deren Erreichung von den Redaktionen besonderes Gewicht gelegt wird, bezahlt der Verlag das Telephon.

10.

Bei Kopfblättern sind für Beiträge, die aus dem Hauptblatt entnommen werden, 50 % der tarifmäßigen Sätze zu bezahlen.

11.

Außergewöhnliche Auslagen sind dem Mitarbeiter zu ersetzen.

12.

Den Vertragsschließenden steht gegenseitig das Recht einer dreimonatlichen Kündigung jeweils am 1. eines Kalendervierteljahres zu.

13.

Vereinbarungen, die eine Besserstellung gegenüber den neuen tariflichen Abmachungen darstellen, werden durch den gegenwärtigen Vertrag nicht berührt.

14.

Der Vertrag wird abgeschlossen zwischen dem Verlag . . . . und den Mitarbeitern.

Der Vertrag tritt rückwirkend ab 1. April 1919 in Kraft und gilt bis zum 31. März 1920. Die Überwachung obliegt für die Verlage dem Schutzverband der Münchner Presse und für die Mitarbeiter dem Verein Münchner Berufsjournalisten.

15.

Als Zusatzbestimmung wird noch folgendes beschlossen: Den seit 3 Jahren beschäftigten Mitarbeitern ist ein einmaliger Entschuldungsbeitrag von 800 Mk. für Verheiratete und von 500 Mk. für Ledige zu gewähren. Geleistete Kriegsdienstzeit gilt als im Beruf zugebrachte Arbeitszeit.

Der Begriff ständiger freier Mitarbeiter wird folgendermaßen erläutert: Als ständiger freier Mitarbeiter sind von jeder Zeitung nur jene vertragsmäßig gebundenen, außerhalb der Redaktion beschäftigten Mitarbeiter anzusehen, die ausschließlich für diese Zeitung am Ort verpflichtet sind.

2. Schriftleiter-Vertrag

abgeschlossen zwischen dem

Verlag der ....

und dem

Verein Münchener Berufsjournalisten.

1.

Für die Schriftleiter der Münchner Tageszeitungen wird ein monatliches Mindesteinkommen von 600 Mk. festgelegt. Denjenigen Schriftleitern, die am 1. Januar 1919 ein Gehalt von mehr als 300 Mk. bezogen, wird dasselbe um monatlich 300 Mk. erhöht. Gehälter, die seit dem 1. Oktober 1918 Aufbesserungen um mindestens 100 Mk. im Monat erfahren haben, bekommen nur einen monatlichen Zuschlag von 200 Mk. Bei Gehältern von 12 000 Mk. an sind besondere Vereinbarungen über die Höhe des zu gewährenden Zuschlages vorbehalten. Schriftleiter, die seit Kriegsausbruch keine Gehaltserhöhung und keine Teuerungszulage erhalten haben, erhalten einen einmaligen Entschuldungsbeitrag von 800 Mk. für Verheiratete, von 500 Mk. für Ledige.

Hilfsschriftleiter in dauernder Stellung haben Anspruch auf ein Mindestgehalt von 500 Mk. Denjenigen Hilfsschriftleitern in dauernder Stellung, welche am 1. Oktober 1918 ein Gehalt von mehr als 400 Mk. bezogen, wird dieses um 100 Mk. im Monat erhöht. Wer Hilfsschriftleiter in dauernder Stellung ist, kann der Verlag nur im Einvernehmen mit der Redaktionskonferenz bestimmen.

Für Kinder wird bis zum vollendeten 18. Lebensjahr ein Zuschlag von je 300 Mk. jährlich bezahlt.

2.

Die Arbeitszeit beträgt wöchentlich 42 Stunden bei dem zu gewährenden dienstfreien Samstag-Nachmittag. Bei denjenigen Zeitungen, die am Samstag abend herauskommen, ist entweder ein freier

Wochenhalbtag oder eine Entschädigung von 20 Mk. zu gewähren. Für verlangten Sonn- und Feiertagsdienst, der in der Regel 5 Stunden nicht überschreiten soll, wird eine Vergütung von 40 Mk. gewährt; außerdem ist in der darauffolgenden Woche ein freier Nachmittag zu gewähren.

Die Arbeitseinteilung bleibt dem Chefredakteur im Einvernehmen mit der Redaktionskonferenz überlassen.

3.

Jedem Schriftleiter und Hilfsschriftleiter in dauernder Stellung ist ein jährlicher Urlaub von einem Monat zu gewähren. Dieser Urlaub kann nicht mit Geld abgelöst werden; den Urlaubsturnus bestimmt die Redaktionskonferenz.

4.

Als Kündigungsfrist wird das Kalendervierteljahr als Minimum festgelegt. Diejenigen Schriftleiter, die ihren Beruf seit 10 Jahren am gleichen Blatt ausüben, haben das Recht auf eine Kündigungsfrist von ½ Jahr, das immer mit Beginn eines Kalendervierteljahres läuft. Im Todesfall bekommen die Hinterbliebenen des Schriftleiters auf 3 Monate (Sterbemonat und 3 Nachmonate) das Gehalt des Verstorbenen.

5.

In Krankheitsfällen wird auf die Dauer von mindestens ½ Jahr das volle Gehalt weitergewährt.

6.

Über die Frage der Pensionsversicherung werden gesonderte Vereinbarungen vorbehalten.

7.

Schon bestehende günstigere Bedingungen werden durch diese Abmachungen nicht beeinträchtigt. Es dürfen auch keine Kündigungen erfolgen, deren Ursachen auf den Abschluß dieses Tarifvertrages zurückzuführen sind. Auch eine Verringerung der normalen Redaktionsbesetzung darf nicht erfolgen.

8.

Bei Differenzen, die über die Auslegung und Anwendung dieser Vertragsbestimmungen entstehen, entscheidet ein Schiedsgericht, das aus zwei vom Verein Münchner Berufsjournalisten oder dessen Rechtsnachfolger zu bestimmenden Redakteuren und zwei vom Schutzverband der Münchner Presse zu bestimmenden Vertretern der Verleger sowie einem von den Vertretern beider Teile zu wählenden unparteiischen Vorsitzenden besteht. Kommt eine Einigung über die Wahl des Vorsitzenden nicht zustande, so ist das Gewerbegericht um Abordnung eines Vorsitzenden zu ersuchen. Die Entscheidungen dieses Schiedsgerichts sind für alle Teile rechtsverbindlich.

9.

Dieser Vertrag tritt am 1. April 1919 in Kraft mit gegenseitiger halbjähriger Kündigungsmöglichkeit bei Beginn eines Kalendervierteljahres.

München, den 8. April 1919.

Der Münchener Mitarbeitertarif ist seitdem wiederholt erneuert und in den Honorarsätzen der fortschreitenden Teuerung angeglichen worden. An die Stelle des Münchener Lokaltarifs für Redakteure trat am 11. Februar 1920 ein in Nürnberg nach zweitägigen schwierigen Verhandlungen mit dem Verein bayerischer Zeitungsverleger abgeschlossener bayerischer Landestarifvertrag, der das Ortsklassensystem des Buchdruckertarifs übernahm und außer den Chefredakteuren großer Blätter drei Kategorien von Redakteuren unterschied. Dieser Landestarifvertrag ist seitdem ebenfalls wiederholt der Teuerung entsprechend in den Gehaltssätzen ergänzt und einmal vollständig erneuert worden. Er ist auch mit allen Nachträgen ebenso wie der Münchener Mitarbeitertarif vom Reichsarbeitsministerium für allgemeinverbindlich erklärt worden. Die Mindestgehälter des bayerischen Landestarifs für Redakteure betragen nach den letzten Vereinbarungen vom 27. Februar 1922 für die Kategorie I (Ressortredakteure und erste Schriftleiter an Blättern mit mindestens zwei weiteren Schriftleitern)

		monatlich Mk.
in Ortsklasse A	(jetzt nach der neuen Reichsortsklasseneinteilung)	. . 5 082,00
„ „ E		. . 3 658,00
für andere Schriftleiter:		
in Ortsklasse A		. . 4 315,00
„ „ E		. . 2 926,00
für Hilfsschriftleiter:		
in Ortsklasse A		. . 3 579,00
„ „ E		. . 2 926,00

Die Mindestgehälter der übrigen Ortsklassen bewegen sich zwischen den hier angegebenen obersten und untersten Grenzen. Der erste ein größeres Gebiet umfassender Tarif, der zustande kam, war übrigens der sächsische Landestarif, der in seinem Aufbau wie auch andere später geschlossene Tarife, beispielsweise der Berliner und der rheinisch-westfälische, von dem bayerischen erheblich abweicht. Diese Tarife arbeiten meist mit Dienstalterszulagen, Kinderzulagen und dergleichen vom sozialen Standpunkt aus an sich zu begrüßenden Einrichtungen. In Bayern ist man dagegen von dem Bestreben ausgegangen, möglichst hohe Mindestsätze im allgemeinen zu erzielen und daneben darauf hinzuarbeiten, daß wenigstens bei den größeren Verlagen (wie es zum Beispiel in München der Fall ist) Bezahlung der Mindestgehälter die Ausnahme, Bezahlung über Tarif dagegen die Regel ist. Dienstalters- und Kinderzulagen, so schön sie gedacht sind und so angenehm sie wirken, bergen nämlich auf der anderen Seite für ältere oder mit Kindern reich gesegnete Kollegen unverkennbar gewisse Gefahren in sich, die eine noch junge und nicht genügend in sich gefestigte und fundierte, auch von Natur auf schmaler Basis ruhende Organisation wie die unsere nicht immer erfolgreich abzuwehren in der Lage ist.

Den besten Tarif hat gegenwärtig der Verband Rheinland-Westfalen, wo sich im April 1922 ein älterer, verheirateter Kollege mit Kindern auf weit über 6000 Mk. monatlich stellte.

Der Aschaffenburger Delegiertentag 1919 hatte in der Tariffrage folgende Entschließung gefaßt:

1. Der Delegiertentag des Reichsverbandes der Deutschen Presse beauftragt seinen geschäftsführenden Ausschuß, mit aller Beschleunigung und Entschiedenheit darauf zu dringen, daß der Arbeitgeberverband des deutschen Zeitungsgewerbes seine Unterverbände auffordert und verpflichtet, mit den Landes- und Bezirksverbänden des Reichsverbandes der deutschen Presse Mindesttarifverträge abzuschließen.

2. Ferner wird der geschäftsführende Ausschuß beauftragt, allgemeine Richtlinien für einen Reichsmindesttarifvertrag aufzustellen.

3. Die Verlegervereine sind aufzufordern, sämtliche journalistischen Gehälter und Honorare dem Vorkriegsstande gegenüber in einer der allgemeinen Preissteigerung und Geldentwertung entsprechenden Weise zu erhöhen.

4. Die Frage der Errichtung einer ständigen Arbeitsgemeinschaft mit den Verlegern ist zu erwägen."

Was den ersten Punkt dieser Entschließung anbelangt, so darf er heute fast im ganzen Deutschen Reiche, einige wenige Gebiete ausgenommen, als erfüllt angesehen werden. In einzelnen Bezirken und Ländern haben sich die Verleger allerdings sehr lange gesperrt und haben ihre geistigen Mitarbeiter in geradezu jammervollen Verhältnissen schmachten lassen, während sie ihren technischen Arbeitern dank deren vorzüglicher Organisation längst eine halbwegs anständige Entlohnung gewähren mußten. Am schlimmsten war es in Pommern, wo heute noch kein anerkannter Tarif existiert, weil der von einem Teil der Verleger mit unserem Bezirksverband abgeschlossene Vertrag von den anderen Verlegern sabotiert wurde, wo Ende 1921 noch Redakteure menschenunmögliche Gehälter von 800 und 900 Mark bezogen und dabei selbstverständlich in schwerster sozialer Not und seelischer Verbitterung dahinlebten. Die Tatsache, daß dergleichen trotz dem Druck der beiderseitigen Organisationen möglich war und ist, läßt unschwer erkennen, in welches Elend der deutsche Journalismus ohne seine Berufsorganisation in dieser Zeit versunken wäre. Es ist auch so noch traurig genug bestellt, und die deutschen Journalisten sind, darüber kann leider kein Zweifel bestehen, ebenso wie ein großer Teil der geistig arbeitenden Menschen überhaupt, Proletarier im vollsten Sinne des Wortes geworden. Drastischer als die längsten Erörterungen zeigt das der Umstand, daß wiederholt bei Tarifverhandlungen für Redakteure um die Anerkennung des Grundsatzes gekämpft werden mußte, daß der Redakteur wenigstens nicht schlechter bezahlt werden solle wie der Handarbeiter im Zeitungsgewerbe. Zeitweise waren in der Tat die Tarifgehälter eines Teiles der Redakteure geringer als die Löhne des Setzer- und Hilfsarbeiterpersonals. Wenn diese Proletarisierung der Geistesarbeiter der deutschen Presse zu einem Dauerzustand werden sollte, so würde daraus eine Gefahr emporwachsen, der intensivstes Augenmerk zuzuwenden das ganze deutsche Volk alle Veranlassung hätte. Gelegenheit dazu wird dem deutschen Volke vielleicht schon in absehbarer Zeit gegeben sein, wenn der Versuch gemacht werden wird, durch ein Journalistengesetz eine Besserung der allgemeinen Lage des deutschen Journalismus herbeizuführen. Ein Entwurf zu einem solchen Gesetze, das nicht nur die ideelle, sondern auch die materielle Stellung des deutschen Journalisten und seine Unabhängigkeit wenigstens bis zu einem gewissen Grade sichern soll, ist längst fertiggestellt. Er lehnt sich zum Teil an das österreichische Journalistengesetz an, geht aber zu einem sehr wesentlichen Teil auch eigene, abweichende Wege. Die Wichtigkeit des Gegenstandes rechtfertigt die Wiedergabe des Entwurfes.

Gesetz, betreffend der Rechtsverhältnisse der Redakteure.

§ 1.

Redakteur im Sinne dieses Gesetzes ist, wer dem Unternehmer (Verleger) einer periodischen Druckschrift vertraglich durch Sammlung, Sichtung, Überarbeitung und Bearbeitung des Stoffes für die Veröffentlichung im redaktionellen Teil oder durch Beiträge eigener Urheberschaft berufsmäßig Dienste höherer Art leistet.

Einem Redakteur gleichzuachten sind solche Mitarbeiter, die vom Verleger für längere Zeit als Vertreter der Zeitung an außerhalb des Erscheinungsortes gelegenen Plätzen des Inlandes oder Auslandes im Hauptberuf beschäftigt werden.

§ 2.

Der Dienstvertrag des Redakteurs bedarf der schriftlichen Form. Er muß Bestimmungen enthalten über Richtung und Aufgabe der Druckschrift, Art und Umfang der Dienstleistung, Höhe der Vergütung und Art der Auszahlung, über die Vertragsdauer, die Kündigungsfrist und die Dauer des jährlichen Urlaubs.

§ 3.

Jeder Redakteur hat ein Recht auf angemessene Beschäftigung im Sinne seines Vertrages. Wird ihm diese nicht gewährt oder entzogen, so kann er das Vertragsverhältnis ohne Kündigung lösen. Der Verleger ist in diesem Falle verpflichtet, das Gehalt bis zum Ablauf der Kündigungsfrist zu zahlen.

§ 4.

Verabredungen zwischen Verlegern oder zwischen Verlegern und Redakteuren, die den Zweck oder den Erfolg haben, die Freizügigkeit eines Redakteurs zu beeinträchtigen oder ihn nach Beendigung des Dienstverhältnisses in der journalistischen Tätigkeit zu beschränken, sind nichtig. Auch die Ausbedingung einer Vertragsstrafe oder einer Sicherheitsleistung für diesen Fall ist nichtig.

§ 5.

Die Kündigungsfrist beträgt für beide Teile mindestens 3 Monate zum Ende eines Kalendervierteljahres, nach Ablauf von 5 Dienstjahren bei dem gleichen Unternehmen mindestens 6 Monate zum Ende eines Kalendervierteljahres. Die Kündigung muß schriftlich ausgesprochen werden, und zwar spätestens am drittletzten Tage des jeweiligen Kalendervierteljahres.

Macht der Verleger gegen einen Redakteur nach 10jähriger Dauer des Dienstverhältnisses vom Kündigungsrecht Gebrauch, ohne daß der Redakteur sich einer wesentlichen Berufsverfehlung schuldig gemacht hat, so hat er dem Redakteur bei Beendigung des Dienstverhältnisses außer den ihm zustehenden vertragsmäßigen Bezügen eine einmalige Entschädigung auszuzahlen, deren Höhe sich daraus ergibt, daß die vertragsmäßigen Bezüge eines Monats mit der Zahl der Dienstjahre über 10 vervielfältigt werden.

§ 6.

In Krankheitsfällen hat der Redakteur Anspruch auf seine vertragsmäßigen Bezüge über den Ablauf der Kündigungsfrist hinaus für 3 Monate, bei mehr als 10 Vertragsdienstjahren für 6 Monate.

Im Falle seines Ablebens haben die gesetzlichen Erben, soweit ihnen der Verstorbene unterhaltungspflichtig war, Anspruch auf Fortzahlung der Bezüge für 3 Monate, nach mindestens 10 Dienstjahren des Verstorbenen im gleichen Verlag für 6 Monate, wobei der Sterbemonat jeweils außer Betracht bleibt.

§ 7.

Dem Redakteur steht ein jährlicher Urlaub von mindestens 4 Wochen bei Fortbezug des Gehalts zu. Die Stellung und Bezahlung eines Vertreters liegt dem Verleger ob.

Krankheitstage und Beurlaubungen aus besonderen Anlässen dürfen auf den jährlichen Urlaub nicht angerechnet werden.

§ 8.

Der Redakteur hat Anspruch auf eine ununterbrochene Ruhezeit von mindestens 24 Stunden in der Woche.

§ 9.

Ist der Redakteur in einer Pensionskasse, einer Witwen- und Waisenkasse, einer Altersversicherungskasse oder in einer Lebensversicherung versichert, so hat der Verleger die Verpflichtung, die Hälfte der jährlich hierfür zu zahlenden Beiträge bis zum Höchstbetrage eines halben Monatsgehalts zu tragen. Sofern der Redakteur der Angestelltenversicherung nicht unterliegt, erhöht sich die Beitragsverpflichtung des Verlegers bis zur Höhe eines ganzen Monatsgehalts.

Die Bestimmungen des Angestelltenversicherungsgesetzes bleiben hiervon unberührt.

§ 10.

Geht die periodische Druckschrift, für die der Redakteur verpflichtet ist, durch Verkauf, Tausch, Schenkung oder irgendwelche Veräußerung an einen anderen Unternehmer über, so kann dieser binnen einem Monat dem Redakteur schriftlich erklären, daß er in dessen Vertrag mit dem vorigen Unternehmer nicht eintreten will.

In diesem Falle ist der Redakteur zu Leistungen nicht mehr verpflichtet, hat aber Anspruch außer auf das für die gesetzliche oder vertragsmäßige Kündigungsfrist vereinbarte Gehalt auf eine Entschädigung, die beträgt bei weniger als 5jähriger Dauer des Dienstverhältnisses ein halbes Jahresgehalt, bei 5—10jähriger Dauer ein Jahresgehalt. Bei längerer Dauer des Vertragsverhältnisses erhöht sich die Entschädigung für jede weiteren vollen 5 Jahre um ein halbes Jahresgehalt.

Tritt der neue Unternehmer in den Vertrag ein, oder hat er innerhalb der Monatsfrist den Eintritt nicht ausdrücklich abgelehnt, so kann er den Vertrag vor Ablauf eines Jahres nach dem Besitzwechsel nicht kündigen.

Seinerseits steht dem Redakteur die Wahl frei, ob er unter dem neuen Verleger sein Vertragsverhältnis fortsetzen will oder nicht. Im letzteren Falle hat er Anspruch auf Fortbezug seines Gehalts für 6 Monate über die vertragsmäßige Kündigungsfrist hinaus.

Für die Zahlung der sich hieraus ergebenden Ansprüche des Redakteurs haften der neue und der frühere Unternehmer als Gesamtschuldner.

§ 11.

Stellt der Verleger das Erscheinen der Druckschrift ein, so hat der Redakteur Anspruch auf die Auszahlung des ihm vertragsmäßig zustehenden Gehalts für die Dauer der Kündigungsfrist.

§ 12.

Ändert der Verleger die im Anstellungsvertrag festgelegte Richtung der Druckschrift, so hat der Redakteur das Recht, binnen 1 Monat, nachdem er von dem Wechsel der Richtung Kenntnis erlangt hat oder den Umständen nach erlangt haben mußte, das Vertragsverhältnis ohne Einhaltung einer Kündigungsfrist aufzulösen.

Der Redakteur hat in diesem Falle Anspruch außer auf das für die gesetzliche oder vertragsmäßige Kündigungsfrist vereinbarte Gehalt auf eine Entschädigung, die beträgt bei weniger als 5jähriger Dauer des Dienstverhältnisses ein halbes Jahresgehalt, bei 5—10jähriger Dauer ein Jahresgehalt. Bei längerer Dauer des Vertragsverhältnisses erhöht sich die Entschädigung für jede weiteren vollen 5 Jahre um ein halbes Jahresgehalt.

§ 12a.

Das Recht beider Teile, den Dienstvertrag aus einem wichtigen Grunde vorzeitig aufzulösen, bleibt bestehen.

§ 13.

Im Rahmen der festgelegten allgemeinen politischen, wirtschaftlichen und kulturellen Richtung der Druckschrift ist die Gestaltung und Vertretung ihres geistigen Inhalts Sache des Redakteurs.

Gegen den ausdrücklichen Willen des Redakteurs darf keine Veröffentlichung im redaktionellen Teil der Zeitung vorgenommen werden.

Eine Druckschrift verantwortlich zeichnen darf nur ein Redakteur, der mindestens 3 Jahre im Beruf ist.

§ 14.

Da die Presse ihrem Wesen nach die Aufgabe und die Pflicht hat, öffentliche Interessen wahrzunehmen, so darf der Redakteur an deren pflichtgemäßer Wahrnehmung nicht gehindert werden.

Wer es unternimmt, den Redakteur zu nötigen, seine Berufspflicht zur Wahrnehmung öffentlicher Interessen zu verletzen, wird mit Geldstrafe bis zu 10 000 Mk. bestraft. Ist die Nötigung vom Verleger ausgegangen, so ist der Redakteur berechtigt, das Vertragsverhältnis ohne Einhaltung einer Kündigungsfrist zu lösen. Der Verleger ist in diesem Falle verpflichtet, dem Redakteur das vereinbarte Gehalt für die ganze Dauer des Vertrags, mindestens aber für 1 Jahr, zu zahlen.

§ 15.

Übt der Verleger zugleich die Tätigkeit eines Redakteurs aus, so finden auf ihn die Bestimmungen dieses Gesetzes über die Rechte und Pflichten des Redakteurs sinngemäß Anwendung.

§ 16.

Als sachverständige Körperschaft zur Begutachtung aller aus diesem Gesetz entspringenden Fragen, insbesondere auch zur Schlichtung von Streitigkeiten über die Auslegung dieses Gesetzes oder über die Auslegung eines zwischen Redakteur und Verleger abgeschlossenen Dienstvertrages, wird bei jedem Oberlandesgericht eine Pressekammer gebildet.

Die Zusammenlegung mehrerer Oberlandesgerichtsbezirke ist zulässig.

Die Pressekammer kann auch zur Schlichtung von anderen Berufsstreitigkeiten oder im Falle von Ehrenkränkungen zwischen einem Redakteur und einem Verleger angerufen werden, wenn die streitenden Parteien hierüber einig sind. In diesem Falle ist die Entscheidung der Pressekammer endgültig und die Anrufung der ordentlichen Gerichte ausgeschlossen.

Die Pressekammer ist ferner zuständig, wenn ein Redakteur angeschuldigt wird, seiner Berufspflicht zur Wahrnehmung öffentlicher Interessen wissentlich zuwidergehandelt oder seine journalistische Tätigkeit für seine persönlichen Interessen oder zu anderen unlauteren Zwecken mißbraucht zu haben. Die Pressekammer kann auf Antrag oder aus eigener Entschließung den Redakteur verwarnen oder vom aktiven und passiven Wahlrecht zur Pressekammer ausschließen oder zeitweilig oder dauernd zur Ausübung seines Berufs für unwürdig erklären. In diesem Falle dürfen an dem Verfahren der Pressekammer nur Redakteurmitglieder teilnehmen.

§ 17.

Die Pressekammer wird alle 2 Jahre neugewählt. Sie besteht aus 6 Mitgliedern und 6 stellvertretenden Mitgliedern, und zwar zu gleichen Teilen aus Redakteuren und Verlegern sowie aus einem Obmann und dessen Stellvertreter. Den Obmann und seinen Stellvertreter ernennt der Oberlandesgerichtspräsident aus den Richtern des Oberlandesgerichts.

Wahlberechtigt sind sämtliche Mitglieder des Arbeitgeberverbandes für das deutsche Zeitungsgewerbe und des Reichsverbandes der Deutschen Presse sowie der mit ihnen zu diesem Zweck verbundenen Organisationen der Verleger und der Redakteure.

Die Wahl ist geheim und unmittelbar.

§ 18.

Die Bestimmungen dieses Gesetzes finden auf alle bei seinem Inkrafttreten bestehenden Dienstverhältnisse der Redakteure Anwendung.

Bestehende Dienstverträge sind mit diesem Gesetz spätestens innerhalb 4 Wochen nach dessen Inkrafttreten in Übereinstimmung zu bringen.

Es bestand ursprünglich und bis vor kurzem die Absicht, daß die zahlreichen im Reichstag sitzenden Berufsgenossen aus allen politischen Parteien den Entwurf in Form eines Initiativantrages dem Parlament unterbreiten sollten. Diese Absicht mußte jetzt, auf ein Jahr wenigstens, vertagt werden, weil inzwischen am 16. Dezember 1922 in Berlin zwischen Vertretern der Verleger (Arbeitgeberverband für das deutsche Zeitungsgewerbe und Verein deutscher Zeitungsverleger) und des Reichsverbandes der Deutschen Presse eine noch der Zustimmung der beiderseitigen Organisationen unterliegende, vorläufig auf ein Jahr laufende Reichsarbeitsgemeinschaft abgeschlossen wurde, die die einstweilige Zurückstellung des Journalistengesetzes zur Voraussetzung hat, und die gewissermaßen einen letzten Versuch darstellt, die unerläßlichsten Forderungen der deutschen Journalisten im Wege gütlicher Vereinbarung mit den Verlegerorganisationen durchzusetzen. Von dieser Reichsarbeitsgemeinschaft wird im nachfolgenden noch ausführlicher die Rede sein. Daß der Gedanke des Journalistengesetzes — offiziell: Gesetz, betreffend die Rechtsverhältnisse der Redakteure — mit der jetzigen Vertagung keineswegs endgültig von der Bildfläche verschwinden wird, darf als sicher angenommen werden. Eigentlich müßten ja auch einsichtige Verleger, die in der Zeitung nicht einzig und allein das gewinnbringende Unternehmen sehen, damit sympathisieren. Der Gedanke ist übrigens staatspolitisch von einer Bedeutung, die ihn weit über eine bloße Berufs- und Standesfrage hinaushebt, die ihn — man darf das ohne Übertreibung sagen — zu einem nationalen Problem macht. Deshalb wäre es eigentlich Sache einer weitschauenden und vorsorgenden Regierung und der hinter ihr stehenden Volksvertretung, von sich aus die Lösung dieses Problems in Angriff zu nehmen. Denn niemand hat ein größeres Interesse daran als der Staat, daß das wichtige Instrument der Presse in den Händen unabhängiger und unbestechlicher Männer sich befindet. Man muß es dem derzeitigen bayerischen Ministerpräsidenten Grafen Lerchenfeld Dank wissen, daß er öffentlich für diesen Gedanken mit Nachdruck sich einsetzte, und kann nur wünschen, daß es ihm gelingen möge, der Überzeugung von der Notwendigkeit eines Journalistengesetzes auch bei der Reichsregierung zum Durchbruch zu verhelfen. Auch der Reichsminister des Innern Dr. Köster hat kürzlich im Reichstage bei Erörterung der Notlage der Presse über den Gedanken eines Journalistengesetzes in einer Weise sich ausgelassen, die eine lebhafte Unterstützung dieses Gedankens durch ihn erhoffen läßt.

Vor allem aus dem Gesichtspunkte heraus, den schwer bedrohten Kollegen in jenen Bezirken zu helfen, wo sie aus eigener Kraft einen annähernd entsprechenden Tarif nicht zu erkämpfen vermögen, wurde auch die Forderung des Punktes 2 der Aschaffenburger Entschließung sehr energisch betrieben. Gegen Ende des Jahres 1920 konnte der verlangte Reichstarifentwurf, nachdem alle Unterverbände gehört und ihre Vorschläge durchberaten und, soweit angängig, verwertet worden waren, fertiggestellt werden. Im Janur 1921 fanden dann in Leipzig mit dem Arbeitgeberverband für das deutsche Zeitungsgewerbe und dem Verein deutscher Zeitungsverleger Verhandlungen über diesen Reichstarifentwurf statt, der bei den Verlegern einer durchaus ablehnenden Haltung begegnete. Die Verleger hielten an ihrem Standpunkt fest, daß die Regelung materieller Dinge Gegenstand regionaler Vereinbarungen sein und bleiben müßte. Von ihrer Seite wurde jetzt das Projekt einer Reichsarbeitsgemeinschaft in den Vordergrund geschoben, wobei sie offenbar von dem Gedanken geleitet waren, damit das Zustandekommen sowohl eines Reichstarifs wie auch des ihnen besonders unangenehmen Journalistengesetzes hintanhalten zu können. Gab doch bei den Dresdener Verhandlungen, die sich im März dieses Jahres an die ergebnislosen Leipziger Besprechungen vom Januar anschlossen, der Vorsitzende des Vereins deutscher Zeitungsverleger, Herr Dr. Faber, seiner außerordentlichen Überraschung Ausdruck über Ausführungen des Sprechers des Reichsverbandes, die dahin gingen, daß die Redakteure ungeachtet der Schaffung einer Reichsarbeitsgemeinschaft die von ihnen ausgearbeiteten Gesetzentwürfe — wie Journalisten- und Pressegesetz — weiter verfolgen wollten. Er könne, erklärte Herr Dr. Faber weiter, sagen, daß dadurch das angestrebte gute Verhältnis zwischen Verlegern und Redakteuren nicht gefördert werde; denn der Verleger werde sich gezwungen sehen, seine Rechte zu verteidigen, also unter Umständen gegen die Redakteure Stellung zu nehmen, während die Reichsarbeitsgemeinschaft doch gerade eine gemeinsame Arbeit anstrebe. Das war kaum mißzuverstehen. Der Reichsverband stand dem Plan einer Reichsarbeitsgemeinschaft an sich nicht unfreundlich gegenüber. Nur hat natürlich eine solche Arbeitsgemeinschaft, darüber mußten sich die Verleger klar sein, für den Reichsverband nur dann Wert und Interesse, wenn sie den Journalisten auch etwas Tatsächliches bietet. Die beiden Entwürfe aber, die von den Verlegerorganisationen vorgelegt wurden, enthielten nichts als unverbindliche Versprechungen allgemeiner Natur. Der Entwurf des Reichsverbandes dagegen, der Positives schaffen wollte, fand bei den Dresdener Verhandlungen keinerlei Gegenliebe auf seiten der Verleger. Diese wehrten sich namentlich mit

Händen und Füßen gegen das Verlangen einer schärferen Abgrenzung der Tätigkeitsgebiete von Redakteur und Verleger. Deshalb war ihnen auch die regionale Arbeitsgemeinschaft, welche als eine Art von Vorbild bereits in Württemberg bestand, ein Gegenstand des Anstoßes, weil darin die ideelle Stellung des Redakteurs bereits eine gewisse Festlegung erfahren hatte. Das dürftige Ergebnis der Dresdener Verhandlungen war denn auch nur eine Einigung darüber, daß unter Verwertung der dort in gemeinsamer Beratung aufgestellten Gesichtspunkte von beiden Seiten neue Entwürfe ausgearbeitet und daß nach Austausch dieser Entwürfe die Verhandlungen wieder aufgenommen werden sollten. Dazu kam es erst im Dezember 1921. Am 15. Dezember traten in Berlin die beiderseitigen Kommissionen zusammen, und nach langwierigen Verhandlungen gelangte man endlich am Abend des 16. Dezember dazu, den Organisationen nachstehenden Entwurf zur Annahme zu empfehlen:

Satzung für die Reichsarbeitsgemeinschaft der Deutschen Presse.

§ 1. Sitz.

Der Arbeitgeberverband für das Deutsche Zeitungsgewerbe e. V., Sitz Frankfurt a. M., einerseits und der Reichsverband der Deutschen Presse e. V., Sitz Berlin, andererseits gründen die Reichsarbeitsgemeinschaft der Deutschen Presse.

Sitz und Geschäftsstelle ist Berlin.

§ 2. Zweck.

Die Reichsarbeitsgemeinschaft soll eine vom allgemeinen Vertrauen getragene Körperschaft sein, die das berechtigte Eigenleben der Presse in Staat und Gesellschaft sichert. Leitender Gedanke bei der Gründung ist, in der Reichsarbeitsgemeinschaft ein Organ ins Leben zu rufen, das sich der lebendigen Entwicklung der Presse im Wandel der Verhältnisse anpassen kann und dahin wirkt, daß sich Verleger und Journalisten bei ihrem Tun und Lassen der hohen öffentlichen Aufgaben der Presse und der Pflichten, die daraus für sie erwachsen, bewußt bleiben und allen Verstößen dagegen nach Kräften entgegenarbeiten.

Aufgaben.

In diesem Sinne werden der Arbeitsgemeinschaft zunächst die folgenden Aufgaben zugewiesen:

A. nach außen:

1. die Wahrnehmung und Vertretung der Interessen der deutschen Presse in der Öffentlichkeit;

2. die Vertretung und Förderung der geistigen und kulturellen Interessen der deutschen Presse;
3. die Wahrung der Würde, der Freiheit und des Ansehens der Presse und der sozialen Stellung ihrer Angehörigen;
4. die Abwehr aller Versuche, die Presse in der Erfüllung ihrer öffentlichen Aufgaben zu hindern und zu beschränken;
5. die Abwehr jeglicher Ausbeutung des einzelnen Zeitungsmannes wie der Zeitung überhaupt;
6. die Mitberatung und Begutachtung bei Gesetzentwürfen, die das gemeinsame Interesse der Verleger und Journalisten betreffen;
7. die Schaffung eines zeitgemäßen neuen Presserechts;

B. nach innen:

1. insbesondere durch eine Abgrenzung der Begriffe Verleger und Redakteur die gedeihliche Zusammenarbeit von Redakteur und Verleger in der Zeitung im Geiste der Reichsarbeitsgemeinschaft in einer den Rechten und der Würde beider Teile entsprechenden Weise zu fördern;
2. die Sorge für einen geeigneten und standesgemäßen Nachwuchs;
3. die Schaffung eines Normaldienstvertrags für Redakteure und festangestellte Mitarbeiter (als festangestellte Mitarbeiter gelten Journalisten im Hauptberuf, die mit Verpflichtung zu voller Arbeitsleistung ausschließlich für einen Verlag oder eine Verlagsgemeinschaft tätig sind);
4. die Aufstellung allgemein gültiger Grundsätze für die Regelung des Urlaubs und der Arbeitszeit der Redakteure und der festangestellten Mitarbeiter;
5. die Sicherungen für den Fall längerer Krankheiten, des Alters und des Todes sowie Sicherungen für die Witwen und Waisen;
6. die Sicherung der Freizügigkeit;
7. die Abwendung nachteiliger Folgen im Falle einer grundlegenden Änderung des bisher durch die Zeitung vertretenen politischen Bekenntnisses sowie im Falle eines Verkaufs;
8. Schaffung von Einrichtungen zur Bekämpfung der Stellenlosigkeit und zur Erleichterung der Arbeitsvermittlung;
9. die Durchführung und Sicherung allgemein verbindlicher regionaler wirtschaftlicher Vereinbarungen, und zwar nach dem Grundsatz, daß die Einkommensverhältnisse der Redakteure und festangestellten Mitarbeiter in den Grenzen des für die Verleger wirtschaftlich Möglichen der geistigen Stellung und besonderen Bedeutung des Redakteurs und festangestellten Mitarbeiters entsprechen;
10. Bestimmungen darüber zu treffen, wie bei der Verschiedenheit der regionalen Tarife diejenigen Journalisten zu honorieren sind, die an anderen Orten als dem Sitz des Verlags oder der Verlagsgemeinschaft für Erzeugnisse dieses Verlags ausschließlich und hauptamtlich tätig sind;

11. Richtlinien über journalistische und andere Nebenarbeiten;
12. die Schaffung einer Schlichtungs- und Gutachterstelle für die Fälle, in denen nicht durch die besonderen örtlichen und regionalen Instanzen der beiden Organisationen eine Verständigung herbeigeführt werden kann.

§ 3. Organe.

Die Organe der Reichsarbeitsgemeinschaft sind:

1. der Vorstand,
2. das Präsidium.

Alle Organe werden paritätisch aus Vertretern der die Reichsarbeitsgemeinschaft bildenden Organisationen zusammengesetzt.

Für die praktische Arbeit können vom Vorstand Ausschüsse eingesetzt werden.

§ 4. Zusammensetzung von Vorstand und Präsidium.

Der Vorstand besteht aus je 7 Vertretern der beiden Organisationen sowie der gleichen Zahl von Stellvertretern, die von dem Arbeitgeberverband für das Deutsche Zeitungsgewerbe und dem Reichsverband der Deutschen Presse benannt werden.

Der Vorstand wählt paritätisch aus seiner Mitte ein Präsidium von je 3 Mitgliedern und 3 Stellvertretern jeder Gruppe. Das Präsidium vertritt die Reichsarbeitsgemeinschaft nach außen.

Die im Präsidium vertretenen beiden Gruppen wählen aus ihrer Mitte je einen Vorsitzenden und stellvertretenden Vorsitzenden zu paritätischer Führung der Geschäfte der Reichsarbeitsgemeinschaft und Leitung der gemeinsamen Sitzungen.

Vorstand und Präsidium geben sich ihre Geschäftsordnung selbst.

Die Mitglieder des Präsidiums sowie ihre Stellvertreter werden auf die Dauer eines Jahres gewählt; ihre Wiederwahl ist zulässig. Die Wahlen können durch schriftliche Abstimmung vorgenommen werden.

§ 5. Beschlußfassung des Vorstandes.

Die Beschlußfassung im Vorstand erfolgt gruppenweise, d. h. die anwesenden Vertreter der beiden Organisationen stimmen getrennt. Bei Stimmengleichheit gilt der Antrag als abgelehnt.

§ 6. Sitzungen des Vorstandes und Präsidiums.

Die geschäftsführenden Vorsitzenden des Präsidiums verständigen sich über die Anberaumung von Sitzungen des Vorstandes oder des Präsidiums.

Die Einladungen sind unter Bekanntgabe der Tagesordnung spätestens 10 Tage vor dem Sitzungstage bei der Post aufzuliefern. In dringenden Fällen kann die Einladung telegraphisch mit einer Frist von 3 Tagen erfolgen. Die Vorsitzenden des Präsidiums sind verpflichtet, Sitzungen des Vorstandes einzuberufen, wenn dies von einer der beiden Gruppen des Vorstandes verlangt wird.

Die Geschäftsführer des Arbeitgeberverbandes für das Deutsche Zeitungsgewerbe und des Reichsverbandes der Deutschen Presse sind zu allen Sitzungen des Vorstandes und Präsidiums einzuladen und berechtigt, den Sitzungen mit beratender Stimme beizuwohnen.

§ 7. Niederschriften.

Über alle Sitzungen des Vorstandes und des Präsidiums ist eine Niederschrift aufzunehmen und von den beiden Vorsitzenden zu unterzeichnen. Die Niederschriften sind den Mitgliedern des Vorstandes und des Präsidiums sowie ihren Stellvertretern und den Geschäftsstellen der die Reichsarbeitsgemeinschaft bildenden Organisationen zuzustellen.

§ 8. Bezirksarbeitsgemeinschaften.

Neben der Reichsarbeitsgemeinschaft können zwischen den Unterverbänden der beiden Organisationen Bezirksarbeitsgemeinschaften gebildet werden. Ihre Satzungen bedürfen zur Gültigkeit der Genehmigung der Reichsarbeitsgemeinschaft. Satzungen und Beschlüsse der Bezirksarbeitsgemeinschaften müssen sich in Übereinstimmung mit den Satzungen und Beschlüssen der Reichsarbeitsgemeinschaft befinden.

Die Beschlüsse der Bezirksarbeitsgemeinschaften sind der Reichsarbeitsgemeinschaft unverzüglich einzureichen.

Sobald durch die Reichsarbeitsgemeinschaft irgendeine Regelung getroffen wird, treten Sonderregelungen der Bezirksarbeitsgemeinschaften von selbst außer Kraft.

Die Bezirksarbeitsgemeinschaften sind für die Angelegenheiten ihrer Bezirke zunächst zuständig. Sie können sich auch nach vorher eingeholter Zustimmung der Reichsarbeitsgemeinschaft mit Anträgen, Vorstellungen und dergleichen an die Behörden und öffentlichen Körperschaften ihres Bezirkes wenden.

§ 9. Kostendeckung.

Die Kosten der Reichsarbeitsgemeinschaft tragen die sie bildenden Organisationen zu gleichen Teilen. Zu den Kosten der Reichsarbeitsgemeinschaft gehören nicht Reisekosten und sonstige Aufwendungen der Mitglieder des Vorstandes und des Präsidiums.

§ 10. Kündigung.

Die Reichsarbeitsgemeinschaft kann mit einer Frist von 3 Monaten zum Schluß des Kalenderjahres gekündigt werden.

§ 11.

Das Geschäftsjahr ist das Kalenderjahr.

[Abkommen.]

Die Verhandlungskommission empfiehlt den beiderseitigen Organisationen, zu erklären, daß mit oder unmittelbar nach Errichtung der Reichsarbeitsgemeinschaft folgendes Abkommen der Reichsarbeitsgemeinschaft abgeschlossen und dessen Verbindlichkeitserklärung durch das Reichsarbeitsministerium beantragt wird.

1. Es dürfen weder zwischen den Verlegern untereinander noch zwischen Redakteuren und Verlegern Verabredungen getroffen werden, die den Zweck und den Erfolg haben sollen, die Freizügigkeit der Redakteure zu beschränken. Unter Redakteuren im Sinne dieser Abmachung sind auch diejenigen festangestellten Mitarbeiter im Hauptberuf zu verstehen, die mit der Verpflichtung zu voller Arbeitsleistung ausschließlich für einen Verlag oder eine Verlagsgemeinschaft tätig sind.

2. Die Kündigungsfrist für Redakteure und festangestellte Mitarbeiter beträgt mindestens 6 Wochen zum Ende eines jeden Quartals. Nach Ablauf von 3 Dienstjahren innerhalb desselben Verlagshauses kann nur mit 3monatlicher Frist zum Ende des Quartals gekündigt werden, nach Ablauf von 10 Dienstjahren innerhalb desselben Verlagshauses mit 6monatlicher Frist zum Ende des Quartals.

Als Verlagsdienstjahre hinsichtlich der Kündigung gelten die Dienstjahre als Redakteur oder festangestellter Mitarbeiter im gleichen Verlag; doch müssen je 3 Dienstjahre in anderen Verlagen mindestens als 1 Verlagsdienstjahr angerechnet werden. Die Dienstjahre werden unter Ausschluß der Volontärzeit, aber unter Einrechnung der Kriegsteilnehmerjahre berechnet. Kriegsteilnehmerjahre gelten bei Rückkehr in den gleichen Verlag als Verlagsdienstjahre, sonst als Dienstjahre. Als Tätigkeit im gleichen Verlag ist auch die Tätigkeit bei Rechtsnachfolgern des ursprünglichen Besitzers anzusehen.

3. Im Falle des Todes eines Redakteurs oder eines festangestellten Mitarbeiters muß an die hinterbliebenen Unterstützungsberechtigten das Gehalt für mindestens 4 Monate, einschließlich des Sterbemonats, weitergezahlt werden.

4. Ergeben sich beim Eingehen einer Zeitung Unstimmigkeiten über die Abwicklung des Vertragsverhältnisses zwischen Verleger einerseits und Redakteur oder festangestelltem Mitarbeiter andererseits, so entscheidet die Reichsarbeitsgemeinschaft.

5. Erklärt im Falle der Veräußerung einer Zeitung der neue Besitzer innerhalb eines Monats nach dem Besitzwechsel, daß er in die Verträge einzelner oder aller Redakteure und festangestellten Mitarbeiter mit dem Vorbesitzer nicht eintreten will, so sind die davon betroffenen Redakteure und festangestellten Mitarbeiter nach dieser Erklärung zum sofortigen Ausscheiden berechtigt, aber auch auf Verlangen des neuen Besitzers verpflichtet. Die Redakteure und festangestellten Mitarbeiter haben in diesem Falle Anspruch auf die sofortige Auszahlung einer Abfindung mindestens in Höhe des ihnen noch bis zum Ablauf der normalen Kündigungsfrist zustehenden Gehalts. Besteht eine über die normale hinausgehende Kündigungsfrist oder ein längerer Vertrag, so hat der Redakteur und der festangestellte Mitarbeiter Anspruch auf sofortige Auszahlung bis zu einem

Jahresgehalt, und nach Ablauf dieses Jahres auf die Weiterzahlung der fortlaufenden vertragsmäßigen Bezüge bei Fälligkeit für die Dauer des Vertragsverhältnisses, sofern er nicht inzwischen eine gleichwertige Stellung vor Ablauf der Vertragsdauer gefunden hat.

6. Falls der Verleger das politische Bekenntnis seiner Zeitung grundlegend ändert, sind die davon betroffenen Redakteure und festangestellten Mitarbeiter berechtigt, ihre Tätigkeit binnen 1 Monat, nachdem sie von dieser Änderung Kenntnis erlangt haben oder den Umständen nach erlangt haben mußten, aufzugeben, behalten aber den Anspruch auf Weiterzahlung ihrer vertraglichen festen Bezüge bis zum Ablauf der nächsten Kündigungsfrist. Nach mindestens 5jähriger ununterbrochener Verlagszugehörigkeit haben sie darüber hinaus Anspruch auf ein halbes Jahresgehalt, nach mindestens 10jähriger ununterbrochener Verlagszugehörigkeit auf ein volles Jahresgehalt. Die Austrittserklärung ist spätestens bis zum Ablauf eines Monats nach der erfolgten Änderung des politischen Bekenntnisses abzugeben.

Ob eine solche Änderung vorliegt, entscheidet der Schlichtungsausschuß der Reichsarbeitsgemeinschaft, solange ein solcher Ausschuß nicht besteht, der Vorstand der Reichsarbeitsgemeinschaft.

7. Das Einkommen des Redakteurs und festangestellten Mitarbeiters soll seinen Leistungen entsprechen und seiner sozialen Stellung angemessen sein in einer Weise, die eine Proletarisierung des Redakteurberufs ausschließt.

Der mir zur Verfügung stehende Raum erlaubt mir nicht, auf die reiche und vielfach ersprießliche Tätigkeit, welche der Reichsverband und seine Unterorganisationen auch sonst auf den verschiedensten Gebieten entfaltet haben, hier noch näher einzugehen. Für den, der sich darüber informieren will, bilden die „Mitteilungen des Reichsverbandes der Deutschen Presse", deren erste Nummer Mitte März 1911 erschien, und die sich im Jahre 1913 an sie anschließende und jetzt regelmäßig wöchentlich erscheinende „Deutsche Presse" sowie die Protokolle der Zentrale und der Unterverbände eine ergiebige Fundgrube. Seit dem 1. Juli 1920 ist endlich auch ein Generalsekretär im Hauptamte mit dem Titel geschäftsführender Direktor angestellt, der im ersten Jahre seiner Tätigkeit bereits einen merkbar frischeren Zug in das Verbandsleben gebracht hat. Eben jetzt geht das Generalsekretariat daran, eine umfassende Berufsstatistik durchzuführen und ein Deutsches Journalistenarchiv einzurichten. Die Mitgliederzahl des Reichsverbandes bzw. der Unterverbände ist seit dem Inkrafttreten des Aschaffenburger Statuts, das trotz seiner hohen Beitragssätze eine außerordentliche

Werbekraft bewiesen hat, und dank den Tarifverträgen in erfreulicher Weise in ständigem Steigen, so zwar, daß es außerhalb des Verbandes stehende Berufskollegen hoffentlich bald nicht mehr geben wird. Jeder Berufsgenosse sollte es als eine Schande empfinden, sich in den Genuß der von den organisierten Kollegen erkämpften besseren Lebens- und Arbeitsbedingungen auf Grund der Allgemeinverbindlichkeit der Tarife zu setzen, ohne einen Pfennig zu den Kosten der Organisation beizusteuern.

Viertes Kapitel.

Die Lage der festangestellten Schriftleiter und Mitarbeiter.

Von

Dr. Friedrich Trefz,
Verlagsdirektor der Münchener Neuesten Nachrichten
(München).

Inhaltsübersicht.

Werdegang und Laufbahn des Journalisten.

Bismarck hat das Wort geprägt oder wenigstens dem Sinn nach ausgesprochen, daß der Journalist ein Mensch sei, der seinen Beruf verfehlt habe. Er hat diese Charakteristik wohl im Unmut darüber gegeben, daß ihm gerade von seiten der Presse manche Gegnerschaft erwachsen war, oder vielmehr, daß ein Teil der Presse das Sprachrohr vieler seiner Gegner war. Die von diesem Ausspruch selbst Betroffenen haben diesem eigentlich herabsetzenden Wort, indem sie es als zutreffend anerkannten, eine andere Deutung gegeben, als sie wohl der große Staatsmann beabsichtigt hatte. Die Erfahrung hat nämlich gezeigt, daß tatsächlich kaum ein oder der andere Journalist im weiteren Sinne des Wortes schon auf der Schulbank oder auf der Universität daran gedacht hatte, einmal sich der Publizistik zu widmen, sondern daß die überwiegende Mehrzahl tatsächlich aus irgendeinem Beruf oder auf dem Weg zu einem solchen zu der Presse gekommen ist, der eine auf dem Wege der politischen Betätigung, der andere aus Gründen materieller Not oder plötzlich entdeckter Neigung zu schriftstellerischer öffentlicher Betätigung. In diesem Sinne kann man von einem verfehlten Beruf sprechen. Aber ebensogut könnte man behaupten, daß amerikanische Milliardäre, die ursprünglich Schuhputzer, Telegraphenboten oder Fährleute im New Yorker Hafen waren und durch eigene Tüchtigkeit emporgekommen sind, ihren Beruf verfehlt hätten. Kaiser Wilhelm II. hat das Wort vom Hungerkandidaten geprägt, andererseits aber auch wieder die leitenden Leute der Zeitung mit kommandierenden Generälen verglichen.

Wer den Werdegang und die Laufbahn zahlreicher Mitglieder der Presse verfolgen konnte, wie der Verfasser dieses Abschnitts, kann bestätigen, daß tatsächlich ihre Vorbildung eine ganz verschiedenartige ist, daß der eine aus der Jurisprudenz, der andere aus der Philologie, ja auch aus den exakten Wissenschaften hervorgegangen war, viele auch nach Absolvierung der Mittelschule sich selbst weitergebildet oder überhaupt ohne höhere Schulbildung als Autodidakten sich Wissen und Kenntnisse erworben haben, und vor allem in der Schule, die zweifelsohne die Zeitung selbst ist, die Reife für ihren Beruf erhalten haben. Man könnte die Männer der Presse vielleicht mit den Leuten vergleichen, die wir im Parlament sehen. Auch diese rekrutieren sich aus allen Berufen und Ständen. Wir sehen dort Männer mit vollkommen abgeschlossener akademischer Bildung, Leute, die als Gewerkschaftsführer in die Politik gekommen sind und sich reiche Erfahrung erworben haben. Da es bei der Presse keinen Befähigungsnachweis gibt und einen amtlich abgestempelten Befähigungsnachweis wohl auch niemals geben kann, trägt jeder Presserekrut, wie der Napoleonische Soldat, den Marschallstab im Tornister. Wie beim Schauspieler und bildenden Künstler wird auch bei der Presse eigentlich nicht gefragt, woher der Journalist seine Kenntnisse und seine Bildung bezogen; es wird nur auf wirkliches Können Wert gelegt. Die Leistung gilt hier alles. Daher erfolgt der Zugang zur Presse allgemein aus allen Ständen und Berufen. Durch die zunehmende Ausdehnung der Arbeiterpresse ist auch der Zugang aus Arbeiterkreisen nicht ganz gering, obwohl selbstverständlich auch hier die sogenannten „Intellektuellen" stark überwiegen. Da die Leistung letzten Endes den Ausschlag gibt, ist doch ein starker Schutzwall dagegen errichtet, daß Leute ohne hinreichende Kenntnisse und Bildung und ohne schriftstellerische Begabung Eingang bei der Presse finden. Man wird oft gefragt, ob es schwierig sei, Journalist zu werden. Man kann auf eine solche Frage das antworten, was Dumas der Ältere einem jungen Mann antwortete, der ihn frug, ob das Dichten schwer sei. Er soll geantwortet haben: „Es ist nicht schwer. Entweder kann man's oder man kann's nicht."

Mit der Kompliziertheit unseres politischen, wirtschaftlichen, überhaupt unseres ganzen Kulturlebens, sind die Anforderungen an die Leute der Presse ungeheuer gesteigert worden, ebenso wie auf anderen Gebieten der wissenschaftlichen und künstlerischen Betätigung. Bei der großen Presse hat sich sogar ein stark gegliedertes Spezialistentum ausgebildet. Die großen Zeitungen haben beispielsweise ihre eigenen Referenten für bildende Kunst, für Theater und Musik, ihre politischen Spezialisten, die sich sogar in außer- und innerpolitische trennen. Auch die Wirtschaftspolitik bildet bereits eine Sonderart, und die Schriftsteller für Handel und Industrie beschränken sich, besonders bei größeren Zeitungen mit Handels- und Börsenteil, fast ausschließlich auf ihr Gebiet und sind darin Fachleute von oft ganz hervorragenden Kenntnissen, so daß auf diesem Gebiet sogar schon ein

Hinüberwechseln zu industriellen und banktechnischen Berufen und auch zu einflußreichen Staatsstellungen stattfindet. Auch besondere Neigungen und Begabungen zur kommunalpolitischen Publizistik haben ihre Vertreter. Von den Hauptschriftleitern und den leitenden Ressortschriftleitern und allen, die eine solche Stellung in der Zeitung anstreben, verlangt man heutzutage außerordentlich viel Vorkennntnisse, eine gute Allgemeinbildung, wohl auch Sprachkenntnisse. Gerade jetzt nach dem Kriege muß auf letztere Vorbildung besonderer Wert gelegt werden. Die Hauptforderung, die man an einen Schriftleiter heute stellt, ist die Begabung, rasch produzieren und in allgemein verständlicher Weise die wichtigen Probleme des Tages in flüssigem Stil und in gefälliger Form bearbeiten zu können. Als Leiter einer großen Zeitung macht man die Erfahrung, daß eigentlich wenig Menschen die Gabe verliehen ist, rasch, flüssig und allgemeinverständlich irgendeine Frage zu behandeln, den trockenen Ton zu vermeiden und doch nicht banal zu werden.

Man hat schon vielfach auch in den Organisationen der Journalisten die Frage erörtert, ob von dem dem Zeitungswesen sich widmenden jungen Mann eine Art Befähigungsnachweis oder Examen verlangt werden solle. Eine solche Forderung wäre mit ungeheueren Schwierigkeiten verbunden. Das geht schon aus dem oben Gesagten hervor. Man hat auch schon daran gedacht, die Aufnahme in irgendeine journalistische Vereinigung von gewissen Voraussetzungen abhängig zu machen und gewissermaßen die Abstempelung als Mitglied als Diplom für die Befähigung zur Tagesschriftstellerei zu erachten. Daß auch dieser Weg nicht gangbar ist, sondern höchstens nur Elemente von dem Journalismus fernhalten kann, die an und für sich von selbst wieder ausgeschieden wären, braucht nicht besonders betont zu werden. Es wird deshalb vorläufig noch dabei sein Bewenden haben, daß jeder, der Talent und Befähigung und die notwendigen Kenntnisse zum journalistischen Beruf zu besitzen glaubt, den Versuch machen kann, soweit irgendeine Zeitung ihm ein Feld zur Betätigung bietet. Kein Zeitungsverleger, der auf den Inhalt seines Blattes etwas hält und es emporbringen will, wird heute Kräfte in seine Dienste stellen, die den Anforderungen nicht genügen.

Gute Journalisten sind selten. Hervorragende journalistische Begabung bahnt sich immer einen Weg zum Erfolg. Sie kann nicht unbeachtet bleiben, da die journalistische Betätigung es ausschließt, daß man sein Licht unter den Scheffel stellt. Mit der Begabung muß aber, wenn der Erfolg ein dauernder sein soll, eine ungeheuere Aufopferungsfähigkeit und Nachhaltigkeit in der Arbeit verbunden sein. Der Mann der Feder hat einen schweren Beruf. Er muß, wie der Soldat, immer auf dem Posten sein, er muß die Feste feiern, wie sie fallen, und seine Arbeitszeit und Arbeitsmöglichkeit läßt sich nicht immer im voraus festlegen. Der Journalist wird von den Ereignissen mitgezogen, die sich weder an Ort noch an Zeit binden, und er hat deshalb, wie man zu sagen pflegt, ein „ungeregeltes Leben". Es gibt keine bureaukratische Arbeitseinteilung. Jede Journalistenfrau weiß davon ein Lied zu singen. Es gibt Zeiten, die an den Zeitungsmann so hohe physische und geistige Anforderungen stellen, daß man sich wundern muß, daß es doch viele Leute bei der Presse gibt, die ein hohes Alter erreichen. Vor allem fehlt dem Journalisten die Möglichkeit, eine Arbeit zu verschieben; er weiß nicht, ob diese oder jene Stunde ihm gehört oder seinem Beruf. Je kleiner die Zeitung ist und je weniger Mitglieder sie hat, desto mehr Anforderungen der verschiedensten Art werden an den einzelnen gestellt. Die beiden Komponenten Bildung und Wissen und journalistisches Können vereint bilden ein Ideal des Journalisten und Zeitungsmannes überhaupt. Es wird vielfach heutzutage geglaubt, man könne den Beruf des Schriftstellers und Redakteurs „studieren", lernen, sich aneignen. Aber das Wort: „Der Dichter wird geboren" gilt auch vom Journalisten wie vom Künstler. Wenn junge Akademiker, wie es heute vielfach der Fall ist, bei der Wahl des Lebensberufes den Wunsch hegen, „zur Presse zu gehen", „Journalist zu werden", so übersehen sie vielfach die wichtigste Frage, ob sie dazu die **Begabung** und die innere **Neigung** haben. Der Journalismus ist an und für sich kein Brotstudium im gewöhnlichen Sinne des Wortes. Man kann sagen, daß unter hundert jungen Leuten, die Juristen werden wollen, neunzig das Ziel erreichen. Das wäre nicht der Fall bei hundert Leuten, die ihre Studien beginnen wollen mit dem ausgesprochenen Ziel, Journalisten zu werden. Hier kommen Imponderabilien in Betracht, die nicht zu übersehen sind. Wo sich politische, schriftstellerische und kritische Begabung frühzeitig zeigt, möge eine Ausnahme gemacht werden. Sonst ist es wohl zu empfehlen, daß junge Leute, auch wenn sie noch so viel angebliche Neigung zu einem ihnen verlockend erscheinenden Beruf haben, der ihnen doch nur von gewissen Äußerlichkeiten her bekannt ist, dessen dornenvollen Weg sie aber nicht kennen, und von dessen Anforderungen sie keinen rechten Begriff haben, sich auf Mittel- und Hochschulen eine gute Allgemeinbildung aneignen, womöglich ein Fachstudium zur Grundlage nehmen, vor allem Jurisprudenz und Volkswirtschaft oder Geschichte und Literatur und dabei das Studium moderner Sprachen nicht vergessen. Dann haben sie eine Grundlage für einen Fachberuf und auch für die Presse. Zeigt sich das journalistische Talent, dann ist bei guten Vorkenntnissen die publizistisch-technische Ausbildung nur noch eine Frage der Praxis, in die sich die meisten begabten Menschen rasch einleben. Ich kann nach meiner doch immerhin reichen Erfahrung nur vor zweifelhaften Experimenten warnen, die den Journalismus gewissermaßen in die spanischen Stiefel einer „neuen Fakultät" mit besonderem Lehrplan einschnüren wollen. Was sollte denn mit all den jungen Aspiranten geschehen, die nur eine auf die besonderen Bedürfnisse der Presse zugeschnittene Bildung sich erwerben, und denen dann am Schluß das Wichtigste fehlt, die journalistische und schriftstellerische Begabung? Wissen und Bildung allein tun es nicht. Auch hier muß der göttliche Funke vorhanden sein. Damit soll nicht gesagt sein, daß unsere Universitäten nicht in viel weiterem Ausmaß als bisher das Zeitungswesen und seine Geschichte in ihre Lehrpläne aufnehmen sollten. Auch in Seminarien könnten journalistische Übungen stattfinden.

Die Presse von heute.

Es ist nicht zu übersehen, daß, wenn man von der Presse im allgemeinen spricht, man häufig nicht beachtet, daß dieser Begriff außerordentlich dehnbar ist. Vom ganz kleinen Landblättchen, das oft nur dreimal in der Woche erscheint, über die Sehweite des Kirchturms des Ortes nicht hinausdringt und sich vielleicht an eine rein ländliche Bevölkerung wendet, bis zur weltstädtischen großen Presse, die in allen politischen und wirtschaftlichen Zentren der Welt ihre eigenen Vertreter hält und einen nach Ressorts geschiedenen außerordentlich großen Redaktionsstab hat, haben wir eine Stufenleiter, deren einzelne Sprossen immer wieder ein besonderes Aussehen haben. Es gibt kleine Landblättchen, wo der Verleger zugleich Schriftleiter, Setzer und Drucker ist und überhaupt der einzige Mann, der die Zeitung herstellt. Man weiß, daß oft ein sogenannter „Schweizerdegen", das ist ein Mann, der zugleich Setzer und Buchdrucker ist, häufig der Gründer einer kleinen Zeitung war. Mit der weiteren Entwicklung seiner Zeitung avancierte er zum Verleger empor, der sich später vielleicht einen Schriftleiter oder einen Mitarbeiter anstellte. Diese Kategorie war früher schon und ist heute erst recht nicht imstande, sich eigene Korrespondenten zu halten. Ihre Mitarbeiter sind hauptsächlich Lehrer, Geistliche, Gemeindeschreiber, kleine Beamte usw. Es ist schon eine bessere Qualität, wenn die kleine Zeitung sich eigene Depeschen eines großen Bureaus oder einige gute Korrespondenzen halten kann. Im übrigen beruht die Bearbeitung, besonders des politischen Stoffes, auf Scherenarbeit oder auf einer schon ein gewisses journalistisches Geschick verratenden Bearbeitung des Stoffes der großen Zeitungen nach dem Geschmack und Bildungsgrad der Leser. Je mehr die Zeitung sich der großstädtischen Presse nähert, desto mehr sucht sie sich dieser anzupassen. Es gibt eine große Zahl außerordentlich gut geleiteter Provinzzeitungen, die einen guten lokalen und provinziellen Mitarbeiterstab haben und auch für den Nachrichten- und Artikeldienst höhere Ausgaben aufwenden. Aber vielfach ist die großstädtische Presse immer noch die Hauptquelle der kleinen und mittleren Zeitungen. Die nach dem Urheberrecht gestattete Nachdrucksmöglichkeit aller tatsächlichen Nachrichten ist hier von großer Bedeutung. Bei der gegenwärtigen Notlage der Presse und der Entwicklung der deutschen Währung ist es selbst bedeutenden mittleren Blättern nicht mehr möglich, sich zum Beispiel im Ausland gute Korrespondenten zu halten. Wie sollte ein solches Blatt zum Beispiel eine Million Mark aufbringen können, auf die heute ein guter Korrespondent in London zu stehen kommt, wobei bemerkt sei, daß dieser mit diesem Entgelt noch nicht einmal so bezahlt ist, wie es eigentlich schon um des Ansehens der deutschen Presse willen erwünscht wäre. Selbst die größten deutschen Blätter haben deshalb heute sich genötigt gesehen, mit anderen Organen, die nicht in ihr Verbreitungs- und Konkurrenzgebiet eindringen, solche Posten gemeinschaftlich zu besetzen.

Die mittlere Presse hat sich besonders während des Krieges bedeutend gehoben. Wenn sie nicht ganz in den Hintergrund treten wollte, mußte sie ihre Leserschaft während dieser Zeit auf dem laufenden erhalten. Außerdem mußte jeder Einwohner eines Ortes täglich die vielen amtlichen Verordnungen kennen, die während der Kriegszeit von Zivil- und Militärbehörden erlassen wurden. Diese waren regional und lokal sehr verschieden, so daß ein gewisser Zwang bestand, das heimatliche Blatt zu lesen. Solange der Preis der Zeitungen ein so niedriger war, wie während des größten Teiles des Krieges, war es vielen möglich, sich neben dem heimatlichen und provinziellen Blatt noch eine größere Zeitung zu halten. Das ist heute nicht mehr der Fall, wo die Preise der Zeitungen, wenn auch durchaus den Kosten entsprechend, doch so hoch gestiegen sind, daß der Leser sich nur schwer zum Halten einer zweiten Zeitung entschließt.

Schriftleiter und Mitarbeiter.

Wenn wir die wirtschaftliche und soziale Lage der bei Zeitungen festangestellten Schriftleiter untersuchen wollen, müssen wir uns zuerst darüber klar sein, welche Klassen, um dies nun einmal auch bei der Presse eingeführte Wort anzuwenden, hier in Betracht kommen. Zunächst unterscheidet man heute zwei Kategorien: einmal die in einer Redaktion gegen festes Gehalt mit Vertrag angestellten Schriftleiter (Redakteure). Der Chefredakteur oder Hauptschriftleiter ist gewissermaßen die Pappel unter den höheren und niedrigeren Bäumen des Zeitungswaldes; dann eine zweite Gruppe, die unter dem Namen der sogenannten „freien Mitarbeiter" der Zeitung Dienste leistet. Auch diese stehen in der Regel in einem festen Verhältnis zur Zeitung. Es sind ihnen ganz besondere Aufgaben übertragen. Zu ihnen gehören fast alle Mitarbeiter, die den sogenannten Außendienst versehen, extern sind, vorzugsweise alle Berichterstatter. Ihr Verhältnis zur Zeitung unterscheidet sich weniger durch die Art des Anstellungsvertrages, als vielmehr durch die Art der Beschäftigung und der Honorierung. Vor dem Krieg war die Honorierung derartig vorgesehen, daß diese freien Mitarbeiter lediglich nach fest vereinbarten Sätzen, nach Zeilen oder Pauschale, die ihnen übertragene Arbeit zu leisten hatten. Eine Grenze nach oben in der Höhe des Honorars war nicht gezogen. Tüchtigkeit und Geschick, Fleiß und Spürsinn, Interesse und Begabung haben viele dieser Mitarbeiter in die Lage versetzt, sich ein ansehnliches Einkommen zu verschaffen. Man denke nur an ausgezeichnete Parlaments- und Gerichtssaal-Berichterstatter. Ihr Einkommen überragt oft das der in der Redaktion selbst tätigen Schriftleiter. Infolge der Verhältnisse während des Krieges und der Unsicherheit der Verhältnisse nach dem Zusammenbruch ist hier insofern eine Änderung eingetreten, als heute vielfach an die Stelle einer

Honorierung lediglich nach dem Maßstab der geleisteten Arbeit auch sogenannte feste Bezüge und Teuerungszulagen getreten sind, so daß wir hier jetzt vielfach ein gemischtes System haben. Das Fixum bedeutet gewissermaßen ein Minimum, das auch bei Ausfall der Beschäftigung, wenn höhere Gewalt vorliegt, zum Beispiel revolutionäre Unruhen, Streik der technischen Arbeiter, Papiermangel usw., gezahlt wird. Damit ist dem freien Mitarbeiter ein gewisses Maß von Einkommen garantiert. Bei vielen Zeitungen gehen beide Kategorien von Mitarbeitern ineinander über. Bei einigen Zeitungen sind die Berichterstatter und externen Mitarbeiter gleichfalls gegen feste Bezüge angestellt wie die Schriftleiter. Der freien Vereinbarung ist hier der weiteste Spielraum gelassen. Selbstverständlich ist auch die Art der Arbeit des Schriftleiters und Berichterstatters nicht scharf getrennt. Der Schriftleiter wird in vielen Fällen Arbeiten des Berichterstatters übernehmen, wie es auch nicht ausgeschlossen ist, daß der freie Mitarbeiter reine Redaktionsarbeit leistet. Es liegt im Wesen des Berufes, daß hier keinerlei bureaukratische Einteilung möglich ist, sondern ein Gebiet weitester Freizügigkeit vor uns liegt.

Eine besondere Kategorie bilden die Kritiker, besonders auf dem Gebiete des Theaters, der Musik und der bildenden Künste, die bei allen großen Zeitungen Fachleute sind und diese Arbeit gewissermaßen im Nebenberuf ausüben. In der Regel sind im Feuilleton der Zeitung noch ein oder zwei besondere Redakteure für diese Sparte vorhanden.

Eine besondere Klasse bilden dann die Redaktionssekretäre und Telephonstenographen und die Stenotypistinnen und Telephonstenographinnen, die in den Redaktionen beschäftigt sind. Von diesen wird ein Teil in der Regel zum kaufmännischen Personal gezählt und nach deren Tarifsätzen bezahlt. Oft vereinigen sich die Funktionen des Sekretärs und des Telephonstenographen in einer Person. Dem Telephonstenographen obliegt die außerordentlich wichtige und schwierige Arbeit der Aufnahme der Telephongespräche mit Hilfe der Stenographie und die Übertragung durch die Schreibmaschine. Es ist nicht allgemein bekannt, daß das Telegramm gegenüber dem Telephongespräch sehr in den Hintergrund getreten ist. Manche erfahrenen Publizisten haben dies sehr beklagt, weil das Telegramm sparsamer verwendet wurde als das Telephonat. Als die Gebühren noch normal waren, wurde das Telephon in so hohem Maße bei der Zeitung in Anspruch genommen, daß ein großer Teil des einlaufenden Materials nur zur Kenntnis genommen wurde und nur das wichtigste in der Zeitung erschien. Das bekannte Wort des erfolgreichen Zeitungsmannes August Scherl, er wolle eine wichtige Nachricht lieber neunmal als keinmal, ist bezeichnend. Die heutigen hohen Telephonspesen haben den Respekt vor der Telephonnachricht zweifellos wieder etwas gehoben. Die Arbeit des Telephonstenographen erfordert gute Auffassungsgabe und Kenntnis der politischen und kulturellen Vorgänge des Tages. Das Hören am Telephon selbst setzt, wenn die Arbeit rasch vor sich gehen soll, eine volle Vertrautheit mit dem Stoff voraus, vor allem auch mit den Namen der Tagesgeschichte. Der Telephonstenograph muß tagtäglich die Zeitungen in ihrem Inhalt bis in alle Einzelheiten verfolgen, wenn er bei der Aufnahme der Nachrichten nicht durch vieles Fragen und Nichtverstehen Geld und Zeit vergeuden und womöglich noch unverständliche und unrichtige Nachrichten niederschreiben will. Diese Arbeiten werden zum Teil auch von intelligenten weiblichen Hilfskräften geleistet. Auf diesem Gebiete herrscht natürlich große Freizügigkeit. Niemand hindert einen Redaktionssekretär, bei Eignung in die Kategorie der freien Mitarbeiter oder Schriftleiter überzugehen. Manche werden Hilfsschriftleiter oder bleiben dauernd auf ihrem wichtigen Posten.

Nun sind wir bei einer neuerdings erst geschaffenen Kategorie angelangt, die eigentlich keine besondere ist, sondern einfach die jüngeren Kräfte oder diejenigen Schriftleiter umfaßt, die nicht die Eignung für die Leitung eines Ressorts der Zeitung haben, oder deren Entwicklungsfähigkeit erst vom Chefredakteur und Verlag geprüft werden soll. Es sind dies die sogenannten Hilfsschriftleiter oder Hilfsredakteure. Neuerdings sind in den Tarifen auch die Volontäre aufgenommen. Es sind das die Rekruten und die zukünftigen Schriftleiter und Mitarbeiter.

Die Presse ist selbstverständlich durchaus auch auf die Mitarbeit aller Teile des Volkes angewiesen. Ein großer Teil des in der Zeitung bearbeiteten Stoffes und zahlreiche Mitteilungen wertvollster Art verdankt man dem Leserkreis. Hierzu kommen Mitarbeiter, die auf besondere Aufforderung der Zeitungsleitung hin sich über dieses oder jenes Thema äußern, ferner Parlamentarier, Gelehrte, Industrielle, Techniker, Künstler usw. Jede größte Zeitung legt heute den größten Wert darauf, von Fachleuten über alle Gebiete der Kunst, der Industrie, der Technik, der Medizin usw. sachgemäße Aufsätze zu erhalten.

Auch das Gebiet des Sportes, des Alpinismus, das jetzt so sehr in den Vordergrund getreten ist, hat seine Spezialisten, die auch in den Schriftleitungen vertreten oder als freie und gelegentliche Mitarbeiter tätig sind. Vor allem aber hat man auf allen Gebieten des Wirtschaftslebens sich Mitarbeiter gesichert. Neuerdings ist besonders die Technik bevorzugt worden. Allerdings nur die kapitalkräftigsten und größten Zeitungen sind in der Lage, sich auf diesem Gebiet Mitarbeiter zu gewinnen. In der Regel sind die Mitarbeiter auf diesen speziellen Gebieten Fachleute, die mit der Zeitung einen Vertrag gegen feste Vergütung abgeschlossen haben. Die Mitarbeit kann den größten Teil der Berufstätigkeit des Betreffenden ausfüllen, aber zum Beispiel auch nur einen Nebenverdienst darstellen, je nach dem Umfang der Aufgabe.

Es ist hier wohl ein Wort am Platze über die kulturelle Bedeutung der Arbeit des festangestellten Schriftleiters. Es muß hier vor allem zweierlei auseinandergehalten werden: einmal die journalistische Begabung und Leistungsfähigkeit und dann die allgemeine und spezielle Bildung des Schriftleiters. Es gibt außerordentlich hoch gebildete, mit einem großen Schatz von Wissen und Spezialkenntnissen ausgerüstete Mitglieder von Redaktionen, deren Arbeit ihren Vorzügen entsprechend gewertet werden muß, die aber nicht die journalistische Gewandtheit und Beweglichkeit haben wie Kollegen, deren Wissen und Bildung nicht an die der ersteren heranreichen. Wie oft macht der Schriftleiter die Erfahrung, daß Berichte für die Presse, die man an und für sich ganz besonders hervorragenden Fachleuten überträgt, schlecht oder unbrauchbar sind, weil diese nicht in der Lage sind, in allgemeinverständlicher und kurzer Weise das Thema zu erschöpfen. Dazu kommt, daß in der Regel nur der gewandte Journalist in der Lage ist, einen Bericht oder eine sonstige publizistische Arbeit in der kurzen Zeit herzustellen, die die Presse nun einmal erfordert. In meiner vieljährigen Praxis habe ich die Erfahrung gemacht, daß eine besondere Begabung, die einer außerordentlich raschen Aufnahmefähigkeit entspringt, erforderlich ist, um gute und alles Wesentliche enthaltende Berichte und Stimmungsbilder von Parlamentsverhandlungen, Kongressen und Tagungen aller Art, vor allem von Gerichtsverhandlungen anzufertigen. Ich weiß, daß hervorragende Gelehrte und Fachmänner aller Berufe schon wiederholt ihr Erstaunen über die rasche, prompte und zuverlässige Berichterstattung über ihnen naheliegende Gebiete zum Ausdruck brachten. Man darf nicht übersehen, daß der

Journalist gewissermaßen über alle Gebiete des öffentlichen Lebens zu berichten hat, daß Fachmänner in der Regel nur das eigene Gebiet wirklich beherrschen, und daß nur eine gediegene Allgemeinbildung und die angeborene Kunst, sich rasch einzufühlen, die fehlende Sachkenntnis durch nachforschende Erkundigung zu ersetzen, es ihm ermöglicht, seiner Aufgabe vollauf gerecht zu werden. Ich weiß, wie häufig gerade Fachleute, die guten Stil und die Fähigkeit zu schreiben haben, trotzdem einer raschen Berichterstattung für eine Zeitung nicht gewachsen sind. Der Zeitungsherausgeber ist deshalb sehr geneigt, rein journalistische Begabung selbst polyhistorischer Gelehrsamkeit vorzuziehen, wenn es sich nicht gerade um die Bearbeitung eines Themas handelt, dem nur der Kenner und Fachmann allein gewachsen ist. Auch die Kunst, einen „Leiter" zu schreiben, ist eine ganz besondere. Selbstverständlich kann man nicht, wie es in Gustav Freytags „Journalisten" heißt, tagtäglich nur Brillianten schreiben. Gerade im Leitartikel soll sich rasches und richtiges Urteil mit einer angenehmen, weitere Kreise fesselnden Form verbinden. Der Journalist darf nie übersehen, daß er für die weitesten Kreise des Volkes schreibt; aber er darf auch nicht hinabsteigen, sondern soll seine Leser emporziehen. Wir haben in der Presse Namen aufzuweisen, die in ihrer Art so bedeutungsvoll klingen wie die der namhaftesten Schriftsteller. Wenn die politischen und wirtschaftlichen Essays dem Publikum nicht so eindrucksvoll vor Augen geführt werden wie die Erzeugnisse des beliebten und berühmten Romanschriftstellers, so liegt dies hauptsächlich an der Anonymität des Leitartiklers, die im großen und ganzen in Deutschland noch bewahrt wird. Ob mit Recht oder nicht, ist eine Frage, die hier nicht zur Erörterung steht.

Besondere Begabung und Kenntnis erfordern auch die Arbeiten der Schriftleiter, denen der sogenannte lokale oder heimatliche Teil anvertraut ist, die täglich den wichtigen Fragen der Kommunalpolitik ihre Aufmerksamkeit schenken müssen. Auf diesem Gebiete kann eine außerordentlich segensreiche Tätigkeit entfaltet werden. Die Freizügigkeit des Berufes und leider auch der häufige Wechsel in den Persönlichkeiten hat oft gerade in diesen Ressorts nicht immer die Männer an der Spitze, die dorthin gehören. Wenn die Presse ein Spiegelbild der öffentlichen Meinung sein soll, wenn sie ein Kulturbild der Zeit bieten und wirklich das Denken und Fühlen des Volkes zum Ausdruck bringen soll, ist es notwendig, daß gerade der „Heimatredakteur" — hauptsächlich bei der Provinzpresse — womöglich „eingeboren" ist und Land und Leute kennt. Solche Schriftleiter, verwachsen mit dem Volk, sind überall bekannt. Unsere Großstädte haben, mit wenigen Ausnahmen, einigermaßen den Stammes- und Volkscharakter verwischt; aber gerade in Deutschland haben wir noch soviel eigenes Leben und Sonderinteressen, meiner Ansicht nach zum Vorteil des Ganzen, daß Blätter, die volkstümlich sein wollen, den größten Wert darauf legen müssen, die heimatliche und lokale Sparte durch orts- und volkskundige, gebildete Schriftleiter verwalten zu lassen. In diese Sparte gehört eigentlich stets ein „Lokalpatriot" im guten Sinne des Wortes. Es ist ungereimt, wenn ein altbayerischer Schriftsteller oder Schriftleiter in Niedersachsen Heimatpolitik treibt oder ein Ostpreuße in Altbayern.

Ich habe die Klassifizierung an und für sich bedauert. Wenn sie auch nur zu tariflichen Zwecken erfolgte, hat sie doch die journalistische Freiheit gewissermaßen etwas erschüttert. Nichts wäre für die Presse gefährlicher als ein Chinesentum. Sie eignet sich durchaus nicht zum Kastengeist und zur Einteilung in Kategorien mit gelben oder roten Knöpfen. Wertgeltung kann nur die Leistung beanspruchen. Die begabten und hervorragenden Kräfte hatten sich stets eine besondere Stellung unter den Kollegen geschaffen. Hier liegen die Verhältnisse ähnlich wie bei den Künstlern, bei denen die „Klasseneinteilung" schließlich doch die Öffentlichkeit vornimmt. Die gewerkschaftliche Tarifierung wirkt naturgemäß nivellierend. Sie dient nicht nur dem wirtschaftlich, sondern auch dem geistig Schwächeren. Es muß dies gegenüber den von vielen so hoch gewerteten Errungenschaften festgestellt werden, um die Meinung nicht aufkommen zu lassen, daß die von der Not der Zeit geförderte Entwicklung ganz ohne Schattenseiten sei. Ähnliche Gegensätze finden sich auch bei den Arbeitergewerkschaften zwischen den sogenannten „gelernten" und „ungelernten" Arbeitern. Letztere rücken immer näher an die Lohnsätze der ersteren heran.

Es muß noch erwähnt werden, daß zum Beispiel der bayerische Tarif auch neben der Einteilung in Personalklassen eine Unterscheidung in Ortsklassen vorsieht. Nicht die Größe und Bedeutung der Zeitung, für die ein Maßstab schwer zu finden ist, sondern die Größe und wirtschaftliche Bedeutung des Ortes sind maßgebend. Nach dem Vorbilde der staatlichen Beamtenbesoldung.

Der Andrang zum Journalismus.

Obwohl viele berufen, aber nur wenige auserwählt sind, ist doch zurzeit ein Überandrang zur Presse festzustellen. Diese Erscheinung hängt eng zusammen mit dem gewaltigen Zustrom zu den Hochschulen und mit dem Anwachsen des geistigen Proletariats. In einer Zeit, in der der Zugang zu vielen Berufen, besonders den staatlichen und gemeindlichen, gesperrt oder ein numerus clausus festgesetzt ist, und in der sich noch stark die Folgen des militärischen Zusammenbruchs und die Auflösung der Armee geltend machen, die viele ältere und jüngere Kräfte dem Stellenmarkt für geistige Arbeiter zugeführt haben, ist es erklärlich, daß viele ihre einzige, oft ihre letzte Hoffnung darauf setzen, in einer Zeitung unterzukommen oder in irgendeinem Unternehmen, in dem die Allgemeinbildung von Bedeutung ist und nicht ein besonderes Fachexamen erfordert, beschäftigt zu werden. Zweifellos hat die deutsche Presse, wie früher schon, aus der Kategorie der pensionierten Offiziere, Mitglieder des ehemaligen Heeres und der Marine manche tüchtige Kraft erhalten, teilweise Leute von reicher Erfahrung und Weltkenntnis, die sich auch bald in den journalistischen Betrieb eingelebt haben. Trotz dieses Andranges kann man feststellen, daß über den Durchschnitt hinausragende Schriftleiter mit guter journalistischer Begabung gesucht sind, nach guten Handelsschriftleitern sogar eine sehr starke Nachfrage herrscht. Dagegen ist es fast eine kühne Überhebung, wenn Leute aller möglichen Berufe im Notfalle glauben, die Presse könne ein Notanker zur Rettung ihrer Existenz sein. Finden solche Bewerber — es befinden sich darunter auch oft wegen Dienstunfähigkeit pensionierte Beamte — eine solche Stelle, dann sind sie bald bitter enttäuscht über die großen Ansprüche, die man stellt, und über ihre Unzulänglichkeit.

Stellenvermittlung und Arbeitsnachweis.

Empfehlung, Berufung und Bewerbung sind in der Regel der Weg, auf dem ein Schriftleiter zu einer Zeitung kommt. Tüchtige Verleger sind stets auf der Suche nach guten Schriftleitern. Auch die Fachorgane sowohl der deutschen Zeitungsverleger („Der Zeitungs-Verlag") als auch des Reichsverbandes der deutschen Presse („Die Deutsche Presse") haben eigene Rubriken für Stellenangebote und -gesuche. Auch die Organisationen haben sich bereits der Stellenvermittlung angenommen. Ob ein geregelter und organisierter paritätischer Arbeitsnachweis für die Journalisten von besonderer Bedeutung wäre, möchte ich nach den gemachten Erfahrungen bezweifeln, da Vakanzen in der Regel eine ganz individuelle Behandlung der Frage erfordern. Zweifelsohne werden die Organisationen aber auch hier mit der Zeit eine dem Zeitungswesen entsprechende Vermittlung im Einvernehmen mit den Zeitungsverlegern ins Leben rufen.

Die Arbeitsbedingungen.

Beim Zeitungsberuf lassen sich die Arbeitsbedingungen gleichfalls nicht so fest umschreiben wie bei anderen. In der Regel heißt es bezüglich der Arbeitszeit toujours en vedette zu sein. Darin ändert auch die Tatsache nichts, daß in den neuzeitlichen Manteltarifen auch die Arbeitszeit nominell auf 48 Stunden festgelegt worden ist, daß über die Sonntagsarbeit besondere Bestimmungen getroffen worden sind und auch die Regelung der Tag- und Nachtarbeit eine besondere Berücksichtigung erfahren hat. In der Regel beziehen sich aber die Festlegungen auf das materielle Entgelt für die das normale Maß übersteigenden Anforderungen.

Entlohnung.

Bezüglich der Entlohnung für die geleistete Arbeit ist es durchaus üblich, daß die festangestellten Schriftleiter oder Mitarbeiter feste Bezüge haben, die in der Regel, wie bei den Beamten, monatlich ausbezahlt werden (Gehalt). Alle Aufwendungen und Spesen, die im Zeitungsdienst nicht unerheblich sind, werden selbstverständlich vergütet, in der Regel in diskretionärer Weise. Auch sind Aufwandsentschädigungen, besonders seit Eintritt der Teuerungswellen, mehr als früher üblich geworden. Zurzeit sind die Gehälter und Bezüge der Schriftleiter und freien Mitarbeiter fast in ganz Deutschland tariflich geregelt. Der Manteltarif enthält die allgemeinen Bestimmungen über Arbeitszeit, Kündigungsfrist, Diensteinteilung, Urlaub, Krankheits- und Todesfälle und Schlichtungsbedingungen. Darüber ist in dem Abschnitt über die Organisationen das Nähere ausgeführt. Da mit den Schriftleitern in der Regel Verträge mit in Einzelheiten gehende Bestimmungen abgeschlossen werden, besonders bei den größeren Unternehmungen, enthalten die Tarifverträge in der

Regel die Bestimmung, daß bestehende Anstellungsverträge durch die Tarifverträge nicht berührt werden, soweit die dort festgesetzten Bedingungen erfüllt sind. Die Tarifverträge enthalten die Bestimmung, daß die festgelegten Gehälter und Entlohnungen als Mindestsätze zu betrachten sind, die nun einesteils von kleinen und kapitalschwächeren Unternehmungen, besonders in der Provinz, nur widerwillig eingehalten werden, andererseits von größeren und kapitalkräftigen Unternehmungen häufig durch Zulagen stark überschritten werden. Das Bestreben der Organisationen geht dahin, daß die Tarife für größere Bezirke als allgemeinverbindlich anerkannt werden. Ein großer Teil der bestehenden Tarife ist auch bereits für allgemein verbindlich erklärt. Ein Reichstarif ist vorläufig nicht zustande gekommen, weil meiner Ansicht nach die Verhältnisse in den einzelnen Teilen des Reiches zu verschieden sind.

Es ist vielfach die Frage aufgeworfen worden, ob für geistige Berufe, vor allem für den Zeitungsberuf, die gewerkschaftliche Organisation und die tarifmäßige Regelung der Bezüge zweckmäßig und erwünscht sei. Zweifellos macht sich auch hier bereits eine Bewegung der „Prominenten" bemerkbar, und viele sehnen sich nach dem früheren Zustand zurück, in dem das freie Spiel der Kräfte und die individuelle Behandlung der Berufsfragen üblich war und dem einzelnen Vorteile bot. Da aber der Tarif der Organisierten die freie Vertragsschließung gar nicht ausschließt, sondern nur die Grundlage für ein Mindestmaß gibt, sind die Widerstände gegen die gewerkschaftliche Organisation nur mehr äußerst gering, zumal auch die Frage der Arbeitseinstellung (Streik) bisher praktisch kaum in die Erscheinung trat und das Verhältnis zwischen Verlegern beziehungsweise Herausgebern von Zeitungen und Schriftleitern immer ein erfreulich gutes war und schon manche Belastungsprobe ausgehalten hat.

In diesem Jahre (1922) wurde eine Arbeitsgemeinschaft zwischen Verlegern und Schriftleitern hergestellt, von der man sich ein beiden Teilen Nutzen bringendes Zusammenarbeiten verspricht. Das sogenannte Journalistengesetz ist damit vorläufig verschoben worden, spielt aber in der Bewegung eine große Rolle. Auch hierüber findet der Leser Näheres in dem Kapitel über die Organisationen.

Die Bezüge der Schriftleiter und Mitarbeiter.

Man hat vielfach die Bezüge der Schriftleiter und freien Mitarbeiter mit den Gehältern des gehobenen Beamtenstandes verglichen. Obwohl bei den Schriftleitern der Teuerung und der Entwertung des Geldes entsprechend die Gehaltserhöhungen sprungweise eingetreten sind, so haben sie zurzeit nicht die Höhe der vergleichbaren Kategorien der Staatsbeamten und anderer freier Berufe erreicht, vor allem nicht der bei der Industrie Angestellten, wobei nicht zu übersehen ist, daß dem Staatsbeamten außerordentliche Garantien bezüglich der Dauerhaftigkeit seiner Stellung und der Altersversorgung (Pension) gegeben sind, die der Schriftleiter und freie Mitarbeiter in den meisten Fällen nicht beanspruchen kann.

Auch die freien Mitarbeiter haben erhebliche Erhöhungen ihrer Bezüge erhalten. Örtlich sind diese Erhöhungen ziemlich verschieden. In München ist, um nur ein Beispiel anzuführen, ein eigener Tarif zwischen den Münchener Verlegern und den ständigen freien Mitarbeitern geschaffen. Auch dieser Tarif enthält Bedingungen über Urlaub (vierzehn Tage bis vier Wochen), Krankheits- und Todesfall. Auch sieht er eine Regelung vor für den Fall, daß das Einkommen unter den Durchschnitt der letzten zwölf Monate sinkt in Fällen höherer Gewalt usw. Auch die Stellung von Straßenbahnkarten und ähnliche Erleichterungen sind vorgesehen. Die Kündigung ist vierteljährlich am Ersten jeden Kalendervierteljahres.

Ehe ich einige Zahlen gebe, möchte ich noch darauf hinweisen, daß die technischen Angestellten der Zeitungen mit den Löhnen rascher emporgestiegen sind als die geistigen Arbeiter.

Einige Zahlen mögen dies erläutern: Ein Maschinensetzer bezieht, wenn man den im Mai 1922 ihm gezahlten Wochenlohn in der Ortsklasse mit 25 % Lokalzuschlag, wie ihn z. B. auch München hat, in Anrechnung setzt und den Wochenlohn auf das Jahr umrechnet, 49 140,— Mk., ein Handsetzer 46 540,— Mk., ein Hilfsarbeiter 39 559,— Mk. und ein außer Tarif stehender Metteur en page beinahe 56 000,— Mk. Ein Schriftleiter I. Klasse, Ortsklasse A, nach dem zwischen dem Verein bayrischer Zeitungsverleger und dem Landesverband der bayrischen Presse abgeschlossenen Tarif den Maigehalt auf das Jahr umgerechnet, 82 320,— Mk. (Minimaltarif), ein Redakteur II. Klasse, Ortsklasse A, 69 900,— Mk., und ein Schriftleiter

III. Klasse, Ortsklasse A, 58020,— Mk. Für den Monat Juni ist allerdings eine nochmalige nicht unbedeutende Erhöhung — 50 % zum Märzgehalt — vorgesehen. Diese Zahlen verändern sich nun fast von Vierteljahr zu Vierteljahr, so daß die Zahlen nur einen ungefähren Überblick geben können.

In welch rascher Aufwärtsbewegung durch den verlorenen Krieg die Gehälter gestiegen sind, mögen folgende Zahlenangaben beweisen. Die Gehälter der Redakteure, die damals noch nicht in Tarifklassen eingeteilt waren, bewegten sich zwischen etwa 2400.— Mk. und 20000,— Mk. im Jahr als Höchstgrenze für den leitenden Chefredakteur. Das Durchschnittsgehalt war 4—8000,— Mk. Bei den Chefredakteuren und besonders tüchtigen Kräften gab es allerdings noch Sätze, die darüber hinausgingen. Das Grundzeilenhonorar für die freien Mitarbeiter betrug durchschnittlich 10 Pf., die Ausnahmen 15 und 20 Pf., für die ständigen Mitarbeiter einer Münchener Zeitung bei Beiträgen, die dieser Zeitung allein gegeben wurden, 12 Pf., für Nichtoriginale sowie für Auszüge aus Drucksachen, amtlichen Schriftstücken oder sonstigen abgeschriebenen Sachen 6 Pf., Abendberichte von Versammlungen, Vorträgen bis zu 50 Zeilen wurden 5.— Mk. Pauschale bezahlt, darüber hinaus 6 Pf. pro Zeile, für Beerdigungsberichte etwa 3,— Mk., für feuilletonistische Beiträge 15—20 Pf. die Zeile. Unterm Strich im Hauptblatt wurden aber je nach Qualität des Aufsatzes und des Verfassers, wie bei namhaften Gelehrten, Parlamentariern, Industriellen usw., ein Zeilenhonorar bis zu 50 Pf. bezahlt. Einige Mitarbeiter hatten für ganz kleine Notizen eine Pauschale von 1,— Mk. bis 1,50 Mk. bei etwa 10—15 Zeilen. Theater- und Konzertberichte wurden mit 10,— Mk. honoriert.

Man vergleiche damit die im März 1922 geltenden Sätze! In diesem Monat galten Zeilenpreise von 40 und 50 Pf., Zeilensätze für feuilletonistische Arbeiten von 75 Pf., die Entschädigung für Abendberichte betrug 40,— Mk., für Tagesberichte 30,— Mk., für Notizen 5,— Mk., für Recherchen 10,— Mk. Der Sonntagszuschlag beträgt 50 %, das monatliche Fixum 1700.— Mk. Dabei ist vorgesehen, daß für bestimmte Arbeitsgebiete die Pauschalhonorare noch besonderer Vereinbarung unterliegen. Nun sind bereits wieder im Monat April zu diesen Sätzen 30 %, im Mai 35 % und im Juni 50 % gekommen, so daß z. B. ein Abendbericht im Juni auf 60 Mk. kommt. Diese Sätze finden sich im Münchener Tarif der freien Mitarbeiter.

Ähnlich dürften die Sätze auch im übrigen Deutschland sein, bei mittleren und kleineren Blättern der Provinz niedriger.

Kosten der Ausbildung.

Wenn man untersucht, welcher Aufwand für Ausbildung und Erziehung eines Schriftleiters in Betracht kommt, so kann man im allgemeinen feststellen, daß er etwa dem irgendeines Fachstudiums nahekommt, jedenfalls bei fast allen akademisch gebildeten Schriftleitern. Bei denjenigen, die nur eine Mittelschulbildung aufweisen oder Autodidakten sind, ermäßigt sich der Aufwand entsprechend. Die volle akademische Bildung wird übrigens mehr und mehr als Voraussetzung zur Erlangung einer leitenden Stellung in der Presse gefordert. Es ist diese Forderung im Interesse des Ansehens und der Hebung des Berufes durchaus am Platze. Denn es ist nicht zu übersehen, daß doch bei vielen Schriftleitern, denen eine höhere Bildung mangelt, bei allen erworbenen Kenntnissen und natürlicher Begabung doch immerhin sich häufig ein Manko zeigt, das zeitlebens nicht überwunden wird. Nur ganz außerordentlich talentierte Menschen von eisernem Fleiß können diese Lücke allenthalben ausfüllen. Da die Ausbildung nicht behördlich reguliert ist, sind, wie schon ausgeführt, alle Abstufungen und die größten Verschiedenheiten vorhanden. Eine Berufsabgrenzung findet nur insofern statt, als je nach den Fähigkeiten verantwortungsvolle Ressorts und besondere Aufgaben übertragen werden.

Der alte Journalist.

Die Altersversorgung des Journalisten liegt noch sehr im argen. Im großen und ganzen besteht sie überhaupt nicht. Gewiß haben einzelne bedeutende Koryphäen des Berufes vertraglich sich Pensionen, Lebensversicherungen, selbst sogar Teilhaberschaft gesichert; auch wurden in einzelnen hervorragenden Zeitungsinstituten eigene Pensionskassen für die Angestellten errichtet oder Pensionen vertragsmäßig festgelegt. Aber die überwiegende Mehrzahl der deutschen Schriftleiter hat bisher keinen Anspruch auf eine Altersversorgung. Wo in patriarchalischer Form, und es muß zugegeben werden, daß dies sehr häufig der Fall ist, einem Veteran der Presse für treu geleistete Dienste vom Verleger ein Ruhegehalt gewährt ist, beruht es häufig nicht auf einer rechtlichen Grundlage. Einige große Institute haben eigene Pensionsvereine, bei denen der Verlag ein größeres Stiftungskapital gewährt hat, außerdem noch einen großen Teil der Beiträge bezahlt, um für den Fall der Invalidität und Arbeitsunfähigkeit eine rechtlich gesicherte Pension gewähren zu können. Vielfach sind auch die Frauen der Angestellten mit einbezogen. Der Hauptfehler dieser Pensionsvereine war der, daß der Angestellte beim Austritt zwar einen Teil seiner eigenen Beiträge zurückerhielt, aber des Pensionsanspruches verlustig ging. Die Schriftleiter sind bisher zu einem guten Teil wegen der Höhe ihrer Bezüge nicht in der Reichsversicherung gewesen. Die Pensionsanstalt deutscher Journalisten und Schriftsteller, die unter Beteiligung der Verleger und Schriftleiter vor mehr als einem Vierteljahrhundert gegründet worden ist, hat diese Lücke ausfüllen wollen. Aber naturgemäß konnte sie ihre Pensionssätze nicht so festsetzen, daß für den nicht mehr arbeitsfähigen Mann der Presse ein auskömmliches Ruhegehalt gewährt werden konnte. Hier setzen nun die neuen Bestrebungen ein. Bei der im Mai 1922 in München abgehaltenen Tagung des Reichsverbandes der deutschen Presse wurde ein Beschluß gefaßt, mit dem zur Verfügung stehenden Betrage von einer Million Mark eine Wohlfahrtskasse (Unterstützungskasse) der Pensionsanstalt anzugliedern. Weitere sehr erhebliche Summen stehen hierfür in sicherer Aussicht. Noch wichtiger für die Anstalt ist der Abschluß der Arbeitsgemeinschaft zwischen dem Verein deutscher Zeitungsverleger und dem Reichsverband der deutschen Presse, der auch die grundsätzliche Verpflichtung der Verleger zur Fürsorge für die Familien der Redakteure vorsieht. Nach einhelliger Auffassung im Reichsverband der deutschen Presse, die auch von den maßgebendsten Mitgliedern des Vorstandes des Vereins deutscher Zeitungsverleger geteilt wird, soll für diese soziale Fürsorge nur die Pensionsanstalt in München in Frage kommen. Die neu vereinbarte Arbeitsgemeinschaft und das eventuell zu schaffende Journalistengesetz sollen hier Wandel schaffen. Die Fragen sind noch im Fluß, aber zweifellos muß auf diesem Gebiet irgend etwas geschehen. Die Entwertung des Geldes ist ein schweres Hindernis für eine weitsichtige und ausgiebige Hilfe.

Man hat öfter statistische Angaben über die Wirkung des Journalistenberufes auf Gesundheit und die Lebensdauer der in ihm Tätigen aufgestellt. Man sagt den Geistlichen und auch den Gelehrten eine lange Lebensdauer nach. Für unseren Beruf fehlt eine zuverlässige

Statistik. Die aufreibende und die Nerven stark mitnehmende Tätigkeit des Journalisten müßte eigentlich auf eine die Gesundheit zermürbende Wirkung schließen lassen. Gewiß werden viele Männer der Feder frühzeitig in ihrer Schaffenskraft gelähmt; aber ich habe doch auch sehr viele bejahrte und leistungsfähige Männer der Feder inner- und außerhalb der Redaktionen gesehen und auch den Eindruck gewonnen, daß die meisten Kollegen früher oder später in den Sielen sterben. Die Sterblichkeitsziffer bei der Pensionsanstalt deutscher Journalisten und Schriftsteller ist an und für sich nicht ungünstig; aber sie kann nicht viel beweisen, weil die Zahl der Versicherten nur einen geringen Teil der im Beruf Tätigen umfaßt und das Gesetz der großen Zahl nicht wirksam sein kann. Die Leistungsfähigkeit der Journalisten ist erfreulicherweise ziemlich andauernd. Allerdings werden viele mit Aufbietung ihrer letzten Kräfte ihrer Berufstätigkeit obliegen. Wenn sich Krankheit zum Alter gesellt, ist allerdings das Los des Journalisten kein beneidenswertes, zumal nicht in dieser Zeit, wo Ersparnisse durch die Entwertung des Geldes fast bedeutungslos geworden sind.

Fünftes Kapitel.

Die derzeitige wirtschaftliche Lage der bildenden Künstler.

Von

Fritz Hellwag,

Schriftleiter des Reichswirtschaftsverbandes bildender Künstler Deutschlands (Berlin-Zehlendorf).

Inhaltsübersicht.

Über die Notlage der bildenden Künstler ist schon vor dem Kriege viel geschrieben worden, und sie hat zweifellos bestanden. Ihr zu steuern, sind im Jahre 1913 und in den folgenden Jahren an allen Kunstorten Wirtschaftliche Verbände bildender Künstler gegründet worden, die sich unlängst zum Reichswirtschaftsverband bildender Künstler Deutschlands zusammengeschlossen haben und jetzt schon etwa 6300 organisierte Einzelmitglieder umfassen; wie ihr Name besagt, widmen sie ihre Kraft ausschließlich der Besserung der wirtschaftlichen Lage der bildenden Künstler. Da fast alle diese Einzelmitglieder der Wirtschaftlichen Verbände (WV.) außerdem noch einem oder mehreren Künstlervereinen, die ihre besonderen künstlerischen Interessen vertreten, angehören müssen, so sollten sie durch die Begründung der WV. pekuniär merklich nicht belastet werden; aus dieser Rücksicht begannen die WV. mit der Erhebung eines jährlichen Beitrages von nur 5 Mk., den sie später verdoppelten und erst bei beginnender Geldentwertung nach dem Kriege auf 40 Mk. erhöhten; bei diesem Satz stehen sie noch heute.

Daß mit so geringen Mitteln schon vor dem Kriege eine Beschränkung auf die wichtigsten und grundlegenden Arbeiten (Rechtsschutz, Urheber- und Verlagsrecht, Wettbewerbswesen usw.) geboten war, liegt auf der Hand. Für statistische Erhebungen über die Notlage der bildenden Künstler blieb kein Geld übrig; überdies lag keine Notwendigkeit vor, diese Notlage, die von den Künstlern am eigenen Leibe so stark empfunden wurde, erst noch zu beweisen. Immerhin hatte ein Künstlerausschuß, mit kleinen Geldzuschüssen der Berliner Künstlervereine, eine in zahlreiche Punkte zerlegte und relativ gut beantwortete Umfrage an die bildende Künstlerschaft Groß-Berlins gerichtet, deren Ergebnisse die Lage in den Jahren 1910—1912 beleuchteten und eine Notlage als unzweifelhaft erscheinen ließen. Aber seither ist nichts weiter in dieser Richtung unternommen worden.

Als nun der Verein für Sozialpolitik, im Einverständnis mit dem Reichswirtschaftsverband bildender Künstler Deutschlands (RWV.), mich beauftragte, eine Darstellung der derzeitigen wirtschaftlichen Lage der bildenden Künstler zu geben, kam dem RWV. erst zum Bewußtsein, wie wenig nach außen beweiskräftiges Material über die Notlage der bildenden Künstler er in Händen habe. Dieser Mangel war für den RWV. selbst leicht zu entschuldigen und zu ertragen, da er ja aus eigener Erfahrung und täglicher Notwendigkeit in praktischer Arbeit die Besserung kräftig vorwärts zu treiben sucht, ohne derartige Querschnitte, wie sie jetzt von uns verlangt werden, machen zu müssen. Es soll keineswegs hiermit gesagt sein, daß der RWV. die Wichtigkeit der Statistik verkenne; es ist im Gegenteil schon oft davon gesprochen worden, ihren Aufbau im Programm mit zu berücksichtigen; aber bisher wurden Arbeitskräfte und Geldmittel stets dringender auf anderen Gebieten beansprucht.

So wäre denn dem RWV. nichts anderes übriggeblieben, als jetzt auf einen Schlag und zu dem bestimmten Zweck der Beschaffung von Grundlagen für den Verein für Sozialpolitik neue Erhebungen anzustellen. Leider fiel aber der Auftrag des Vereins für Sozialpolitik in die schlechteste Zeit der Geldentwertung, Papiernot und Portoerhöhung; es mußte bei dem niedrigen Jahresbeitrag von 40 Mk., der noch vielerlei anderen Zwecken zu dienen hat, ausgeschlossen erscheinen, unter den 6300 Mitgliedern eine direkte Umfrage zu veranstalten. Auch der WV. Berlin, der eben versucht, durch öffentliche Propaganda sein trotz größter Wirtschaftlichkeit entstandenes Jahresdefizit von 30 000 Mk. auszugleichen — auch ein Beweis für die Notlage der bildenden Künstler —, vermochte nicht, die Mittel aufzubringen, um wenigstens für Groß-Berlin die Umfrage des Jahres 1912 zu erneuern. Dies ist besonders zu bedauern, weil nun auch die Ergebnisse jener ersten Umfrage unberücksichtigt bleiben müssen, da wir ihnen ja keine entsprechenden Daten aus dem Jahre 1921 gegenüberzustellen haben und doch nicht über die Lage in der Vorkriegszeit berichten, sondern den derzeitigen Zustand beweislich erhärten sollen. Wir sparen uns dies Material auf für die Zeit, die es uns vielleicht ermöglichen wird, eine wirklich vollgültige Parallele zu ihr zu ziehen.

Was der RWV. unter diesen gedrückten Verhältnissen tun konnte, ist zu leisten versucht worden: er hat an die zwölf lokalen Unterverbände, nämlich an die WV. des Reiches, Fragebogen versandt und hat sie gebeten, im Einvernehmen mit den Vorständen der übrigen lokalen Künstlerverbände „von oben her" einiges Material zusammenzutragen, da nun einmal eine gründliche, den Anforderungen mehr entsprechende Sammlung von unten her, d. h. durch persönliches Befragen aller Künstlermitglieder, leider undurchführbar bleiben mußte.

Diese beschränkte Umfrage war in nachstehende zehn Punkte eingeteilt:

1. Läßt sich in den Kunststädten Ihres Bezirkes eine Ab- oder Zunahme der bildenden Künstler seit 1913 feststellen? (Nach Adreßbüchern oder sonstigen statistischen Unterlagen.)
2. Wieviel unterstützungsbedürftige Künstler lassen sich feststellen für $\frac{1913}{1921}$?
3. Wie hoch waren die Beiträge für die einzelnen Künstlervereinigungen Ihres Bezirkes $\frac{1913}{1921}$?
4. Wie hoch war die Mitgliederzahl in den verschiedenen Künstlervereinigungen $\frac{1913}{1921}$?
   a) Sind alte Vereinigungen eingegangen, neue entstanden $\frac{1913}{1921}$?
5. Können Sie zuverlässige Angaben bekannter Künstler (ohne Namensnennung) erhalten über die Preise, die sie für Werke ähnlichen Charakters erzielten $\frac{1913}{1921}$?
   a) Von wie vielen Künstlern?
   b) Wie lauten die Angaben, eingeteilt nach Fächern? (A. = Arch., B. = Bildh., Gr. = Graph., GGr. = Gebrauchsgraph., J. = Illustrat., KG. = Kunstgewerbl., M. = Maler.)
6. Läßt sich eine Verschiebung der relativen Zahlen in den einzelnen Fachgruppen feststellen?
7. Welches statistische Material können die Ausstellungsleitungen in ihrem Bezirk liefern? Zahl der Verkäufe, Ziffer der Gesamtverkaufssumme in gleichen Ausstellungsunternehmungen $\frac{1913}{1921}$?
8. Wie viele Kunsthändler waren in Ihrem Bezirk? (Feststellung nach Adreßbüchern oder durch städtisches statistisches Amt oder ähnliches.)
9. Wie hoch war die Schülerzahl in den städtischen und staatlichen Kunstschulen?

Wie groß ist die Zahl der Privatschulen in Ihrem Bezirk?

Wie hoch war die Schülerzahl in diesen Schulen $\frac{1913}{1921}$?

10. Ist gegenwärtig Mangel an Ateliers in Ihrem Bezirk festzustellen? Welche sonstigen Angaben zur Atelierfrage können Sie machen?

Auf diese Umfrage sind Antworten eingegangen aus Berlin (Teilbezirke), Dresden, Düsseldorf, Frankfurt a. M., Gera, Jena, Karlsruhe, Königsberg i. Pr., München, Stuttgart und Weimar. Wenn auch nicht aus allen diesen Städten zu allen Punkten Äußerungen vorliegen, so kann doch aus der Gesamtheit der Mitteilungen ein ungefähres Bild der Lage skizziert werden; um mehr als dies kann es sich, wie ich schon ausführlich darlegte, in meiner Vorarbeit für spätere und gründlichere Untersuchungen nicht handeln.

I. Ab- oder Zunahme der Zahl der bildenden Künstler.

Die Feststellung der Zahl der bildenden Künstler nach den Ortsadreßbüchern, soweit diese überhaupt auch die freien Berufe kategorisieren, ist ein nur sehr behelfsmäßiges Mittel; denn hier liegt den Angaben keinerlei Kontrolle zugrunde, ob die Betreffenden, die sich selbst als Künstler aufführen ließen, auch wirklich Anspruch auf diese Bezeichnung haben. Ebenso ist es unmöglich, die Mitgliederzahlen der einzelnen lokalen Künstlerverbände einfach zusammenzuzählen, um die Gesamtzahl der am Orte lebenden, anerkannten Künstler zu gewinnen; denn die meisten Künstler gehören gleichzeitig mehreren Verbänden an; eine Berichtigung dieser Addition könnte nur erfolgen, wenn an jedem Orte eine Gesamtkartothek bestände, in der die doppelte, drei- und mehrfache Aufführung wieder ausgeschaltet werden könnte. Zu bedenken wäre auch, daß es daneben auch viele Künstler gibt, die ganz für sich leben und sich überhaupt keinem Verein angeschlossen haben. Die WV. werden hoffentlich später einmal alle Künstler als Einzelmitglieder in sich vereinigen und dann die Gesamtheit aller anerkannten Künstler darstellen; jetzt umfassen sie etwa zwei Drittel bis drei Viertel.

Man ist also auf die Schätzung angewiesen, und hierfür gibt das bekannte und seit vielen Jahren erscheinende Dreßlersche Kunstjahrbuch die beste Grundlage; denn hier sind in emsiger Tradition an annähernd alle Künstler Aufforderungen zur Eintragung verschickt und in großem Prozentsatz beantwortet worden. Der Herausgeber Dreßler ist nach dem eben Gesagten also befähigt, auch die Lücken seines Adressenverzeichnisses einigermaßen zuverlässig abzuschätzen. Dreßler führte, auf Grund seiner Vorarbeiten aus den Jahren 1910 und 1911, im Jahrgang 1913 etwa 8000 bildende Künstler auf. Dann muß, parallel zu dem allgemeinen wirtschaftlichen Aufschwung des Deutschen Reiches, ein sehr großer Andrang zur bildenden Kunst, insbesondere zum Kunstgewerbe (Werkbundbewegung) erfolgt sein, denn das Jahrbuch 1921, das in seinen Grundlagen auf die Jahre 1917/18 zurückgeht, verzeichnete schon 10000 bildende Künstler; doch sind hierin die Schweiz und Österreich zum Teil mit berücksichtigt. Die Konkurrenz im Künstlerberuf wird sich also in den nächsten Jahren ganz erheblich verschärfen; hoffentlich setzt sich die Werkbundbewegung noch rechtzeitig und in solchem Maße durch, daß entsprechend vermehrte Absatzmöglichkeiten geschaffen werden, was allerdings wesentlich auch durch eine Wiederbelebung der Bautätigkeit und durch engere Beziehungen zur Architektur bedingt sein wird. Leider droht die Luxussteuer, auf die ich noch näher eingehen werde, dem aufblühenden Kunstgewerbe mit einer Belastung, unter der es im ersten Stadium der Entwicklung leicht zusammenbrechen kann.

Den städtischen Einwohnerverzeichnissen (Adreßbüchern) sind folgende Zahlen zu entnehmen: Düsseldorf 1913: 292 Maler und 36 Bildhauer (andere Kategorien werden nicht genannt), zusammen 328; 1921: 288 Maler und 40 Bildhauer, zusammen wieder 328. München 1913: 1800 Maler und 366 Bildhauer, zusammen 2166; 1921: 1637 Maler und 506 Bildhauer, zusammen 2143. Stuttgart 1913: 138 Maler, 24 Bildhauer, 8 Zeichner, zusammen 170; 1921: 167 Maler, 40 Bildhauer, 27 Zeichner, zusammen 234, was einer Zunahme von $37^1/_2$ % entsprechen würde. Den Begriff des Kunstgewerblers kennen diese Adreßbücher nicht; jene werden wohl unter den vermehrten Bildhauern und Zeichnern zu finden, zum großen Teil aber unter den Gewerbetreibenden registriert worden sein.

Eine allgemeine Zunahme der bildenden Künstler wird gemeldet aus Düsseldorf (besonders in den umliegenden Städten und Dörfern), Frankfurt a. M., Karlsruhe, Jena (1911: 6, 1921: 18, die übrigens alle im dortigen WV. organisiert sind) und Weimar. (Der Thüringer Ausstellerverband, dessen Bestand in Ermangelung einer Gesamtzahl angeführt sei, hatte 1913 137, 1921 145 Mitglieder, der WV. daneben

141 Mitglieder; die Gesamtsteigerung der Künstlerzahl wird in unserer Periode auf 10 bis 15 angegeben.) In Gera bzw. in den Städten Ostthüringens hat man die Zunahme auf 50 % geschätzt. Die Abwanderung der Künstler aus den großen in die kleineren Städte scheint mir für die wirtschaftliche Lage der bildenden Künstler charakteristisch zu sein; wir werden weiter unten sehen, daß sie manche Künstler statt in Sicherheit in größere Not gebracht hat.

II. Unterstützungsbedürftige Künstler.

Die Zahlen der städtischen Fürsorgestellen könnten, selbst wenn sie zur Verfügung gestellt würden, über die wirkliche wirtschaftliche Lage der bildenden Künstler wenig aussagen. Erstens wurden an manchen Orten die unterstützungsbedürftigen Künstler der Kontrolle einzelner Gewerbegruppen, meistens der Anstreicher oder Lithographen, zugewiesen, die nicht das mindeste Urteil darüber haben konnten, ob ein Künstler bei nachdrücklicher Bemühung Verdienst hätte finden können; diese Kontrolleure verhielten sich deshalb aus Unvermögen in vielen Fällen lieber ablehnend, und erst spät gelang es z. B. dem WV. Berlin, die Kontrolle wenigstens für die ersten sechs Wochen der Erwerbslosigkeit in die Hände zu bekommen; doch war den Künstlern die gerade für ihre Psyche besonders niederdrückende Formalität des Verhörs vor einem städtischen Amtsbureau nicht zu ersparen. Es sind mir mehrere Fälle mitgeteilt worden, in denen ältere Künstler, die sich in der allerbittersten Hungersnot befanden, unter keinen Umständen zu bewegen gewesen sind, sich bei der Erwerbslosenfürsorge zu melden. (Man wird meine Worte nicht als gegen die Erwerbslosenfürsorge gerichtet auffassen; denn ich will nur sagen, daß man die gute Absicht den Künstlern gegenüber besser hätte durchführen können, wenn man den Instanzenweg, der besonderen Veranlagung dieser Menschen entsprechend, etwas geebnet hätte.)

Viel aufschließender sind für uns die Angaben der wenigen großen Künstlerverbände, die, schon lange Jahre vor dem Kriege gegründet, ganz charitativen Zwecken gewidmet sind. Der Verein Düsseldorfer Künstler zur gegenseitigen Unterstützung und Hilfe, dem im Jahre 1913 24 Künstler zur Last fielen, mußte im Jahre 1921 mehr als die vierfache Zahl, genau 100 unterstützen; selbst in den Kriegsjahren 1914 bis 1918 war er durchschnittlich nur von 80 Mitgliedern beansprucht worden und hatte bei der Erfüllung seiner Aufgabe noch die besonders gegründete Kriegskasse zur Verfügung gehabt. Der Münchener Künstlerunterstützungsverein erledigte 1913 273 Gesuche mit 86 115 Mk., 1914 229 mit 86 857 Mk., 1915 197 mit 69 338 Mk., 1916 206 mit 72 248 Mk., 1917 218 mit 77 689 Mk., 1918 256 mit 74 777, 1919 287 mit 84 125 Mk., 1920 312 mit 141 729 Mk. und 1921 626 mit 174 937 Mk. Nachdem also schon im Jahre 1920 ein geringes Anwachsen der Zahl der Gesuche zu bemerken gewesen war, ist sie im Jahre 1921 plötzlich auf das Doppelte hinaufgeschnellt. Während der Durchschnitt der Darlehen früher annähernd 300 Mk. betragen hatte, versuchte der Verein im Jahre 1920, fast unter Verdopplung seiner Opfer, das durchschnittliche Darlehen oder Geschenk um die Hälfte auf 454 Mk. zu erhöhen, um für den Empfänger die Valutaverschlechterung etwas auszugleichen. Im Jahre 1921 war ihm das augenscheinlich nicht mehr möglich, und er mußte unter den früheren Durchschnitt hinuntergehen, um den vielen Bedürftigen wenigstens etwas zu geben, wenn es schließlich auch nicht viel helfen konnte. Gerade zu Beginn des Rückganges, nach der Scheinkonjunktur des Jahres 1919, mußte der Hilfsausschuß der Münchener Künstlerschaft am 8. März 1920 seine Tätigkeit als beendet erklären, nachdem er die seit September 1914 gesammelten Gelder im Gesamtbetrage von 516 172 Mk. in Form von Aufträgen der Künstlerschaft Münchens zugeführt und gewiß mancherlei Not gelindert und verzweifelnden Glauben wieder aufgerichtet hatte. Ähnlich so hatte man auch in anderen Kunststädten versucht, dem Kriegselend zu begegnen, doch haben auch diese Ausschüsse sich längst aufgelöst, ohne daß eine Ersatzorganisation bestünde.

Noch unzulänglicher als die Kassen der wenigen großen Unterstützungsverbände, deren meines Wissens nur je einer in München, Berlin, Karlsruhe und Düsseldorf besteht, erweist sich das ohnedies sehr beschränkte und gar nicht auf diese Zwecke eingerichtete Vermögen der Berufsvereine, obwohl auch diese tun, was sie irgend können. So hat sich in Karlsruhe die Zahl der unterstützungsbedürftigen und nach schwachen Kräften geförderten Kollegen verdreifacht, und darunter befinden sich einige sehr schwere Fälle. In Weimar ist die Zahl vervierfacht: „Die Mehrzahl der bildenden Künstler Ostthüringens lebt in sehr schwierigen Verhältnissen; in der Nachkriegszeit wurden mehrere Künstler durch die Erwerbslosenfürsorge unterstützt.“ Die einzige Ausnahme macht Jena, wo „krasse Fälle nicht bekannt geworden sind“.

III. Die Mitgliederbeiträge der Künstlerverbände.

Was will es in Anbetracht der oben geschilderten Zustände bedeuten, daß der Künstler-Unterstützungsverein in Karlsruhe seine erhobenen Beiträge verzehnfacht hat, von 2 auf 20 Mk.? Dies ist übrigens bei weitem die prozentual größte Erhöhung von Mitgliederbeiträgen; durchschnittlich wurden diese nur auf das Drei- bis Vierfache heraufgesetzt. Mehr konnte kaum gewagt werden; denn die WV. haben allerorten genug davon zu berichten, wie schwer die auf 40 Mk. hinaufgesetzten Beträge eingehen. Die WV. machen die größten Anstrengungen, das so entstehende, aber nicht tragbare Defizit durch Werbung fördernder Laienmitglieder wieder einzubringen. Ich erwähnte bereits, daß der große, fast 2000 Mitglieder zählende WV. Berlin für 1921 mit einem Fehlbetrag von 30 000 Mk. abschloß; dieses Defizit ist erst zum dritten Teil, und zwar durch eine hochherzige Spende seines zurzeit in Holland tätigen Vorsitzenden, ausgeglichen. Wie wird es im Jahre 1922 und weiterhin aussehen, und wird dieser und die anderen Verbände die Tätigkeit zum Besten der Allgemeinheit überhaupt noch fortsetzen können? Ihre Abgaben an den zentralen RWV. fließen spärlich genug, und der RWV. vermag seinem Generalsekretär, der ihm seine ganze Arbeitskraft widmen müßte, nicht mehr zu geben als 24 000 Mk. jährlich. Was sein wird, wenn die WV. und ihr RWV. ihre Arbeit aus Mangel an Mitteln wirklich einstellen müssen, ist gar nicht abzusehen. Ich will in meinem Schlußwort einige Andeutungen geben, was diese Arbeit nicht nur für die Künstler, sondern letzten Endes für die Kunst zu bedeuten hat.

IV. Die Mitgliederzahl der Künstlerverbände.

Die Mitgliederzahl der Verbände hat wenig Beziehung zur wirtschaftlichen Lage der Künstlerschaft; wichtig ist nur die erhebliche zahlenmäßige Erstarkung der WV., die, im Reichswirtschaftsverband bildender Künstler Deutschlands zusammengeschlossen, jetzt auf 6300 Mitglieder angewachsen sind; sie ist wichtig, weil hier nur rein wirtschaftliche Interessen verfolgt werden, und den WV. über kurz oder lang alle Künstler, die ihre Zeit verstehen, werden angehören müssen. Wenn ein anderer, ein Künstlerberufsverband, ab- oder zunimmt, so sagt das höchstens etwas über die Lebensfähigkeit der von ihm vertretenen, besonderen künstlerischen Richtung. Übrigens haben, den vorliegenden

Nachrichten zufolge, fast alle älteren Künstlerberufsverbände ihren Mitgliederstand erhalten können, wenn sie ihn auch nicht mehr zu erweitern vermochten; nur die Münchener Künstlergenossenschaft und der Verein Berliner Künstler haben um 10 bzw. 18 % abgenommen; erstere umfaßt ausschließlich Künstler der älteren Richtung, und aus letzteren mag sich das satzungsgemäß aufnahmeberechtigte Laienelement mehr zurückgezogen haben, weil auch die Künstler keine Feste mehr zu feiern haben.

Wenn sich die älteren Verbände nur gerade auf dem Stand von 1913 haben halten können, so ist der Zuwachs in den seither neugegründeten Verbänden, eben weil sie die neue Richtung künstlerisch vertreten, zu finden. Aber aus der relativen Blüte der Künstlerberufsverbände irgendwelche Schlüsse auf den Wohlstand der Mitglieder ziehen zu wollen, wäre gründlich verfehlt; denn in keinem anderen Beruf ist zum Zwecke der gemeinsamen künstlerischen Tat der persönliche Anschluß so notwendig wie bei dem Künstlerberuf, in dem nur die ganz Großen, aber auch diese selten, eine Isolierung ertragen können. Der Aufwand, den die Künstler durch solche Mitgliedschaft zu bestreiten haben, ist im Vergleich zu den Lebenskosten, wie wir gesehen haben, nur ganz minimal, d. h. auf das Drei- oder Vierfache gestiegen. Im Durchschnitt werden nicht viele Künstler dafür jährlich erheblich mehr als insgesamt 100 Mk. zu zahlen haben.

Unsere Umfrage ist ja auch nicht erfolgt, um die Aufwendungen der Künstler als Maßstab ihrer wirtschaftlichen Lage zu nehmen, sondern um festzustellen, ob die Verbände durch die vermehrte Gesamtheit dieser von ihnen eingezogenen Beiträge in die Lage versetzt würden, mehr für die Besserung der wirtschaftlichen Lage zu tun; daß nicht dies, sondern das Gegenteil der Fall ist, habe ich bereits dargelegt. Weder die charitativen Aufgaben noch die grundsätzliche Vertretung noch die Ausstellungspflege (letztere fällt den Berufsverbänden zu) sind mit diesen Beiträgen, die gleichwohl nicht erhöht werden können, zu erfüllen.

V. Preise 1913 und 1921.

Mir wurde kürzlich vorgehalten, daß in München etwa 20 Maler leben, die für ihre Bilder so märchenhafte Preise erhalten, daß sie schon beim Verkauf von vier bis fünf Werken ein ansehnliches Vermögen verdient hätten; überdies könnten sie gar nicht so viel schaffen, wie von ihnen verlangt wird. Die gleiche Feststellung wäre wohl auch in Berlin und an anderen Kunstorten zu machen. Diese in Mode gekommenen Künstler stehen entweder hinsichtlich ihrer Kunst oder ihrer blendenden Virtuosität so ganz außerhalb jeden Maßstabes, daß mit ihren Rieseneinnahmen weder für die Rentabilität des Künstlerberufes etwas bewiesen noch nach der Art ihrer Produktion die Behauptung gerechtfertigt wäre: mit ihnen wäre Kunst und Könnertum derart ausreichend repräsentiert, daß alle anderen Vertreter ruhig dem Hungertode preisgegeben werden könnten. Weder die Kunstwissenschaft noch die Volkswirtschaftslehre möchten solche Ansichten mit ihren Methoden decken. Der Kunstwissenschaftler weiß sehr wohl, daß, wie die Spitzen der Pyramiden, so auch die Koryphäen der Künstlerschaft nur auf einer breiten, nach oben immer mehr sich verengenden Grundlage denkbar sind; und die Volkswirtschaftler fragen weniger oder nicht allein nach den Qualitätsgraden der Leistungen, sondern nehmen diejenigen als Vertreter eines Berufes, die ihn erlernt haben und durch ihn ihr Brot sich zu erwerben wünschen; sie stellen ihre Berechnungen nach dem Durchschnitt auf.

Dieses durchschnittliche Bild zu geben, ist hier auch meine Aufgabe, und deshalb lasse ich auch diejenigen Großverdiener ganz beiseite, die sich als Ausnahmen längst und so hoch über den Durchschnitt erhoben haben, daß ihnen, wollte man sie in Betracht ziehen, nur ein ebenso außerordentliches mathematisches Minus, das wohl so manchen Künstler in den Hungertod geführt hat, entgegengestellt werden könnte, aber eben für eine vergleichende Statistik nicht mehr zu gebrauchen ist.

Aus einem reichen Bezirk einer sehr großen norddeutschen Kunststadt standen mir, ohne Namensnennung, von 190 Künstlern die Umsatzsteuererklärungen für 1921 zur Verfügung, und zwar von 40 Malerinnen, 101 Malern, 29 Bildhauern und 20 Architekten. Es haben Einkommen angegeben:

	40	Malerinnen	zusammen	197 329	Mk.	Durchschnitt	4 933	Mk.
davon	7	unter 1 000	„	5 395	„	„	772	„
	10	„ 3 000	„	19 798	„	„	1 979	„
	11	3—5 000	„	48 150	„	„	4 377	„
	7	5—10 000	„	46 921	„	„	6 703	„
	5	10—20 000	„	77 065	„	„	15 413	„

	101 Maler		zusammen 1 989 595 Mk.		Durchschnitt 19 808 Mk.		
davon	9 unter	3 000	„	18 935 „	„	2 104 „	
	7	3—5 000	„	32 327 „	„	4 618 „	
	19	5—10 000	„	145 701 „	„	7 661 „	
	31	10—20 000	„	474 520 „	„	15 307 „	
	35 über	20 000	„	1 318 112 „	„	37 660 „	
	29 Bildhauer		zusammen 872 136 Mk.		Durchschnitt 29 039 Mk.		
davon	1 unter	3 000	„	2 766 „	„	2 766 „	
	1	3—5 000	„	3 200 „	„	3 200 „	
	4	5—10 000	„	28 175 „	„	7 044 „	
	5	10—20 000	„	80 612 „	„	16 122 „	
	18 über	20 000	„	727 389 „	„	40 410 „	
	20 Architekten		zusammen 489 569 Mk.		Durchschnitt 24 478 Mk.		
davon	1	3—5 000	„	3 267 „	„	3 267 „	
	2	5—10 000	„	19 020 „	„	9 510 „	
	6	10—20 000	„	92 321 „	„	15 387 „	
	11 über	20 000	„	374 961 „	„	34 087 „	

Bekanntlich müssen die bildenden Künstler eine Umsatzsteuer (außer der Einkommensteuer!) bezahlen, und hierdurch ist auch die Mehreinnahme der Bildhauer den Malern gegenüber erklärlich; die Bildhauer, die meist einen Denkmalsauftrag usw. in Gesamtentreprise übernehmen, müssen ihren Gesamt-, nicht etwa nur ihren Nettoumsatz versteuern, wonach ihnen zur Last fällt, was sie einschließlich des Materials usw. umgesetzt haben; denn der Gesetzgeber unterstellt ihnen, daß sie auch am Material mitverdienen. Die Architekten werden nach Tarif, der sich mit prozentualer Minderung nach oben nach der Gesamtbausumme bemißt, honoriert; soweit sie in der jetzigen Flaute überhaupt zu bauen hatten und ihren Erwerb nicht in anderen Berufen suchen mußten, waren sie verhältnismäßig am besten gestellt, haben aber auch große Spesen für Reisen zum Bauort usw.

Zwei Architekten hatten Umsätze von 176 000 Mk. und gar 1 783 000 Mk. angegeben; da sie aber ganz augenscheinlich nicht dem eigentlichen Künstlerberuf angehörten, sondern als Unternehmer auftraten, habe ich sie in der Statistik nicht berücksichtigt.

Leider war nicht festzustellen, wie viele dieser Künstler verheiratet waren und nur für sich oder noch für eine Familie von einer oder mehreren Personen zu sorgen hatten. So bin ich in bezug auf ihr Existenzminimum auf die reine Vermutung angewiesen, glaube aber keineswegs zu hoch zu greifen, wenn ich dieses Existenzminimum bei den weiblichen Künstlern mit 8000 Mk., bei den männlichen aber mit

15 000 Mk. für das Jahr 1921 annehme. Es blieben unter diesem Existenzminimum: bei den Malerinnen 87½ %, bei den Malern 34½ %, bei den Bildhauern 20½ % und bei den Architekten 10½ %, zum Teil recht bedeutend. Ob das Defizit durch Hungern, bei den Malerinnen durch die Ehe oder meist durch einen Nebenberuf ausgeglichen wurde, entzieht sich unserer Beurteilung. Es muß noch einmal darauf hingewiesen werden, daß die vorstehenden Angaben in einem verhältnismäßig reichen Bezirk, der viele Kunstfreunde beherbergt, abgegeben wurden und somit diese Gesamtergebnisse, so traurig sie schon sind, keineswegs als Durchschnitt genommen werden dürfen, da in den meisten anderen Bezirken und an kleineren Orten die Zustände sicher noch ungünstiger sind; der Durchschnitt ist also als noch darunter liegend zu vermuten.

Fragt man nun, wie sich solche Einnahmen zu denen der Vorkriegszeit verhalten, so ist zweierlei in Betracht zu ziehen: der angebliche derzeitige Mehrumsatz durch Mehrverkauf und ferner die den Malern, zum Teil aber auch den Bildhauern zur Last fallende erhebliche Kostensteigerung der Materiale. Ein Mehrumsatz wird von Graphikern und Bildhauern zugegeben; bei letzteren ist schon das sich im Wert erhöhende Material für Käufer eine gute Kapitalanlage; die Graphik wird als die im Preise noch erschwinglichste Form von Kunstwerken in zunehmendem Maße begehrt, wofür man aber auch die zu anderen Formen relative Billigkeit fordert; wir werden weiter unten sehen, daß die Graphiker von allen Kategorien bildender Künstler die geringste Erhöhung ihrer Preise, die etwas die Geldentwertung ausgleichen könnte, erzielen, während die Maler, denen dafür aber auch seltener ein Verkauf gelingt, im Vergleich zu ihnen ihre Preise etwas mehr, aber längst nicht genügend ausgleichen konnten.

Betrachten wir nun nach den eingegangenen Mitteilungen die Erhöhung der Bruttopreise, die den Künstlern im Jahre 1921 im Vergleich zum Jahre 1914 möglich geworden ist; es werden nur die nackten, positiven Zahlen angeführt, ohne Berücksichtigung ihres sehr gesunkenen inneren Wertes.

Im Bezirk 37 des WV. haben sieben Maler für die gleiche Leistung wie 1913 die Bruttosteigerung des Ertrages folgendermaßen angegeben: einer erhielt das Zehnfache, einer das Achtfache, zwei das Sechsfache, zwei das Dreifache und einer (für Porträts) nicht mehr wie das Doppelte. Die durchschnittlichen Mehreinnahmen betrugen also das

Fünfeinhalbfache. In einem anderen Berliner Bezirk verdienten von neun Malern: einer das Zehnfache, drei das Achtfache, zwei durchschnittlich das Siebeneinhalbfache, einer das Siebenfache, einer das Sechsfache und einer das Drei- bis Fünffache, durchschnittlich also das Siebeneindrittelfache. Zwei Radierer erhielten von Verlegern das Drei- bzw. das Drei- bis Vierfache für die Platten. Der Verein Berliner Künstler schätzt die Bruttomehreinnahme von 1913 zu 1921 höchstens fünffach; die Freie Vereinigung der Graphiker zu Berlin bemißt sie auf das Drei- bis Fünffache.

Ähnlich so lauten auch die Berichte aus den übrigen Kunststädten. In Düsseldorf erklärt der WV., daß für Kunstwerke durchschnittlich das Fünf- bis Achtfache der Vorkriegszeit bezahlt wurden; vereinzelte, besonders gesuchte Künstler erreichten das 15 fache. Der regere Umsatz habe wenigstens einen teilweisen Ausgleich zu der 40 fachen Steigerung aller Lebensmittel (1921) geschaffen. In Frankfurt a. M. hat die Mehrzahl der Künstler, Maler, Bildhauer und Graphiker nur eine sehr geringe Erhöhung erzielt; neuerdings ist eine Nachfrage nach graphischen Erzeugnissen festzustellen. Nur einzelne Künstler, etwa vier bis sechs, haben in Frankfurt bessere Preise erhalten. In Gera ergab eine Rundfrage unter den Mitgliedern des Künstlerbundes Ostthüringen bei Malern, Bildhauern und Graphikern eine Steigerung um das Vier- bis Fünffache; Kunstgewerbler wurden besser bezahlt. In Jena war das Verhältnis der Preise für Gebrauchsgraphiker, die im ganzen Reiche besonders gut organisiert sind und mit Industrie und Handel wie mit Privaten nur nach Tarif arbeiten, 1:15; für die übrigen Graphiker 1:5; für Illustratoren aber nur 1:1,75. In Karlsruhe wurden Porträtmaler im Jahre 1921 drei- bis fünfmal so gut bezahlt wie 1913; namhafte Künstler erzielten höhere Preise.

Ganz schlecht lagen die Verhältnisse in Königsberg, denn hier wurden für 1921 die Einnahmen der Mitglieder des WV. aus künstlerischer Berufsarbeit mit 550 Mk. monatlich „eher zu hoch" angegeben; die Folge dieser Notlage war, daß schon 1921 hier die allermeisten Künstler mit Nebenverdienst sich durchschlagen mußten, d. h. soweit sie solchen finden konnten. In München verdienten bekannte (ausdrücklich: bekannte) Künstler das Sechsfache, höchstens das Zehnfache; eine Schätzung der Einnahme von Künstlern, die dem Publikum noch nicht so geläufig sind, scheint als aussichtslos unterlassen worden zu sein, doch bleiben sie sicher weit unter dem obigen Durchschnitt. Dem Vorstand des WV. in Stuttgart wurde von Künstlern verschiedener Betätigung und verschiedenen Alters für 1921 eine Steigerung auf das Drei- bis Fünffache als normal bezeichnet; der dortige Kunstbildhauerverein gab an, daß trotz erheblicher Verteuerung der Kunstwerke infolge großer Preissteigerung der Bronze das anteilige Künstlerhonorar nur um das Drei- bis Vierfache gestiegen sei; seit 1921 bis Mitte 1922 hat sich das Honorar im Vergleich zu 1913 um das Fünf- bis Zehnfache erhöht. Im letztgenannten Zeitabschnitt ist es den Malern in Stuttgart möglich geworden, die sieben- bis zehnfachen Vorkriegspreise zu erhalten. Bei den Stuttgarter Graphikern war die Preissteigerung bis Ende 1921 sehr mäßig; jetzt beträgt sie das Drei- bis Vierfache. Bei höherer Preisforderung versagte das Publikum.

Nach Vorstehendem kann man für 1921 im Durchschnitt eine fünffache Steigerung annehmen, wobei die Maler etwas darüber, die Graphiker und Bildhauer aber darunter blieben. Besser, aber nur im Verhältnis zu ihren zurückbleibenden Kollegen der anderen Kunstzweige besser, waren die Gebrauchsgraphiker und Architekten gestellt; letztere natürlich nur, soweit sie überhaupt Aufträge erhalten konnten. Das kommt daher, daß diese beiden Kategorien es durchgesetzt haben, nach einheitlichem Mindesttarif honoriert zu werden, eine Maßnahme, die nun auch die Maler, Bildhauer usw. zu erreichen streben, obwohl die Schwierigkeiten, z. B. für Landschaften usw. Tarife aufzustellen, sehr groß sind; man darf auch nicht übersehen, daß es sich bei den erstgenannten beiden Kategorien eben um feste und um genauer bestimmbare Aufträge handelt und solche Aufträge für freiere Kunstwerke nur tarifiert werden könnten, wenn etwa schon Skizzen vorhanden sind. Aber ich will hiermit den zurzeit schwebenden Beratungen nicht vorgreifen.

Im Vergleich zur ungeheueren Kostensteigerung der Lebenshaltung sind die bisher erreichten Mehreinnahmen der Künstler lächerlich gering, und sie stehen im Augenblick etwa wie 10:100. Überdies sind die Mehreinnahmen durchaus trügerisch, und die wahre Notlage der bildenden Künstler kommt erst zum Vorschein, wenn die ungeheuere Verteuerung der Materiale, die den Malern ganz, aber den anderen Kategorien auch größtenteils zur Last fällt, berücksichtigt wird.

Die Materialpreise für Maler sind von 1913 bis 1921 bzw. Mitte 1922 wie folgt gestiegen (ich füge die Steigerung im ersten Halbjahr 1922 in Klammern bei): Farben durchschnittlich $8^1/_2$ mal (40),

Keilrahmen 8 (80), Leinwand 34 (61), Pinsel 33 (66), Mastix 20 (56), Terpentin 16 (75), Malpappen 17 (120), Leinöl 42 (93). Das bedeutet im Durchschnitt für 1920 eine Verteuerung von $22^1/_2$ %, für 1922 von 74 %.

Wie berechnet sich hiernach die Kalkulation eines Malers, der in der Vorkriegszeit bei einem mittleren Bild, für das er 1000 Mk. löste, etwa 8 %, das sind 80 Mk., an Materialkosten zu tragen hatte? Damals behielt er als Nettoeinnahme 920 Mk. für sich zurück. Im Jahre 1921 erhielt er für ein gleiches Bild 5500 Mk. brutto, hatte aber $22^1/_2$ mal so viel Selbstkosten, das sind 1800 Mk., wonach ihm 3700 Mk., also das Vierfache, verblieb. Katastrophal wurde die Rechnung aber erst im Jahre 1922. Da bekam der Maler im günstigen Fall 8000 Mk. brutto, hatte aber, sehr mäßig gerechnet, 50 mal 80 Mk., also 4000 Mk. Selbstkosten. Im Vergleich zur Vorkriegszeit blieb demnach sein Mehrerlös netto etwa beim vierfachen Satz stehen, während die Kosten der Lebenshaltung auf das 80- bis 100fache hinaufgeschnellt sind. Wäre Kunst eine lebensnotwendige Ware, so müßte dieses Bild, ungerechnet die kaufmännischen Generalunkosten für Reisen, Studien usw., mindestens 84000 Mk. kosten. Man braucht nur eine solche Utopie auszudenken, um das Groteske der Wirklichkeit zu empfinden. Es ist ja richtig, daß der Maler nicht erwarten darf, von dem Ertrage eines einzigen Bildes leben zu können. Aber, wer glaubt, daß es ihm gelingen könnte, 20 solche Bilder zu produzieren und — zu verkaufen, damit er mit 80000 Mk. jährlich ein bescheidenes Leben führe?

Der Ursprünglichkeit halber möchte ich hier einen Brief eines Radierers hersetzen, den dieser an die Zeitschrift „Kunst und Wirtschaft", das Organ des RWV., gerichtet hat. Er lautet:

„Es ist mir in der letzten Zeit wiederholt aufgefallen, daß Künstler ihre Werke zu ganz unglaublich niedrigen Preisen verkaufen. Ob in einigen Fällen der Erlös auch nur ausreicht, um einen neuen Rahmen zu kaufen, glaube ich nicht. Früher bekam ich zum Beispiel für eine kleine Radierung 30 Mk., dafür erhielt ich 22 Pfund Butter oder 429 Eier! Heute bekomme ich für die gleiche Radierung 150 Mk. Dafür erhalte ich aber nur 2 Pfund Butter oder 20 Eier! Früher bekam ich für 30 Mk. (eine Radierung) ein Paar Schnürstiefel und ein Paar Schuhe bester Qualität. Heute muß ich fünf gleiche Radierungen à 150 Mk. verkaufen, um ein Paar minderwertige Stiefel anzuschaffen. Früher bekam ich für eine größere Radierung 80 Mk., dafür erhielt ich einen guten Maßanzug. Heute bekomme ich für die gleiche Radierung 300 Mk. Ich muß 14 Stück verkaufen, um einen einigermaßen brauchbaren Anzug zu bekommen. Verkauft heute ein Künstler eine Zeichnung für 80 Mk., so bekommt er dafür ein Pfund Butter, während er früher 60 Pfund Butter bekommen haben würde. Er gibt also eigentlich seine Zeichnung für 1,33 Mk. her.

Aber leider wird alles Rechnen uns nicht zu dem Idealzustand bringen, daß wir die errechneten Butterpreise auch bekommen. Aber ganz grobe Mißgriffe müßten sich doch vermeiden lassen. Abgeordnete und Regierungen sollten sich jedenfalls mit diesen Fragen auch einmal befassen.

Bei den Bildhauern sind die Verhältnisse nicht besser. Allerdings zahlt jetzt bei Aufträgen meistens der Besteller die Materialkosten besonders, und kluge Künstler lassen sich hierfür auf eine verbindliche Preisabgabe nicht mehr ein; es werden aber viele Besteller durch die hohen Materialpreise abgeschreckt und geben ihre Absicht, zu bestellen, ganz auf. Der nachstehende Brief beleuchtet die Lage der Bildhauer in charakteristischer Weise:

„Berlin, 10. Mai 1922. Ich erhielt im Oktober 1921 den Auftrag, eine Porträtbüste eines außerhalb wohnenden Herrn teils nach der Natur, teils nach gezeichneten Studien und Photos auszuführen, und zwar sollte die Büste in Bronze gegossen werden; der zu Porträtierende wollte noch im Vorjahr zu weiteren Sitzungen herkommen. Sein Kommen verzögerte sich — er ist ein vielbeschäftigter Anwalt —, und ich habe dadurch erheblich länger nach dem vorhandenen und immer nur von dort gesandten Material gearbeitet. Endlich, im März, konnte ich die Büste nach der Natur zur vollsten Zufriedenheit fertigstellen, so daß sie jetzt in Bronze gegossen wird. Die Kosten sind nun aber ganz erheblich höher. Damals hätte das Metall zu der Büste zirka 700 Mk. gekostet, heute etwa 2700 Mk., im Oktober vorigen Jahres erhielten Gießer und Ziseleur durchschnittlich pro Stunde 7,50 Mk., heute 26—27,50 Mk. Der Guß exklusive Metall war mir seinerzeit mit 1800 Mk. veranschlagt worden, heute kostet er mindestens 4500 Mk. Sogar der Gipsguß ist um etwa 300 Mk. teurer geworden durch die Lohnerhöhungen. Ich habe also rund 5000 Mk. direkte Mehrkosten nur für Material und Guß zu bezahlen. Meine sonstigen durch verteuerte Lebenshaltung und zirka sechswöchige Mehrarbeit bedingten Unkosten gar nicht gerechnet, die mir der Besteller auch nicht vergüten will. Ich bin also, selbst wenn ich die 5000 Mk. mehr erhalte, notorisch stark geschädigt und muß die Lohn- usw. Steigerungen, von denen ich nur Schaden habe, noch mit der unglückseligen Umsatzsteuer bezahlen! — Noch schlimmer ist es bei der Grabmalskunst. Hier sind die Steigerungen für Material, Fracht usw. noch enormer. Bei einem Erbbegräbnisentwurf, dessen Kosten ich auskalkulieren lassen mußte (nur architektonischer Aufbau, ohne Figur), kostet das Rohmaterial, deutscher Granit (zirka 10 Kubikmeter), weit über 100 000 Mk.! Die Fracht für die fertigen Steine hierher würde nach heutigem Tarif 30 000 Mk. (dreißigtausend) überschreiten, die Aufstellungsarbeiten mehr als 20 000 Mk. (zwanzigtausend) kosten. Alles in allem dürften hier etwa 400 000 Mk. (vierhunderttausend) in Frage kommen nur für die Ausführung durch das Steinwerk. Eine Lohnerhöhung von 5 Mk. pro Stunde, wie sie seit 1. Mai eingetreten ist, bedeutet: zirka 20 Arbeiter mindestens erhalten dieses Mehr etwa 50 Tage lang ausbezahlt, das sind pro Tag 800 Mk., gleich 40 000 Mk. (vierzigtausend) Mehrkosten nur durch diese Lohnerhöhung! Wie soll ein Künstler da schaffen, wenn das Damoklesschwert der Umsatzsteuer über ihm schwebt? (Die Bildhauer müssen die Umsatzsteuer vom Gesamtbruttobetrag bezahlen! Hellwag.) Hier müssen Mittel und Wege gefunden werden, um den geistig Schaffenden die Existenzmöglichkeit nicht durch mörderische Steuern abzuschneiden! Der tatsächliche Gewinn des Künstlers ist gegenüber diesen ständig lawinenartig wachsenden Unkosten relativ so gering, besonders wenn während der Arbeit neue Verteuerungen eintreten, daß die Behörden dem Künstler nicht glauben. — Diese Dinge habe ich neulich im Reichsfinanzministerium betont, gerade in Bezug auf Grabmäler, und habe auf die verhängnisvolle Ungerechtigkeit der Umsatzsteuer hingewiesen, welche den ehrlichen, idealistischen Qualitätsarbeiter ruiniert, während sie den gewissenlosen Großverdiener wenig trifft. Bezeichnender- und erfreulicherweise nickte mir der Vertreter des Ministeriums beistimmend zu. — Noch ein letztes, kurzes Beispiel. Ein in Muschelkalk ausgeführtes Grabmal, welches im Dezember vorigen Jahres zirka 30 000 Mk. Steinausführung kostete, würde sich heute auf mindestens 80 000 Mk. stellen! Durch diese Zustände wird es heute fast unmöglich, Aufträge zu erhalten, da jede Kalkulationsmöglichkeit aufhört."

Es könnte nun jemand auf den Gedanken kommen: „Vielleicht sind es nur die Künstler der älteren Richtung, auf die solche Verhältnisse zutreffen, und vielleicht verdienen die in ‚Mode' gekommenen Künstler der neueren Richtung besser?" Das Gegenteil trifft zu; denn die bekannte „Novembergruppe" schrieb dem RWV. auf seine Umfrage:

„Auf Ihr Schreiben (nebst Fragebogen) vom 24. April teilen wir Ihnen mit, daß sich bei der Novembergruppe die gewünschte Vergleichsstatistik schlecht aufstellen läßt, da sie erst im November 1918 gegründet worden ist. Wir können nur feststellen, daß für bildende Künstler im Sinne der Novembergruppe, als solche, die ohne Konzession an den Publikumsgeschmack nur ihrer freien Arbeit leben, überhaupt keine Existenzmöglichkeit heute mehr besteht. Die wenigen Käufer — Liebhaber, Kenner und Museen — sind an Zahl sehr zurückgegangen. Wer sich früher von Haus aus eine freie künstlerische Betätigung leisten konnte, ist dazu bei den veränderten Geldverhältnissen nicht mehr in der Lage. Die Folge davon ist, daß die Künstler zum Schaden der Kunst gezwungen sind, sich als Beamte, Lehrer und sogar kaufmännisch den Lebensunterhalt zu verdienen, zum Teil nebenberuflich, zum Teil auch im Hauptberuf. Die echten Künstler werden seelisch dabei vernichtet."

VI. Verschiebung der relativen Zahlen der einzelnen Fachgruppen.

Die Frage, ob eine Abwanderung von einer Fachgruppe zur anderen stattgefunden habe, wozu bessere Existenzmöglichkeiten die Veranlassung gegeben haben könnten, ist stillschweigend oder ausdrücklich allerseits mit „Nein" beantwortet worden. Nur der Karlsruher WV.

antwortete bejahend: „Die Verschiebung bewegt sich zugunsten der angewandten Kunst. Es wird für Gebrauchsgraphik, kunstgewerbliche Entwürfe und dergleichen jetzt mehr bezahlt als für Ölgemälde.“ Diese Auskunft trifft zweifellos den Kern der Sache, was die subjektive Berechtigung der verneinenden Antworten durchaus nicht beeinträchtigt; denn solche Arbeiten, wie die von Karlsruhe genannten, werden mindestens im Anfang nebenher übernommen, und sie bedingen keinen ausgesprochenen und sichtbaren Berufswechsel.

VII. Verkäufe in Ausstellungen.

Da die meisten Kunstausstellungsunternehmen, obwohl sie in den Händen der Künstler selbst liegen und die ausstellenden Kunsthändler (sehr zu Unrecht) die Auskünfte über ihre Umsätze und sogar über die Art ihrer Verkäufe glatt verweigern, so kann ich keine beweiskräftige Übersicht bieten, welche Mehrausbeute die Künstler hier gehabt haben. Es ist aber ein offenes Geheimnis, daß allergrößte Ausstellungsunternehmen, z. B. die Groß-Berliner Kunstausstellung, im Jahre 1921 außerordentlich geringe Verkaufsergebnisse erzielt haben. Schon das Jahr 1920 fiel gegen 1919 erheblich zurück. Das Jahr 1919 allerdings war gut; aber diese Konjunktur lag nicht in der Sache selbst, sondern in der Absicht der neuen Reichen, ihr Geld in Kunstwerken, gleichviel welcher Art, steuerfrei anzulegen, begründet.

Es wird übrigens aus verschiedenen Kunststädten, mit besonderem Nachdruck aus Stuttgart, betont, daß die Ausstellungsverkäufe minimal gewesen seien und grundsätzlich für die Existenz der großen Mehrzahl der Künstler gar keine Rolle spielen.

Wenn ich trotzdem von einigen Ausstellungsunternehmen nachstehend die Verkaufszahlen veröffentliche, so geschieht es mit der Absicht, auch hier vergleichsweise die erzielte Preissteigerung zu untersuchen und den von den Künstlern selbst gegebenen Maßstab nachzuprüfen.

1. Badischer Kunstverein in Karlsruhe.

Jahr	Kunstwerke ausgestellt:	davon verkauft:	Gesamterlös:	im Durchschnitt:
1910	3746	148 (4,5 %)	Mk. 37 553	Mk. 255
1911	3199	78 (2,5 %)	„ 45 370	„ 582
1912	2728	73 (2,7 %)	„ 16 440	„ 225
1913	2663	90 (3,5 %)	„ 30 000	„ 333
1914	2207	57 (2,5 %)	„ 27 264	„ 476

Jahr	Kunstwerke ausgestellt:	davon verkauft:	Gesamterlös:	im Durchschnitt:
1915	2260	124 (5,5 %)	Mk. 29 193	Mk. 235
1916	2085	177 (8,5 %)	„ 27 765	„ 153
1918	2019	157 (7,7 %)	„ 70 018	„ 446
1919	2800	570 (20 %)	„ 256 335	„ 450
1920	3008	459 (15 %)	„ 304 988	„ 664
1921	3332	287 (8,5 %)	„ 328 681	„ 1145

Zu dieser Tabelle ist zunächst zu bemerken, daß das Jahr 1917 ausgelassen werden mußte, weil in diesem Jahre eine große Gedächtnisausstellung für Gustav Schönleber veranstaltet wurde und ein außerordentliches Ergebnis erzielte, das aber für die Gesamtheit keine Bedeutung haben kann.

Die Zahl der ausgestellten Werke hat sich von 1910 bis 1918 stetig vermindert, wahrscheinlich weil man aus ästhetischen Rücksichten weitläufiger hängen wollte. Von da an wurden wieder mehr Werke angenommen, um im Interesse der Künstler die Verkaufsmöglichkeit, so gut es irgend ging, auszunutzen, bis 1919 die Anzahl des Jahres 1910 fast wieder erreicht war. Das Jahr 1919 brachte in jeder Hinsicht einen großen Aufschwung; denn es wurden, der Konjunktur entsprechend, nicht nur um 40 % mehr Werke ausgestellt, sondern auch, im Verhältnis zu den ausgestellten Werken, von diesen um 12,5 % mehr verkauft, ohne daß sich deren Durchschnittspreis vermindert hätte. Aber obwohl auch in den Jahren 1920 und 1921 die Zahl der ausgestellten Werke fortgesetzt stieg, fiel doch der Prozentsatz der verkauften Werke auf 15 und dann auf 8,5 %, ein Zeichen, daß es sich um eine Scheinkonjunktur gehandelt hatte und nicht etwa ein vermehrtes Kunstbedürfnis im Volke erwacht war, was viele als eine gesunde Reaktion gegen die kulturlosen Kriegsjahre erhofft hatten.

Wie steht es nun mit dem durchschnittlichen Verkaufspreis, den die Künstler erzielt haben? Von 1910 bis 1913 hatte dieser Durchschnitt 349 Mk. betragen. Im Jahre 1914 stieg er zunächst um 36 %. Dann aber begann ein starkes Sinken unter den Vorkriegsdurchschnitt, und zwar 1915 um 35 % und 1916 um 56 %, trotz gleichzeitiger Vermehrung der Zahl der verkauften Werke, aus der doch hervorgeht, daß das Interesse des Publikums für die Kunst im allgemeinen sich nicht vermindert hatte. Es wird sich eben um eine andere Mischung der verkauften Werke gehandelt haben, in der die größere Kriegsgraphik einen vermehrten Anteil hatte und damit auf den durchschnittlichen Verkaufspreis drückte. Erst das Jahr 1918 brachte wieder normale

Verhältnisse, indem wieder mehr Ölgemälde geschaffen und verkauft wurden; dementsprechend stieg der Verkaufspreis in den Jahren 1918 und 1919 um 28 % über den Vorkriegsdurchschnitt. Dieser war zur Zeit der beginnenden Lebensteuerung, im Jahre 1920, erst um 90 % übertroffen, also noch nicht einmal verdoppelt, und er stieg im Jahre 1921 nur um 222 %, hat sich also um wenig mehr als verdreifacht.

Die Selbsteinschätzung der Künstler, die ich im fünften Kapitel behandelt habe und die ihnen für 1921 eine durchschnittliche Preissteigerung um das Fünffache nachrechnete, ist nach diesen Ergebnissen des badischen Kunstvereins augenscheinlich noch zu hoch gegriffen, selbst wenn man berücksichtigt, daß die Künstler beim direkten Verkauf zuweilen etwas höhere Preise erzielen und dabei auch die Verkaufsprovision an den Kunstverein nicht zu zahlen haben.

2. Württembergischer Kunstverein in Stuttgart.

Daß diese Vermutung zutrifft, bestätigt auch der Leiter des württembergischen Kunstvereins, obwohl ihm unsere Feststellungen nicht bekannt waren. Er schreibt im Juli 1922: „Die Künstlerschaft hat bis März/April ihre Friedenspreise um das Drei- bis Vierfache erhöhen können; gegenwärtig sind sie im Durchschnitt auf dem Zehnfachen angelangt, immer noch kein Verhältnis zu der jetzigen Teuerung — aber — man muß kein Bild haben.“ Hieran schließt sich die Klage über die verminderte Leistungsfähigkeit der Kunstvereine, die bekanntlich, sicher im wirtschaftlichen Sinne, segensreich für die Künstlerschaft gewirkt haben. „Im allgemeinen höre ich von allen Kollegen ein schweres Kämpfen der Kunstvereine. Unser Beitrag betrug 10 Goldmark und in den letzten zwei Jahren 20 Papiermark; demnächst soll auf der Mitgliederversammlung für das Jahr 1922 bis 1923 ein Beitrag von 100 Mk. beantragt werden. Daß diese Erhöhung einen größeren Ausfall an Mitgliedern bringen wird, ist erklärlich; aber es läßt sich nicht ändern.“

Im württembergischen Kunstverein wurden im Jahre 1913 von Privaten gekauft: 157 Werke für 36 076 Mk. und vom Kunstverein selbst für seine Verlosung 212 Werke für 34 723 Mk., zusammen also 369 Werke für zusammen 70 799 Mk. Ausgestellt gewesen waren 3528 Werke; demnach wurden 10,5 % verkauft. Im Jahre 1921 wurden von Privaten 390, vom Verein für die Verlosung 226 Werke, zusammen

616 Werke erworben. Ausgestellt gewesen waren (außerhalb einer geschlossenen und den Verein nicht direkt berührenden Ausstellung der Allgemeinen deutschen Kunstgenossenschaft) 2200 Werke, von denen 28 % verkauft wurden. Der durchschnittliche Verkaufspreis stieg von 192 Mk. auf 465 Mk., d. h. um 240 %. In Wirklichkeit mag aber die durchschnittliche Steigerung höher gewesen und den obigen eigenen Angaben des Vereins, nämlich um das Drei- bis Vierfache, entsprochen haben. Ein zuverlässiger Vergleich läßt sich nämlich nicht ziehen, weil die Art der verkauften Werke in deren Zahl sich sehr erheblich auf die an sich billigeren Werke verschoben hat. Wenn man diese Art der Verkäufe aus 1913 mit denen aus 1921 vergleicht und letztere in Klammern setzt, so ergibt sich folgendes Bild: 220 (135) Ölgemälde, 35 (13) Plastiken, 27 (37) Zeichnungen, 11 (29) Aquarelle, 58 (225) Radierungen, 3 (12) Lithographien, 1 (166) Holzschnitte. Demnach hat sich die Tendenz der Käufer sehr stark den billiger zu erwerbenden graphischen Werken zugewendet, während von den materiell hochwertigeren Werken (Ölgemälden und Plastiken) statt 70 %, nur 24 % ihren Käufer fanden, verglichen mit der Zahl der Gesamtverkäufe.

3. Im Museum für Kunst und Kunstgewerbe in Weimar

stieg 1921 der durchschnittliche Verkaufsertrag auf das Achtfache des durchschnittlichen Ergebnisses der Jahre 1913—1918.

1913	verkauft	38	Werke	zusammen	für	Mk.	3000,	also	durchschnittl. Ertrag	Mk.	79
1914	"	35	"	"	"	"	3100	"	"	"	90
1915	"	110	"	"	"	"	5720	"	"	"	52
1916	"	113	"	"	"	"	10000	"	"	"	90
1917	"	160	"	"	"	"	10900	"	"	"	68
1918	"	94	"	"	"	"	9800	"	"	"	104
1919	"	134	"	"	"	"	18100	"	"	"	135
1920	"	65	"	"	"	"	10000	"	"	"	154
1921	"	20	"	"	"	"	13000	"	"	"	650

In dieser Vergleichung springt vor allem in die Augen der starke Rückgang in der Zahl der verkauften Werke seit 1919; in jenem Jahre der Scheinkonjunktur waren 134 Werke verkauft, im Jahre 1921 aber nur noch wenig über ein Siebentel davon.

Der durchschnittliche Ertrag der Werke ergibt aus den Jahren 1913 bis 1918 80,50 Mk. Er stieg 1919 um $67^1/_2$ %, 1920 um 90 % und 1921 um 707 %, also auf das Achtfache.

4. Thüringer Ausstellerverband bildender Künstler, Weimar.

Ein ähnliches Ergebnis zeigt eine Verkaufsstatistik des Thüringer Ausstellungsverbandes bildender Künstler in Weimar; doch ist hier zu berücksichtigen, daß (wie bei der vorhergehenden Statistik des Museums für Kunst und Kunstgewerbe in Weimar) bei dem mehr verkauften Kunstgewerbe und bei Werken der Bronzeplastik die Preissteigerung dem verteuerten Material zufällt und demnach verstärkt brutto zu werten ist. Es wurden nämlich 1913 und 1921 (letztere Zahlen in Klammern gesetzt) verkauft 27 (28) Ölgemälde, 9 (7) Aquarelle und Pastelle, 47 (64) Graphik, 0 (19) Porzellan und 1 (4) Bronzen.

Jahr	ausgestellt:	verkauft:	zusammen für:	durchschnittlich:
1913	807	84 (14 %)	Mk. 3600	Mk. 43
1921	843	122 (14 %)	„ 44000	„ 360.

Einer Vermehrung der Zahl der ausgestellten Werke um 5 % steht gegenüber eine Vermehrung der Zahl der verkauften Werke um 50 %. Der durchschnittliche Verkaufswert beträgt, mit der eben ausgeführten Beschränkung durch die Materialteuerung, das Achteinhalbfache.

VIII. Die Zahl der Kunsthändler.

Wer im Jahre 1919, dem Jahre der steuerschiebenden „Kunstfreunde", durch die Straßen Berlins ging, konnte fast an jeder Straßenecke eine „Kunsthandlung" prangen sehen; alle die alten „Freunde" der Künstler, die von diesen, ob ihrer Verseuchung der Badeorte, leider mit recht geringem Erfolg, seit Jahren bekämpft worden waren, hatten sich hier häuslich niedergelassen und stellten unverwehrt ihren Kitsch zur Schau. Zum größten Teil bestand ihre Ware aus wertlosen Machwerken, die in der „Manier" berühmter Künstler in gewissen Hungerfabriken massenweise angefertigt werden. Mit Erlaß der Luxussteuer ist diese Art von fliegendem Kunsthandel etwas zurückgegangen und hat sich in sein Eldorado, die Badeorte verflüchtigt. Bei unserer Statistik, soweit sie nicht, wie in München, nach dem Stadtadreßbuch vorgenommen wurde, ist diese Sorte von Kunsthändlern möglichst nicht berücksichtigt worden, doch konnte natürlich keine der auskunfterteilenden Stellen andererseits für die Qualität der angegebenen Kunsthändler eine Garantie übernehmen.

Hier die mitgeteilten Vergleichszahlen. In Düsseldorf stieg die

Zahl der Kunsthändler in den Jahren 1913 zu 1921 von 12 auf 15, in Karlsruhe von 2 auf 5, in München, nach dem Adreßbuch, von 27 auf 59. Im Stuttgarter Adreßbuch sind für 1921, die Vergleichszahl für 1913 fehlt, nicht weniger als 70 Kunsthändler, also weit mehr als in München, aufgeführt, und in ihnen sind zweifellos auch die Schmierenhändler enthalten. Stuttgart war übrigens schon seit vielen Jahren der Sitz gewisser Schwindelauktionen, die augenscheinlich den Boden gut vorbereitet haben. Im glücklichen Weimar gibt es überhaupt keinen Kunsthändler, weil hier Museum und die Künstler den Verkauf von Kunst in öffentlichen Lokalen selbst fest in der Hand haben.

Nur von einer Stelle, einem Berliner Teilbezirk, wurde ein vermehrtes Zusammenarbeiten mit dem Kunsthandel allerdings zu überaus schlechten Preisen, gemeldet. Im allgemeinen ist zu sagen, daß die Kunsthändler in der Regel nur mit wenigen und bestens anerkannten Künstlern, oder solchen, die sie konsequent zum Erfolg führen wollen, arbeiten und auch in ihren wechselnden Ausstellungen nur solche Künstler vorführen, die in weiterem Sinne zum Kreise ihrer Hauskünstler gehören und diesen oft zur Folie dienen müssen.

Diese für manche Künstler recht wertvolle Gelegenheit, sich einem gewählten Publikum wenigstens bekannt zu machen, drohten die Kunsthändler bei Erlaß des Luxussteuergesetzes aufzuheben. Ihre Maßregel sollte sich gegen die Künstlerschaft im allgemeinen richten, von denen sich die Kunsthändler in ihrem Kampf gegen das Gesetz nicht genügend unterstützt glaubten; die Künstlerschaft wurde, sehr zu unrecht, von ihnen beschuldigt, für die Freigabe der Atelierverkäufe in lässiger Weise den Kunsthändler der Steuer ausgeliefert zu haben. Inzwischen sind aber auch die von Kunsthändlern in ihren Ausstellungen erzielten Verkäufe von Werken lebender Künstler von der Luxussteuer befreit worden. Die Drohung blieb also unausgeführt.

Für einen vermehrten Verkauf der Künstler an den Handel hat die Zunahme der Kunsthändler wenig zu bedeuten, bezw. vermag sie ihn nicht zu beweisen.

IX. Schülerbestand der Lehranstalten.

a) Die öffentlichen Lehranstalten.

Durchschnittlich haben die öffentlichen Kunstlehranstalten nach einem starken Rückgang während der Kriegszeit im Jahre 1921 den

Schülerstand des Jahres 1913 wieder erreicht, so z. B. in München die Akademie und die mit einer Malschule verbundene städtische Gewerbeschule. Eine Zunahme von 12½ % verzeichnet die Akademie in Düsseldorf, doch ist dieser Zugang zunächst auf die Auflösung der Kunstgewerbeschule und deren teilweise Verschmelzung mit ihr zurückzuführen; daneben hat aber das Inspektorat auch einen grundsätzlich vermehrten Andrang gemeldet. Eine gleiche Verschmelzung der gleichen Anstalten hat auch in Karlsruhe stattgefunden, und die neuerdings zu bemerkende Zunahme wird auf die Rechnung des Kunstgewerbes gesetzt. In Stuttgart hat sich die Schülerzahl der Akademie um 18 %, die der Kunstgewerbeschule aber um 114 % vermehrt. Die Kunstgewerbeschulen verlangen zwar grundsätzlich von ihren Schülern, daß sie eine vorangegangene zweijährige Praxis im Handwerk nachweisen, doch ist dieser Nachweis vom weiblichen Element, das sich sehr zum Kunstgewerbe drängt, nur selten zu erbringen; in absehbarer Zeit wird so den männlichen Kräften eine, wenn auch nicht gleichwertige, so doch bedeutend vermehrte Konkurrenz erwachsen.

Als freie Lehrkräfte sind manche Künstler (vgl. den abgedruckten Brief der Novembergruppe) nur ungern an Kunstschulen tätig, weil sie erstens darin einen künstlerischen Frondienst erblicken, zweitens aber, zumal neuerdings die festen und dauernden Anstellungen stark eingeschränkt werden, weil sie dabei eine nur recht unzulängliche Entlohnung finden. Das Gehalt eines sehr bekannten Akademieprofessors einer großen Kunststadt war 1921 auf nur 24000 Mark jährlich bemessen und reichte selbstverständlich, da Nebenerwerb zudem aus Gesundheitsgründen nicht möglich war, zum Lebensunterhalt nicht annähernd aus. Der WV. in Dresden wendet sich mit besonderem Nachdruck gegen die Auffassung, daß ein als Lehrer angestellter Künstler besser sich befinde als der frei schaffende. Dieser Einspruch ist in dieser grundsätzlichen Form doch wohl nicht gültig, da es viele Künstler gibt, denen gerade ihre Tätigkeit an Lehranstalten mancherlei Nebenaufträge einbringt.

b) Private Kunstschulen.

Ein nicht unbeträchtlicher Teil des Nachwuchses wird neben den Akademien an Privatschulen herangebildet und entzieht sich deshalb aus naheliegenden Gründen der Statistik. In Düsseldorf wird diese Zahl an zwei Privatschulen zusammen auf 10 % der Akademiebesucher geschätzt; viele Künstler unterrichten aber im einzelnen, ohne einen eigentlichen Schulbetrieb innezuhaben.

Man schätzt nicht zu hoch, wenn man die Zahl der Künstler, die alljährlich an Akademien, Kunstgewerbeschulen und privatim unterrichtet werden, auf etwa 4000 angibt, eine Vermehrung, die selbst unter Berücksichtigung der Tatsache, daß hiervon ein erheblicher Teil in die Industrie, in den dauernden Hilfsstand, oder in die Ehe abgeht, den ohnedies nicht mehr tragfähigen Boden des künstlerischen Produktionserwerbes bis zum Zusammenbruch überlastet; nur die Verteilung dieser Last auf das Kunstgewerbe, besser gesagt, auf die beratende Tätigkeit in der Kunstindustrie kann einen leidlichen Ausgleich schaffen. Aber da muß die schon oft begründete Anklage mit allem Nachdruck wiederholt werden, daß die Akademien in sträflicher Verkalkung ihre gläubig vertrauenden Zöglinge nur höchst mangelhaft auf diese Neueinstellung vorbereitet und überhaupt nur selten zu erwerbsfähigen Menschen herangebildet haben. Ohne die Werkbundbewegung ständen wir heute schon weit tiefer in der Katastrophe, die sich für viele wohl nicht mehr abwenden lassen wird.

X. Der Ateliermangel.

Gar nicht schwarz genug kann die Tatsache angestrichen werden, daß eine große Zahl von Künstlern nicht einmal mehr eine Arbeitsstätte besitzt und das unschuldige Opfer der behördlicher Willkür preisgegebenen städtischen Wohnungsverhältnisse geworden ist.

In Berlin ist der achte Teil der Künstler ohne Atelier. In Dresden ebenso. In Königsberg gibt es für die 116 Mitglieder des WV. nur 2 (!) richtige und zwei behelfsmäßige Ateliers. In Gera und Jena sind überhaupt keine vorhanden, und in Weimar hat das Wohnungsamt die vorhandenen Ateliers zu Wohnungszwecken beschlagnahmt; die gleiche Forderung stellte das Wohnungsamt in Frankfurt am Main. In Karlsruhe und an anderen Orten besteht empfindlicher Mangel an Ateliers, besonders dadurch, daß sie für andere Zwecke verwendet und umgebaut werden. „Das Badische Arbeitsministerium hat zwar auf die Vorstellungen des WV. in Karlsruhe hin das Mieteinigungsamt angewiesen, die Kündigung von Atelierräumen nur dann zuzulassen, wenn dem betreffenden Künstler ein anderer Raum zur Verfügung steht; aber durch außerordentliche Steigerung des Mietpreises und durch andere

Maßnahmen wird dieser Schutz oft illusorisch gemacht." Starker Mangel herrscht in München. „Die Atelierfrage wird vom Wohnungsamt sehr lässig behandelt, trotz fortwährenden Eingreifens des WV." Die Arbeit der Atelierkommission des WV. in Berlin wurde dadurch sehr erschwert, daß die Stadt Berlin die Ateliers als „gewerbliche" Räume der öffentlichen Bewirtschaftung entzog und damit dem Wucher alle Tore öffnete. So war das Wohnungsamt nicht mehr in der Lage, leerstehende oder zu Lagerzwecken benützte Ateliers zu beschlagnahmen, es sei denn, daß der Künstler auch gleich darin wohnen wollte, was aber auch nur selten überhaupt möglich war. Eine einheitliche Regelung der in allen Bezirken verschieden gehandhabten Atelierfrage war nicht zu erreichen. Endlich bestimmte der Wohlfahrtsminister, daß Ateliers keine gewerblichen Räume seien, doch versuchen die Hauseigentümer immer wieder, die Ateliers beim Abschluß von Verträgen in diesen als „gewerbliche" Räume zu bezeichnen, obwohl sich endlich auch das Zentralwohnungsamt der Auffassung des Wohlfahrtsministers angeschlossen hat.

Es wurde klar, daß die Regelung der Atelierfrage nur noch durch Ausnahmebestimmungen geregelt werden könnte. Der RWV. hat deshalb durch seinen dieser Körperschaft als offizieller Vertreter angehörenden Generalsekretär im Reichswirtschaftsrat den Antrag eingebracht:

Der Reichswirtschaftsrat wolle beschließen: Die Regierung wird ersucht, bei Regelung des Wohnungsbaues und des Mieterschutzes die Arbeitsräume der bildenden Künstler (Ateliers) gegebenenfalls durch Ausnahmebestimmungen zu berücksichtigen. Die Gemeinden sollen gegebenenfalls unter Beihilfe der Regierung durch Zuschüsse die Neuerrichtung von Künstlerateliers ermöglichen. Die Mietseinigungsämter dürfen die Künstlerateliers nicht als gewerbliche Räume betrachten, da die Künstler einen freien Beruf und kein Gewerbe ausüben.

Dem Antrag wurde folgende Begründung gegeben:

Begründung: Die Tätigkeit der Künstler wirkt befruchtend und anregend auf weiten Gebieten der Industrie und des Handwerks, auf Konfektion, Mode-, Möbel-, Textil-, Tapeten-, Papier- usw. Industrie, Reklamewesen, Theater, Kino. Die Anregungen gehen von Ausstellungen und Reproduktionen aus, die den Künstlern oft keinerlei Einnahmen bieten, sondern ihnen noch erhebliche Opfer auferlegen. Sie können in der Regel nicht von ihren Werken ein Einkommen erzielen, das ihnen ermöglicht, bei den heutigen Preisen Ateliers aus eigenen Mitteln zu bauen. Die Erhaltung der Kunst, die in der Verfassung ausdrücklich verheißen ist, liegt im öffentlichen Interesse. Zu den Grundbedingungen des künstlerischen Schaffens gehört ein zweckentsprechender Arbeitsraum. In der Vorkriegszeit waren diese Räume verhältnismäßig billig, da sie meist in den damals für Wohnungszwecke verbotenen Dachgeschossen errichtet waren. Nachdem jetzt die Dachgeschosse zum Wohnen freigegeben worden sind, befinden sich die Künstler in ständiger Gefahr, von zahlungskräftigeren Mietslustigen aus ihren Ateliers verdrängt zu werden. Mindestens ein Achtel der Künstler ist in Berlin überhaupt ohne Atelier, in anderen Kunststädten liegt es nicht besser.

Ist die Kunstentwicklung durch Entziehung ihrer Lebensbedingungen erst einmal verkümmert, so wird sie nicht so leicht wieder in die Höhe kommen. Der Schaden für Industrie und Handwerk und für unser ganzes Kulturleben wäre unersetzlich.

Der Erfolg dieses, im Frühjahr eingereichten Antrages steht noch aus, und es wäre sehr zu wünschen, daß wir einen wirklichen Schritt weiter kämen, bevor die kalte Jahreszeit eintritt.

Schlußwort.

Die mir zur Verfügung stehenden Antworten auf die zehn Fragen, die der RWV. in einem Rundschreiben seinen lokalen Unterorganisationen und anderen Verbänden vorgelegt hatte, ist hiermit erschöpft, doch sei meine Darstellung durch einiges Material, das direkt aus der Tätigkeit des Generalsekretariates des Reichswirtschaftsverbandes bildender Künstler Deutschlands geflossen ist, ergänzt.

Der § 142 der Verfassung des Deutschen Reiches hat folgenden Wortlaut:

„Die Kunst, die Wissenschaft und ihre Lehre sind frei. Der Staat gewährt ihnen Schutz und nimmt an ihrer Pflege teil."

Die Künstlerschaft hat es in den letzten vier Jahren leider erleben müssen und erlebt es noch täglich, daß der Staat weder die nötigen Mittel noch das erforderliche Verständnis für die Pflege der Kunst aufzubringen versteht. Mögen ihm hierfür die schwierigen inneren und äußeren Verhältnisse zugute gerechnet werden. Aber daß er den Schutz der Kunst derart vernachlässigt und fortwährend Gesetze und Maßnahmen zuläßt, durch die die Kunst in ihren Vertretern geradeaus geschädigt wird, das wird ihm in der Geschichte dieser Zeiten ein hartes Urteil einbringen. (Wir nehmen hier den „Staat" als Inbegriff aller mit gesetzgeberischer oder ausführender Gewalt ausgestatteter Behörden.)

Wie geringschätzig in der Atelierfrage mit den Künstlern verfahren wird, habe ich bereits geschildert. Es wird hier, wie leider jetzt fast immer, auf die psychische Einstellung der Künstler nicht die geringste Rücksicht genommen. Die Reichswohnungsabgabe für ihre Wohnungen zu zahlen, sind die Künstler, soweit sie es können, gern bereit; daß diese Steuer aber auch für ihre, ohnedies schon so überteuerten Arbeitsräume abverlangt wird, wie es in Württemberg und in anderen Ländern der Fall ist, will nicht in ihren Sinn und wird überdies so wenig einbringen, daß man diese Verletzung bei einiger Geschicklichkeit hätte vermeiden können.

Gewerbesteuer, Luxussteuer und Umsatzsteuer, das sind die schönsten Blüten aus dem Bukett, das der neue Staat der Künstlerschaft als Morgengabe (nach § 142 der Reichsverfassung!) überreichte. Die Gewerbesteuer bezeichnete der Syndikus des RWV. als einen Eingriff in die Steuerhoheit des Reiches und eine einstimmige Entschließung der letzten Hauptversammlung des RWV. bestritt den Einzelstaaten das Recht zu einer, übrigens so sinnwidrigen Gesetzgebung und appellierte an die zuständigen Reichsbehörden „um Schutz hiergegen und angesichts der allgemeinen Notlage von Kunst und Künstlern um energische Wahrung ihrer kulturellen Aufgaben". Trotzdem wird in Sachsen, Großthüringen und in anderen Ländern die Gewerbesteuer lustig weiter erhoben, und auch in Württemberg droht sie den Künstlern. — Nicht nur, daß die Künstler wie die anderen geistigen Berufe in einer logisch gar nicht zu rechtfertigenden Weise mit der Umsatzsteuer doppelt besteuert werden, nein, es müssen die Künstler, was die Bildhauer besonders schwer trifft, ihre Umsätze brutto besteuern lassen, das heißt, sie müssen auch das Material, an dem sie, wie wir weiter oben gesehen haben, oft noch verlieren und das schon längst irgendwo versteuert war, in ihren „Umsatz" einrechnen, und erlegen damit Summen, die schon in gar keinem Verhältnis mehr stehen zu ihrer endlich verbleibenden Nettoeinnahme. — Über die Luxussteuer, dieses Erzeugnis einer kunstahnungslosen Bureaukratenseele, kann ich mich kurz fassen, weil darüber schon so viel geschrieben und gehöhnt worden ist, und weil die Künstler durch ihren RWV. ja endlich erreicht haben, daß wenigstens ihre Atelierverkäufe von dieser Abgabe befreit wurden; aber immer noch lastet sie auf den eigenen Ausstellungen der Künstlerschaft und auf dem Kunsthandel, und was sie im „Porzellanladen" des Kunstgewerbes anrichtet, wo sie statt des Luxus jegliche künstlerische Verfeinerung und Blüte mit Todesschauern verfolgt, ist mit den wenigen Worten, die mir hier zur Verfügung stehen, überhaupt nicht zu sagen. Die direkte oder indirekte Schädigung der Künstler, die weit über die Geldabgabe im einzelnen hinausgeht, liegt auf der Hand. — Die neue Vermögenssteuer will in radikaler Weise den Kunstbesitz alljährlich besteuern und wird zur Zertrümmerung mancher Privatgalerie führen. Nach vieler Mühe hat es der RWV. durchgesetzt, daß im Reichstag die Werke der lebenden und in den letzten 15 Jahren verstorbenen Künstler ausgenommen wurden, so daß die Kunstfreunde jetzt wenigstens mit den lebenden Künstlern leben können.

Kann man in diesen mißratenen Gebilden der Gesetzgebung immer noch die Absicht, im Staatsinteresse zu handeln, erkennen, so wird eine Verfügung des Reichsjustizministers, die den Urheberschutz einfach illusorisch macht, als rücksichtslose Geringschätzung empfunden und hat in der Künstlerschaft eine außerordentliche Erregung verursacht, die nicht so leicht zur Ruhe kommen wird. Nach dem Urheberrecht muß der Staatsanwalt jeden geistigen Diebstahl (Plagiat) verfolgen, falls offensichtlich eine Böswilligkeit vorliegt. Zur Entlastung der Gerichte hat nun der Minister den Staatsanwälten anheimgestellt, die Künstler auf die Zivilklage zu verweisen, falls kein öffentliches Interesse vorläge, das sie nun nie mehr erkennen können. Infolgedessen sind die Künstler auf die viel Geld und Zeit erfordernde Privatklage verwiesen und bleiben in den allermeisten Fällen durch die, besonders in der Plastik und in der Kleinkunstindustrie viel vorkommenden Nachbildungen dauernd geschädigt. Würde einer dieser Nachbildner silberne Löffel oder noch viel Geringwertigeres stehlen, so würde ihn der Staatsanwalt unnachsichtlich verfolgen, aber wenn er nur geistiges Eigentum stiehlt, so liegt kein öffentliches Interesse vor. Darin sehen die Künstler eine unduldbare Geringschätzung.

Eine erhebliche wirtschaftliche Erschwerung ist mit der Aufhebung der Frachtermäßigung für Ausstellungsgut über die Künstler verhängt worden und wird zur Folge haben, daß man in München oder Berlin keine Bilder aus Düsseldorf oder Stuttgart mehr wird zu sehen bekommen und so fort; da dieser Austausch fortfällt, der die Kunst immer frisch erhalten hat, wird Inzucht an seine Stelle treten. Sollte sich je ein Künstler noch entschließen, sein Werk nach auswärts zu verschicken, so wird es an der Bahn nur für einen lächerlich geringen Versicherungswert angenommen, der bei Verlust oder Beschädigung auch nicht annähernden Ersatz bietet.

Als Kleinigkeit erscheint daneben, daß das Preußische Kultusministerium den Künstlern den freien Eintritt in die Museen entzogen hat und ihnen nur, wenn sie nachweisen, daß der Besuch von Berufs wegen notwendig (!) ist, eine ermäßigte Karte verkaufen will; daß die

Stipendien, die aus Staatsmitteln bewilligt werden, immer noch mit dem Vorkriegsbetrag von 3000 Mk. erscheinen und ausgeschrieben werden, allerdings jetzt ohne die Verpflichtung, dafür eine Reise nach Italien zu unternehmen. Also nicht einmal die „kleinen Geschenke“, die nach dem Sprichwort die Freundschaft erhalten sollen...

Als ihren Freund können die Künstler den „Staat“ wirklich nicht mehr ansehen. Dafür sind sie aber von allen Seiten von Feinden umgeben. Weil die Künstlerschaft, was ihr in diesen Zeiten gewiß nicht verdacht werden kann, den Versuch gemacht hat, zur Selbsthilfe zu greifen, indem sie, zunächst in Berlin, nun aber auch in vielen anderen Kunststätten, einen „Künstlerbedarf“ einrichteten, das heißt Verkaufsläden, in denen die Künstler bei sich selbst Material für die Arbeit kaufen können, haben die Farbenfabrikanten, statt sich über den Unternehmungsgeist und den neuen Kunden zu freuen, ein Boykott gegen diese Verkaufsläden und Stellen begonnen; es wird ihnen aber nichts helfen, ebensowenig den sie aufpeitschenden Händlern, denn vier große und leistungsfähige Fabriken sind auf der Seite der Künstler geblieben, die recht guten Absatz haben, allen Käufern 10 % Rabatt bewilligen und den übrigen Reinverdienst gemeinsamen Organisationszwecken zuführen. Aber immerhin schafft das feindliche Verhalten der kurzsichtigen Farbenhändler unnötige Reibungen.

Viel schädigender als diese Schikane wirkt es auf das Erwerbsleben der Künstlerschaft, daß die Kunstverleger immer noch die Schaffung eines bitter notwendigen Kunstverlagsrechtes zu verhindern suchen. Sie behaupten, es hätten sich im Laufe der Jahre längst feste „Usancen“ herausgebildet, die für den beiderseitigen Verkehr vollauf genügten, und so lehnen sie selbst die Formulierung eines dispositiven Gesetzes ab; von einem zwingenden Gesetz, wie es die Künstler wünschen, wollen sie schon gar nichts hören. Leider beurteilen sie diese „Usancen“, die in der Künstlerschaft vielfach als Mißbräuche bezeichnet werden, sehr einseitig. Endlich, nach 14 jährigem Sträuben, hatte man die Verleger dennoch dazu gebracht, daß sie sich mit Vertretern aller Kunstkategorien an den Verhandlungstisch setzten; aber, obwohl die Künstler wirklich äußerstes Entgegenkommen zeigten, wurden die Verhandlungen brüsk abgebrochen mit der Erklärung, daß die Verleger sich nur zu einem jeweiligen Schiedsgerichtsverfahren bereit finden lassen könnten. Da aber in dieses Schiedsgericht jede Partei immer nur zwei Vertreter entsenden sollte und kein Obmann gewählt werden dürfte, weil dieser zu sehr „umworben" würde, so kann aus dieser Art von Schiedsgericht wirklich nichts Positives herauskommen; wer aber das dilatorische Verfahren länger aushalten könnte, der kapitalstarke Verleger oder arme Künstler, ist ohne weiteres klar.

Nun bleibt nichts anderes übrig, als daß das Reichsjustizministerium, was es auch bereits zusagte, den Versuch macht, die Parteien aufs neue zu Verhandlungen über ein Kunstverlagsrecht zusammenzubringen. Übrigens haben sich beide Gegner, die Verleger wie die Farbenfabrikanten, ansehnliche Fonds zum Kampf gegen die Künstlerschaft — auf deren Kosten geschaffen: die Verleger, indem sie die sehr bedeutenden Valutazuschläge beim Export allein in die eigene Tasche steckten, die Farbenfabrikanten, indem sie große Quantitäten zu sehr hohem Preise ins Ausland ausführten, aber dennoch die Farben für die Künstler in der Heimat immer mehr verteuerten.

Es ist ein wahres Glück, daß sich die bildenden Künstler eine, wenn auch kapitalschwache, aber doch straff zusammengehaltene und sehr umfassende Organisation in den lokalen Wirtschaftlichen Verbänden, und in deren Zusammenschluß, dem Reichswirtschaftsverband bildender Künstler Deutschlands, geschaffen haben; denn sonst könnten sie diese und unendlich viele andere Aufgaben nicht durchführen und zur Vertretung ihrer Interessen und zum dauernden Zusammenhalt ein eigenes, jetzt zweimal monatlich erscheinendes Blättchen „Kunst und Wirtschaft" verlegen. Eine Gegenorganisation besteht nicht, und so war es möglich, daß die bildende Künstlerschaft in den Reichswirtschaftsrat zwei Vertreter, den ersten Vorsitzenden des RWV., Dr. Gönner, und den Generalsekretär Otto Marcus, beide ausübende Künstler, entsandte, wo sie, wie aus meiner vorstehenden Schilderung hervorging, schon mancherlei erkämpfen konnten.

Sehr zu wünschen wäre es, wenn sich Männer der öffentlichen Wirksamkeit, also Parlamentarier, ferner Regierung und Behörden ernsthafter als bisher mit der wirklich nicht beneidenswerten, im Gegenteil sehr bedrohten Lage der Künstlerschaft befassen wollten. Es würde mich sehr freuen, wenn meine kurze Darlegung hierzu Veranlassung bieten könnte, und ich danke, zugleich im Namen des Reichswirtschaftsverbandes bildender Künstler Deutschlands, dem Verein für Sozialpolitik, daß mir Gelegenheit gegeben wurde, nach bestem Wissen, wenn auch leider mit unzulänglichen Mitteln die derzeitige Notlage der bildenden Künstler zu schildern.

Kolibri 360 GmbH
Ferdinand-Jühlke-Straße 7
99095 Erfurt, Deutschland
produktsicherheit@kolibri360.de

Druck:
CPI Druckdienstleistungen GmbH
im Auftrag der
Kolibri 360 GmbH
Ferdinand-Jühlke-Str. 7
99095 Erfurt